사람은 자신이 그런대로

~~.

다 라고 마음먹고

목표를 설정하여

지금 상황 꾸준히 정찰해보십시오.

분명 부자의 길로 EXIT 할 수

있을 것입니다.

송리창 (송사무장)

KB126517

EXIT
엑시트

엑시트

송희창 (송사무장) 지음

────── **Prologue** ──────

꿈꾸는 대로 사는 법

누구나 어린 시절에는 꿈을 갖지만 정작 자신의 꿈을 이루는 사람은 드물다. 세상 물정 모르는 아이일 때는 자유롭게 꿈을 그리지만, 성인이 되면서는 현실의 벽에 부딪히며 오히려 그 꿈이 이뤄지지 않는 것을 당연하게 여기고 그렇게 근본적인 이유도 모른 채 평범한 삶을 살아간다. 이를 합리화하기 위함인지 사람들은 '운명', '팔자'라는 단어를 자주 사용하고, '아이고, 내 팔자야~'라는 말 역시 주변에서 쉽게 들을 수 있다.

하지만 성공한 사람들은 '운명'이나 '팔자'라는 말을 절대 쓰지 않는다. 나 역시 가난부터 시작했지만 살아오면서 저런 말을 내뱉은 적은 한 번도 없었다. 정확하게 말하면, 저런 생각조차 해본 적이 없다. 나는 가난에 머물러 있지 않고 내 인생을 바꿀 것이라 확신했기 때문이다.

나는 생각과 의지를 정말 중요하게 생각한다. 사람은 자신이 그린 대로 삶을 살아가게 되기 때문이다. 현실에 굴복하는 생각을 가진 사람은 평범한 삶을 살게 되고, 현재에 안주하지 않고 더 높은 곳을 그리는 사람은 성공한 삶을 살 수 있게 된다. 이는 실제 나의 경험에서 나온 말이다.

나는 가난하게 자랐고, 공부도 잘하지 못했다. 지방대를 졸업한 후에는 취업도 못한 그저 그런 인생이었다. 그 정도로 나의 출발점은 바닥이었다. 하지만 난 큰 성공을 이뤄냈다.

현재 나는 소유한 부동산에서만 대기업 과장 연봉 수준의 금액을 매월 임대수익(월세)으로 받고 있고, 또한 19개가 넘는 사업체를 운영하며 좋은 결과를 내고 있어 여기에서도 매달 큰 사업수익을 거두고 있다.

내가 운이 좋았을 거라고? 아니면 특별한 능력을 가졌을 거라고?

글쎄다. 이 책을 읽어보면 나는 지극히 평범한 사람이었고, 방법만 알면 누구나 부자가 될 수 있다는 사실을 알게 될 것이다. 나뿐만 아니라 나의 제자들 중에도 평범함에서 출발하여 부자가 된 수많은 이들이 있으므로, 이를 결코 운 때문이라 할 수도 없다.

이 세상은 결코 운으로 사는 것이 아니다. 사람에게 정해진 운명이나 팔자 따위는 없다. 누구든 조금만 노력하면 자신의 꿈을 현실로 만들 수 있는데도 그러한 사실을 모르기 때문에 노력조차 하지 않은 채 그대로 현실에 갇혀있는 삶을 살아가는 것이다.

그렇다면 대체 왜 많은 사람들이 자신의 꿈을 이루지 못하는 것일까?

대부분 자신의 꿈을 이룰 수 있을 거라는 생각조차 하지 않기 때문이다. 할 수 있다고 마음을 먹으면 그것에 대한 준비와 노력을 해가는데, 처음부터 무작정 오를 수 없는 나무라 여겨 '이 나무를 오르겠다'는 마음조차 먹지 않는 것이다.

사람은 태어나고부터 성인이 될 때까지 만들어진다. 똑같은 아이가 태어났어도 어떤 환경에서 자랐는지에 따라 전혀 다른 인생을 살게 된다는 말이다.

공부만 잘하면 성공할 수 있는 것 아니냐고 반문하는 이도 있을 것이다. 주변을 돌아보아라. 공부를 잘했어도 성공하지 못한 사람들이 수두룩한 세상이다. 반면, 공부를 잘하지 못했어도 성공한 경우도 많다. 따라서 성공의 기준을 절대 공부라고 할 수는 없다.

나는 어린 시절부터 왜 누구는 성공하고 누구는 성공하지 못하는 것인지 그 이유가 정말 궁금했었다. 성인이 될 때까지도 내 주변에서 이 궁금증에 속 시원히 답해주는 사람은 단 한 명도 없었다. 어찌 보면 당연한 일이었다. 그 궁금증에 대한 답은 직접 부를 이루거나 성공한 사람만이 해줄 수 있는 것이기 때문이다. 나의 주변에는 성공한 사람이 없었던 것이다.

내가 성공하는 방법을 찾는 데에는 정말 오랜 시간이 걸렸다. 만약 주변에 성공인이 있었다면 "어떻게 하면 당신처럼 성공할 수 있을까요?"라고 물었을 것이고, 부자의 답변대로 했다면 여러 시행착오 없이 더 빨리 성공하고 부자가 될 수 있었을 텐데 말이다. 하지만 방법을 알고 나서부터 목표를 이루기까지는 3년이 채 걸리지 않았다.

3년이라는 기간이 나에게만 적용된 것은 아니다. 내가 부자가 된 후 많은 사람들에게 그 방법을 알려주었더니 그들 역시 바뀐 삶을 살아가는 데에는 평균적으로 3년 내외의 기간이 걸렸다.

나는 2008년부터 지금까지 오랜 기간 커뮤니티를 이끌며 성공한 사람들을 배출해내면서 이 방법에 대해 더욱 확신을 갖게 되었다. 이제는 이 책을 통해 성공하는 법, 부자가 되는 법을 소개하려고 한다. 과거의 나처럼 정말 열심히 살고 간절히 부자가 되길 바라는 사람들에게는 이 책이 인생을 바꿔줄 책이 될 것으로 기대한다.

사실 성공은 거창한 것도 아니고, 그리 어려운 것도 아니다. 자신이 현재 어떤 위치에 있든 지금까지 어떠한 삶을 살아왔든 그것은 중요하지 않다. 누구든 3년 정도의 기간 동안 부자가 되는 과정을 거친다면 그 평범한 인생에서 엑시트(EXIT)할 수 있을 것이니 말이다. 현재 가진 것이 없어도 앞으로 어떤 생각으로 삶을 살아가느냐에 따라 자신의 인생을 충분히 바꿔 갈 수 있다.

대체 몇 권의 책을 읽어야 성공할 수 있는 것인가

부자가 되고 싶다면 부자에게 직접 그 노하우와 공부하는 방법을 배우는 것이 가장 빠르고 정확하다. 하지만 아쉽게도 주변에서는 부자를 쉽게 만나볼 수 없기 때문에 성공한 부자들의 책을 읽어보는 것이다.

나 역시 부자가 되기로 마음먹고 처음에는 그간 베스트셀러로 인정받았던 책부터 읽어가기 시작했다. 그중 책 제목이 참 그럴싸해서 많은 것을 얻을 수 있을 것 같았지만 다 읽고 나면 아쉬움이 남는 경우도 많았다. 아니면 너무 오래전 사례이거나 외국의 사례여서 현 상황에 맞게 적용하는 것에 한계가 느껴지는 경우도 더러 있었다. 물론 책을 통해서 많은 지혜를 얻은 것은 사실이다. 다만 나의 갈증을 한 번에 속 시원히 해결해주는 책을 만나지 못했던 것이다.

여러 책을 읽어가면서는 마치 큰 퍼즐게임의 조각을 하나씩 하나씩 맞춰가는 기분이었다. 한 권의 책을 읽으면서 자본주의 시장에 대해 이해하고, 또 한 권의 책으로는 돈에 대한 이해를 하고, 또 다른 책으로는 대중의 심리와 협상에 관한 이해를 하게 되었다. 뿐만 아니라 여러 책을 통해 자본주의 거장들은 어떤 생각을 하는지, 어떤 원칙으로 투자를 하는지 등도 알 수 있었다. 이렇게 하나씩 큰 그림을 그려가긴 했지만, 아직 아무런 성과도 나오지 않는 상황에서 수북이 쌓여가는 책을 보며 '대체 인생에서는 몇 권의 책을 읽어야 성공할 수 있을까'라는 생각이 들기도 했다.

나중에 목표를 이룬 후 뒤돌아보니 지금까지 해왔던 독서가 그리 효율적인 독서가 아니었고, 그래서 돌고 돌아서 왔다는 사실을 깨닫게 되었다. 그리고 읽었던 책 중에는 오히려 나의 판단을 흐리게 하는 책도 있었다. 결론은 시중에 나와 있는 많은 책을 읽는다고 지혜가 쌓이는 건 아니라는 것이다. 나의 경험상 다독보다는 오히려 좋은 책을 반복해서 읽으며 그것을 자신의 것으로 소화하는 것이 훨씬 효율적이고 결과도 좋았다.

그래서 그 당시 내가 만약 성공을 하고 책을 집필한다면 정말 한 권의 책만 읽어도 충분할 수 있도록, 공부하는 방법부터 실전 노하우까지 모두 담은 책을 만들겠다고 다짐했었다. 어쩌면 이 책은 내가 지금까지 읽었던 모든 책들 그리고 내가 살아오면서 경험했던 것들을 모두 축약하여 담았다고 해도 과언이 아닐 것이다.

과거에 간절히 부자가 되고 싶었던 청년 송사무장을 떠올리면서 그에게 인생의 선물과도 같은 책을 안겨주며 "이대로만 직진하면 돼"라고 말해주고 싶었다. 이렇듯 이 책은 결코 가벼운 마음으로 집필한 것이 아니기에 썼다 지웠다를 반복하느라 꽤나 오랜 집필 기간이 소요되었다(사실 고백하자면 초고는 10년 전부터 쓰기 시작했다). 대학생부터 사회초년생, 주부, 그리고 기존의 투자자들까지 모두를 아울러 인생의 지표가 될 수 있는 책을 만들고 싶었다. 그런 마음으로 쓴 이 책은 누구에게든 쉽게 읽히지만 결코 가볍지는 않은, 그리고 살아가면서 몇 번이고 꺼내어 볼 수 있는 그런 책으로 남았으면 한다.

자본주의 시장에서 부자로 살아가는 법

이 책의 제목은 본래 '돈 버는 것이 제일 쉬웠어요'로 정해져 있었다. 실제로 책 표지까지도 제작을 했었으니 나름 진지한 결정이었다. 2004년 출간된 '공부가 가장 쉬웠어요'라는 책의 제목에서 힌트를 얻어 정했던 것인데, 이 책은 그 당시 수많은 수험생들에게 읽혔고, 막노동꾼에서 서울대 수석 합격자가 된 저자의 유명세 또한 굉장했었다. 서울대를 수석 합격할 정도로 공부를 해본 저자만이 공부가 가장 쉬웠다고 말할 수 있는 것처럼, 정말 돈을 쉽게 벌 수 있는 수준이 아니고서는 이 제목을 사용할 수 없다고 생각했다. 하지만 이 제목은 너무 자극적이라는 의견이 많았기에 오랜 고민 끝에 'EXIT(엑시트)'라는 제목으로 최종 결정하게 된 것이다.

그렇다면 과연 어느 정도 수준에 이르러야 돈 버는 것이 쉽게 느껴질까? 자신이 원할 때 원하는 만큼의 돈을 벌 수 있는 수준에 이르면 '돈 버는 것이 참 쉽구나'라는 생각을 하게 된다. 내가 마음먹은 만큼 벌 수 있는 수준 말이다.

나는 지금까지 투자나 여러 사업 등 손대는 것마다 최고의 결과를 만들어냈다. 마음먹었던 것은 무엇이든 긍정적인 결과로 만들어온 것이다. 사실 어느 순간부터는 돈을 좇은 것은 아닌데 돈은 절로 따라왔다. 나 역시 초심자일 때는 돈을 좇으면 안 된다는 말을 이해하지 못했었다. 하지만 경험이 쌓여가며 고수가 되어갈수록 그 진정한 의미를 이해할 수 있게 되었다. 사람들을 만족시키니 재물은 절로 따라왔다.

사람들을 만족시킨다는 것은 사람들의 심리를 꿰뚫는다는 의미이기도 하다. 사람들을 어떻게 움직이게 하고, 어떻게 움직일지 예상할 수 있는 정도라고 하면 될 것이다. 이 정도가 되면 돈 버는 것이 쉽다고 느낄 수 있을 것이다.

학창 시절 '허생전'을 읽고 나서 받았던 충격은 아직도 생생하다. 비록 그는 가상의 인물이지만, 돈 한 푼 없던 양반이 돈을 빌려 과일 장사와 말총 장사로 하루아침에 부를 쌓는 능력이 얼마나 신기하고 부럽던지. 그런 능력을 갖고 싶었고, 시장의 수요를 파악하고 대중의 심리를 꿰뚫어 볼 수 있다면 돈 버는 것이 그리 어렵지 않을 것 같았다. 소설이었지만 이 내용은 허구가 아니라 현실에서도 충분히 가능한 일이었다.

젓갈 장사만으로 수십억 원을 벌어 그 돈 전부를 대학에 기부했던 '젓갈 할머니'를 기억하는가? 할머니는 초등학교 교육밖에 받지 못했지만 젓갈 장사로 큰돈을 벌었다. 할머니는 보통의 젓갈 점포처럼 도매로 젓갈을 사서 소매가격으로 파는 형태의 장사를 했지만, 할머니에게는 큰돈을 벌 수 있었던 특별한 노하우가 있었다. 그 노하우는 바로 새우, 멸치 등 젓갈 재료가 많이 잡힌 풍년에 그것들이 시장에 저렴한 가격으로 풀리면 그때 최대한 넉넉히 사두었다가, 적게 잡혀 재료의 가격이 올랐을 때 시장에 내놓고 팔며 큰 이익을 남기는 것이었다. 물론 젓갈은 묵혀둬도 상관이 없기에 단순한(?) 이 방법이 유효했던 것이다. 할머니는 수십

년 장사의 경험으로, 김장 시기에 필요한 젓갈의 수요는 일정해도 언제 공급이 많아져서 가격이 저렴해지고, 언제 공급이 줄어 가격이 오르는지를 이해하게 된 것이다. 이처럼 자본주의 시장에서는 한 가지에만 능해도 돈 버는 것이 쉽게 느껴질 수 있다.

우리나라에서 부자가 되는 방법은 크게 2가지로 귀결된다. 첫 번째는 부동산, 두 번째는 사업이다. 부동산과 사업의 공통점이 있다면, 바로 공급이 부족하거나 수요가 몰리면 가격이 오른다는 것이다. 모든 부동산과 사업은 이와 같은 원리로 수익을 내는 것이다. 이 책에서는 이와 같이 부동산과 사업으로 부를 늘리는 방법에 더하여 평범한 삶에서 벗어날(EXIT) 수 있는 방법을 알려줄 것이다. 따라서 이 책에 나와 있는 내용을 이해하고 자신의 것으로 하나씩 소화해나간다면 분명 부자의 길에 성큼 가까워져 있는 자신을 발견하게 될 것이라 생각한다.

Prologue

Chapter 1 생각을 바꿔야 인생이 바뀐다

Chapter 3   3년 안에 부자되기

Chapter 4   사업으로 10배 빨리 부자되기

Chapter 1

생각을 바꿔야
인생이 바뀐다

생각부터
바꿔라

그래서 당신의 인생이
바뀌었는가

화창한 어느 날, 대학 동창과 약속이 생겨 약속 장소로 향하던 중 우연히 어린 시절 다녔던 초등학교 앞을 지나게 되었다. 시계를 보니 약속까지는 아직 충분한 시간이 남아있었고, 문득 초등학생 시절의 그 거리가 궁금해진 나는 차를 한쪽에 주차하고 길을 걷기 시작했다. 낯익은 거리로 들어선 순간, 마치 마흔 중반의 내가 타임머신을 타고 30년 전의 어린 나로 돌아간 듯했다. 매일 같은 길로만 다녔기에 나에게 그 길은 더욱 익숙하게 느껴졌다.

과거의 추억을 떠올리며 걷는데 낡은 간판 하나가 눈에 띄었다. 오랜 세월이 흘렀으나 보자마자 알아차린 그 상호, 바로 어릴 적 참새 방앗간처럼 들락거렸던 문구점이었다. 간판은 그때 모습 그대로였다. 30년이 넘는 세월이 훌쩍 지나버린 지금, 내부는 어떻게 변해있을지 궁금하고 설레었다.

　나는 꽤나 가난한 집에서 자랐기에 문구점에 들어가 선뜻 무엇인가를 사본 적이 없다. 꼭 필요한 학교 준비물이 있을 때에만 무언가를 살 수 있었고, 문구점 앞에서 뽑기를 하는 친구들이나 오락 기계로 게임하는 친구들을 옆에서 쳐다보는 것이 하굣길 나의 일상이었다.

　문구점 안으로 들어선 순간 나는 묘한 기분에 휩싸였다. 그때 그 주인아저씨가 백발의 할아버지가 되어 계신 것 말고는 변한 게 없는 것이 아닌가. 주인아저씨의 한쪽 팔이 약간 불편하셨던 기억이 있어 백발의 할아버지가 되셨어도 한눈에 알아볼 수 있었는데, 그래서 더욱 영화 속 한 장면처럼 느껴졌는지도 모른다. 모든 배경은 그대로인데, 주인아저씨만 할아버지 분장을 하고 등장한 것처럼 말이다.

　"뭐가 필요해서 오셨소?"

　신기한 기분에 휩싸여 이리저리 둘러보고 있는 나에게 주인할아버지가 다가와 묻는다. 나를 기억하지 못하시는 듯했고, 오랜 세월이 흘렀으니 그것은 당연했다. 그런데 그 오랜 세월 동안 문구점은 그대로의 모습을 간직하고 있던 것이다. 나는 아이들 학교 준비물을 사러 왔다며 색연필 세트 2개를 계산하고 나왔다.

　문구점을 뒤로하고 곧장 또 다른 추억이 가득한 분식집으로 발걸음을 옮겼다. 이곳 역시 마찬가지로 같은 세트장에 주인아주머니가 모습만 할머니로 바뀌어 나를 맞이하는 듯했다.

정확히 34년 전의 문구점 아저씨와 분식집 아주머니를 같은 장소, 그대로인 가게에서 만난 것은 너무나 반가운 일임이 분명했다. 하지만 한편으로는 안타까운 마음이 들었다.

나의 어린 시절은 정말 가난했고, 성인이 되어 대학을 졸업할 때까지도 우리 집은 여전히 가난했다. 그때까지도 우리 가족은 집 한 채 장만하지 못한 채 평생을 임차인으로 이곳저곳을 전전해야만 했다. 그것도 집값이 가장 저렴한 지역에서 말이다.

가난하면 나이가 아무리 어려도 무엇이든 참아야 하고, 견뎌내야 한다. 먹고 싶은 것이 있어도, 입고 싶은 옷이 있어도, 갖고 싶은 장난감이 있어도 마음속에만 담아두어야 한다. 대학을 졸업할 때까지도 하고 싶은 것을 해본 기억이 거의 없던 나는 어느 누구보다 가난한 이들의 삶을 잘 안다. 그렇게 꼬리표처럼 따라다니는 가난이 정말 싫었고, 그 가난에서 벗어나기 위해 안간힘을 써가며 앞만 보며 달려온 나였다.

조금 전 초등학교 통학 길에서 마주친 문구점 아저씨와 분식집 아주머니의 모습이 잊히지 않고 계속 신경이 쓰이는 것은 이분들의 모습에서 나의 가난했던 시절의 모습이 떠올랐기 때문일 것이다. 부자되는 법을 몰랐던 과거에는 잠을 줄여가며 누구보다 열심히 일하고 최대한 아끼고 아껴도 늘 가난과 빠듯함에 허덕였다.

약속 장소에 먼저 도착한 나는 어린 시절을 회상하며 깊은 생각에 잠겨 친구가 내 앞에 앉는 것도 알아차리지 못했다.

"무슨 생각을 그렇게 심각하게 하고 있어?"

"여기 오는 길에 어렸을 때 살던 동네에 잠깐 들렀거든. 거긴 변한 게 하나도 없더라. 그래서 기분이 참 이상했어."

"다 그렇지 뭐. 그게 뭐 대수로운 일이라고. 내가 살던 동네도 지금 가보면 그대로일걸?"

"나에게는 그동안 정말 많은 변화가 있었잖아. 그래서 내 삶은 이렇게나 달라졌는데, 그곳은 전혀 변화가 없다는 게…"

그렇게도 가난했던 나는 지금 여러 회사를 운영하는 CEO가 되어있었고, 돈이 없어 할 수 있었던 것이 거의 없던 나는 이제 일을 하지 않더라도 매월 들어오는 임대수익만 해도 대기업 과장 연봉 수준을 넘는다. 그리고 지금의 나는 자수성가한 사업가이자 성공한 투자자로 불리고 있다. 부자되는 방법을 배우고자 하는 사람들의 강연 요청은 항상 줄을 잇고 있으며, 나의 강의를 듣고 평범한 삶에서 벗어나 부자가 된 사람들 역시 셀 수 없이 많다. 나의 어린 시절을 들여다보면 상상하기 힘들 정도의 큰 변화가 있었다.

나는 친구에게 오는 길에 우연히 만난 문구점 아저씨와 분식집 아주머니를 보며 잠겼던 생각에 대해 이야기해주었다.

"네가 특별한 거야. 그 문구점 아저씨와 분식집 아주머니의 모습이 나 같은 보통 사람들의 삶이지."

내가 특별하다고? 친한 친구가 이렇게 말하니 순간 말문이 막혀 버렸다. 나는 내가 특별하다고 생각해본 적이 단 한 번도 없었다. 내가 지금까지 이룬 것은 어느 누구든 이룰 수 있는 것이라 생각하니까. 다른 사람들도 이 사실을 알지만 실행하지 않아서 이루지 못한 것일 뿐이다.

이렇게 부를 이뤄놓고 보니 나 역시도 가난했던 시절에는 생각을 조금만 바꾸면 수월하게 얻을 수 있는 것들을 알지 못했고, 보지 못했다. 무조건 열심히만 살면 되는 줄 알았다. 그러나 지금은 안다. 열심히만 산다고 평범한 삶이 바뀌진 않는다. 문구점 아저씨와 분식집 아주머니처럼 한 장소에서 새벽부터 늦은 밤까지 열심히 수십 년 동안 일한다고 해도 마찬가지다.

자신은 지금 누구보다 열심히 살고 있다고 생각하는 이가 있다면 질문을 한번 던져보고 싶다.

'계속 지금처럼 열심히 살아간다면, 언젠가는 당신의 삶이 바뀔 것이라 생각하는가?'

아쉽게도 아니다. 자본주의 시장에서는 열심히만 산다고 삶이 바뀌진 않는다. 지금까지도 충분히 경험하지 않았는가. 가까운 주변만 돌아봐도 30년 혹은 40년 이상을 땀 흘리며 열심히 살았지만 예전 그대로의 삶을 사는 사람이 훨씬 많다. 보통 대부분의 사람들은 열심히 일하고 아끼는 것만이 정답이라 여기며 살지만 부자들은 그렇지 않다.

지금의 삶에서 벗어나 부자의 삶을 살고 싶다면 먼저, 부자가되는 방법에 대한 공부부터 해야 한다. 열심히 사는 것은 그다음일이다. 우선 자신의 인생을 바꿀 수 있는 법을 익힌 후에 그 방법대로 실행해 나가야만 지금의 삶을 바꾸고 경제적인 여유를 느낄수 있게 된다.

하지만 여기서 치명적인 문제가 있다. 방법을 알고 노력만 하면되는데, 대부분의 사람들은 자신이 부자가 될 수 있을 리 없다고 생각한다는 것이다. 그 생각이 너무도 강해 부자가 되어보겠다는 마음을 먹기는커녕 부자가 되어있는 자신의 모습을 상상해보는 것조차 하지 않는다. 그러면서 현재 자신의 삶을 한탄하기만 할 뿐이다.

부자가 되고 싶다면 지금까지 갖고 있던 평범한 생각에서부터 EXIT 해야 한다. 그래야만 지금의 평범한 삶에서 EXIT가 가능하다.

> ### EXIT 노트 01
> 아쉽게도 이 세상은 열심히만 산다고 부자가 될 수 있는 것이아니다.
> 당신이 현재 하고 있는 일을 지속했을 때 10년 후, 20년 후의멋진 미래가 그려지지 않는다면, 인생을 바꿀 수 있는 방법을따로 익혀야 한다.

------ 02 ------

만약 당신의 꿈이
경제적 자유라면

"나는 경제적 자유를 얻고 싶다. 뉴스에서 국제유가가 오르니 내리니 해도 아무 걱정 없이 내 차에 기름을 듬뿍 채우고 여행을 떠나고 싶고, 공공요금과 물가에 관한 뉴스를 보고도 내가 사고 싶은 것이 있으면 아무 고민 없이 쇼핑도 하고 싶다. 또한 미식가인 내가 식당에서 먹고 싶은 음식이 있다면 아무리 비싼 것일지라도 돈에 구애받지 않고 코스요리를 주문하고 싶다."

위 글에 공감하고 있다면 당신도 부자가 되고 싶은 것이다. 이 글은 내가 나이트클럽에서 종잣돈을 모으던 시절에 썼던 일기의 일부분이다. 내 첫 책의 개정판에서는 이를 밝혔으나, 처음에는 '어느 평범한 주부의 일기 중에서' 발췌한 것이라고 기재했었다.

첫 책을 집필했던 당시에는 일기를 공개한다는 사실이 왜 그리 부끄러웠는지 모르겠다. 이 일기는 많은 사람들의 큰 공감을 불러일으켰고, 이런 반응을 통해 '누구나 이런 삶을 원하고 있구나'를 다시 한번 깨닫게 해준 글이기도 하다. 일기를 썼던 당시는 부자가 되기 위해 공부하고, 처절하게 종잣돈을 모으던 때이다. 500원짜리 음료수도 아까워 사 먹지 않던 시절이었다.

일기에 적었던 그 당시 나의 소망은 정말 꿈에만 그리던 삶이었다. 하지만 지금에 와서 보면 참 소박한 목표였다. 돈에 구애받지 않고 먹고 싶은 것을 먹고, 사고 싶은 것을 사고, 여행하고 싶을 때는 마음껏 여행하는 삶. 이는 누구나 노력하면 충분히 이뤄낼 수 있는 삶이다.

돈도 돈이지만, 내가 무엇보다 원했던 삶은 시간에 얽매이지 않는 삶이었다. 생각해보면 사실 그렇지 않은가? 당신이 원하는 삶이 무엇이든지간에 충분한 돈도 있어야겠지만, 그 전에 그 모든 것을 누릴 시간이 필요하다. 돈이 아무리 많아도 그 돈을 쓸 시간이 없다면 무슨 소용이겠는가. 내가 하고 싶은 것만 하면서 살기 위해서는 '시간'과 '돈', 이 두 가지 모두를 갖추고 있어야 한다는 말이다. 즉, 진정한 부자란 돈과 시간을 모두 가진 사람이다.

"송사무장님은 경제적 자유가 무엇이라고 생각하시나요?"
언젠가 언론사 인터뷰를 하던 중 기자가 나에게 개인적으로 했던 질문이다.

"저는 경제적 자유를 얻었을 때란 자신이 일을 하지 않더라도 매달 급여 이상의 돈이 들어오고, 기본적인 의식주와 여가 생활을 하는 데 전혀 지장이 없는 상태가 되었을 때라고 말합니다. 쓸 것을 쓰면서도 여가를 즐기기에 시간적, 물질적으로 전혀 지장이 없는 상태 말이죠."

"음… 제가 생각했던 것보다 소박하게 말씀해주신 것 같아요. 저는 경제적 자유를 얻은 사람은 부자라고 생각을 하고 있었거든요."

"경제적 자유라는 개념은 각자가 정의하기 나름입니다. 저는 경제적 자유를 이룬 상태를 완전한 부자가 된 상태라고 정의하지 않을 뿐이죠. 저는 일을 하지 않아도 자신이 노동했을 때 정도의 급여가 들어오는 상태, 즉 경제적 자유를 얻는 것이 부자로 가는 첫 단계라고 말하곤 합니다. 이때부터는 부가 축적되는 데 가속도가 붙기 때문이죠."

"어떻게 가속도가 붙게 되는 건가요?"

"자신이 직접 노동을 하지 않더라도 매달 필요한 지출을 하는 데 지장이 없다는 것은 그만큼 내가 활용할 수 있는 시간이 늘어난다는 말이기도 합니다. 과거에는 남을 위해 일하며 돈을 버느라 자기 시간이 없었겠지만, 이때부터는 그러지 않아도 되니까요. 그 시간을 활용해서 제가 알려드리는 '부자되는 방법'을 실천해간다면 돈이 기하급수적으로 늘어나게 됩니다."

"부자되는 방법이요? 송사무장님이 알려주시는 그 방법이 뭘지 정말 궁금해요."

"결론부터 말하자면, 내 돈이 나를 위해 일하도록 만드는 방법입니다."

많은 사람들이 경제적으로 자유로워지고 싶어 한다. 그리고 그 단계에 진입하면 지금보다 행복해질 것도 알고 있다. 그러나 돈을 어떻게 불려야 할지, 어떻게 해야 부자가 될 수 있는지 모르기 때문에 시도조차 못 해보고 막연한 꿈으로만 묻어두고 마는 것이다.

앞으로 계속해서 이야기할 테지만, 지금의 삶에서 벗어나 부자의 삶으로 가는 길은 생각을 전환하는 것에서부터 시작된다. 부자로 가는 첫 단계인 경제적 자유의 단계로 가기 위해서는 먼저 기존에 가지고 있던 생각을 바꾸고, 그러고 나서 자신의 노동력을 투입하지 않고도 매월 돈이 들어오는 시스템을 구축해야 한다. 시스템이 구축되고, 이 시스템에서 매달 지급되는 돈이 직장에서 받는 급여보다 많아지는 순간, 경제적 자유의 단계로 돌입하게 되는 것이다.

아, 여기서 먼저 밝혀둘 것이 있다. 이 책에서 말하는 '부자'는 단위조차 낯선 어마어마한 액수의 돈을 가지고 있는 세계 몇 위 안에 드는 부호나 국내 대기업을 소유한 재벌 등을 의미하는 것이 아니다. 큰 부자는 하늘이 내리지만 조그만 부자는 노력으로 충분히 가능하다고 하지 않던가? 여기서 말하는 부자는 누구나 노력으로 충분히 될 수 있는 조그만 부자, 즉 '자신이 노동하지 않고'도 직장인 연봉만큼의 돈을 매달 받는 정도의 부자이다. 이 정도면 맘껏 쓰고 즐기면서 사는 데 아무런 지장이 없으니 안심하라. 이 것 이상으로 더 많은 돈을 벌고 싶다고 불평하기 전에 이 정도까지만이라도 올라서길 바란다. 이 단계에 올라서면 그 이후부터는 더 큰 부를 쌓는 것도 훨씬 수월해진다.

무엇이든 어렵다고 생각하면 어렵고, 쉽다고 생각하면 쉬워지는 것이다. 무일푼이던 내가 실제 부자가 된 경험과 많은 평범한 사람들을 부자로 만들어낸 경험으로 비추어볼 때 부자가 되느냐 못되느냐는 자신의 '능력'보다 '생각'과 '의지'의 차이에 따라 좌우되었다. 따라서 당신이 현재 그 자리에 머물러 있는 이유는 당신의 능력이 부족해서가 아니라, 어려울 것이라 여겨 지레 겁먹고 포기했거나 시도조차 해보지 않았기 때문임을 명심하라.

> **EXIT 노트 02**
>
> 경제적 자유란? 돈과 시간을 모두 가진 상태이며, 이는 부자로 가는 첫 단계이다.
>
> 부자가 되느냐 되지 못하느냐는 자신의 생각과 의지에 달렸다.

부자가 되고 싶다면
생각부터 바꿔야 한다

어린 시절부터 돈이 많았으면 좋겠다는 생각이 그 누구보다 간절했다. 하지만 나에게 돈 버는 방법을 알려주는 사람은 어디에도 없었다. 가난한 아버지께 배울 수도 없었으며, 주변 사람들에게 이런 말을 하면 돈을 밝히는 것은 나쁜 것이라는 반응이 되돌아와 마치 '돈 이야기'를 금기시하는 것처럼도 보였다. 그 덕분에 나 역시도 초등학교부터 고등학교를 다니는 동안에는 좋은 대학에 들어가는 것만이 목표였고, 대학생이 되어서는 좋은 직장에 취직하는 것만이 인생의 목표가 되어버렸었다.

보통 사람들의 인생 스토리가 그러하다. 대학 졸업 후 직장에 취직하여 결혼을 하고, 아이를 낳고 키우면서 회사 연봉에 맞춰 알뜰살뜰 살림하여 아껴 쓰며 노후를 준비한다. 주변의 모든 이들이 그렇게 살아가니 나 역시도 그것이 정답이라 여기며 살았던 것이다.

하지만 다행히(?)도 나에게는 그런 순탄한 삶은 보장되어 있지 않았다. 너무 가난했기에 평범한 인생을 살아갈 수가 없었다. 그래서 나는 좀 더 빨리 부자가 될 수 있었던 것 같다.

특별한 노력을 하지 않아도 평범한 삶을 살 수 있었던 당신에게는 아직 그 평범함에서 벗어나야겠다는 굳은 결심을 하게 만든 계기가 없었을지 모른다. 나는 이 책이 당신에게 그런 계기가 될 것이라 생각한다.

어느 날 메일함을 확인하던 중 메일 하나가 눈에 띄었다.

"안녕하세요, 송사무장님. 저는 사무장님의 강의를 듣고 있는 수강생입니다. 저에게는 남들에게 말하지 못하는 큰 고민이 있습니다.

저는 40대 가정의학과 의사입니다. 상가를 임차하여 개인 병원을 운영하고 있고요. 저는 소위 말하는 의사 집안에서 자랐습니다. 그래서 개원을 할 때까지도 이렇게 사는 것이 당연하다고만 생각했습니다. 하지만 요즘 들어 이렇게 사는 것이 맞는 것인가 하는 후회가 밀려옵니다.

물론 버는 돈으로만 보면 다른 사람들보다 조금 더 여유있게 살 수는 있습니다. 하지만 이렇게 내 시간도 없이 열심히 일하며 벌어도 부자는 될 수 없음을 느낍니다. 지금보다 더 많은 돈을 번다면, 그것은 단지 저의 시간이 그만큼 더 투입되었음을 의미하는 것일 뿐입니다.

그런데 남들에게 이런 말을 하면 배부른 소리 한다느니, 그럼 자기랑 직업을 좀 바꾸자느니, 너 어디 가서 그런 소리 하면 큰일 난다, 의사 집안 두고 뭔 걱정이냐는 둥 반응이 모두 이런 식이라서 누구에게 속 시원히 털어놓지도 못 합니다. 사실 말이 좋아서 의사 집안이지, 집안에서 대형 병원을 갖고 있지 않은 이상 다들 그저 의사라는 직업을 가진 평범한 직장인들입니다.

제가 그동안 해온 것이라곤 공부밖에 없고, 공부나 일하는 법이 아닌 돈 버는 법에 대해선 전혀 모릅니다. 저 같은 사람도 부자가 될 수 있을까요?"

이처럼 사람은 자라면서 자신이 보고 들었던 것이 정답이라 생각하며 그 틀 안에서 목표를 세우기 마련이다. 집안에 의사가 많으면 당연히 자식도 의사가 되는 것을 정답으로 생각하고, 부모가 연예인이면 자녀도 연예인의 길로, 운동선수의 아이는 운동선수의 길로 진로를 선택하는 경우가 많은 이유는 바로 이 때문이다. 자녀들은 어릴 때부터 자연스레 부모처럼 사는 삶이 정답이라 여기게 된다. 학교에서의 교육도 그러하다. 세상이 돌아가는 이치를 알려주어 본인 스스로 선택하고 해결할 수 있는 법을 가르쳐주는 것이 아니라, 세상에 순응하여 사는 법을 먼저 가르친다. 눈에 보이지는 않지만 이미 정해져 있는 길을 그려주고 그 길을 따라가라고 하는 식이다.

그렇기 때문에 나에게 메일을 보낸 수강생처럼 많은 이들이 선망하는 직업을 갖고 있으면서도 본인이 진짜 원했던 삶이 아니라며 뒤늦은 후회를 하게 되는 것이다.

이제는 알아야 한다. 많은 사람들이 택한다고 하여 모두에게 정답이 되는 것은 아니라는 사실을 말이다.

나는 메일로 짧은 회신을 해주었다.

"누구든 생각을 바꾸고 부자가 되기 위한 노력을 한다면 부자가 될 수 있습니다. 노동을 통해 버는 돈에는 한계가 있습니다. 나의 노동력이 투입되어 버는 돈은 내 시간과 맞바꾼 돈일 뿐이고, 시간은 제한적이니까요.

우선 노동의 대가 외의 현금흐름이 매월 나오도록 하는 것을 목표로 잡으십시오. 이것을 목표로 하여 내가 일하지 않아도 매월 돈이 들어오는 시스템을 갖추기 위해 제가 앞으로 알려드릴 방법대로 꾸준히 실천해간다면 곧 여유가 넘쳐나는 부자의 길로 들어설 수 있을 것입니다.

부자가 되고, 될 수 없고는 능력의 차이로 결정되는 것이 아닙니다. 부자가 될 수 있는 사고로 전환하는 것이 먼저이고, 그 생각대로 꾸준히 밀고 나갈 수 있는 강한 멘탈이 뒷받침된다면 분명 여유 있는 삶을 누리실 수 있을 겁니다. ㅇㅇㅇ님의 새로운 출발을 응원하겠습니다."

이후 그 수강생은 나의 조언대로 하나씩 공부를 완성해갔고, 얼마의 기간이 흐른 뒤 대형 상가 1채를 매입했다는 소식을 전해 왔다. 내가 바랐던 말과 함께.

"송사무장님, 마음의 여유가 생기니 그 지겹던 병원 일도 즐거워졌습니다!"

이처럼 나는 이 책을 통해 당신이 갖고 있는 가난의 사고방식과 고정관념의 패턴을 바꾸어주려고 한다. 당장 돈 버는 기술을 배우는 것이 중요한 게 아니다. 부자의 사고로 전환하는 것이 먼저이고, 부자되는 기술을 배워 접목시키는 것은 그 후의 일이다. 부자의 마인드를 갖지 않는다면 아무리 좋은 기술을 배운다 하더라도 부자가 될 수 없음을 잊지 말길 바란다.

> **EXIT 노트 03**
> 부자가 되기 위해서는 노동 외의 현금흐름이 나오는 시스템을 갖춰야 한다.

나이트클럽에
취직하다

여느 학생들과 다를 바 없이 취업 준비에 여념이 없던 그 시절, 나는 지극히 평범한 지방대 4학년생이었다. 사회에 나가 돈을 벌 수 있는 때가 다가오고 있었지만 기대감보다는 두려움이 앞섰다. 내가 무엇을 갖춰놓았는지, 수많은 취준생들 중 현재 나의 위치는 어디쯤일지, 또 무엇을 더 갖춰야만 취업의 문이 열릴지 전혀 감조차 오지 않았으니까.

나보다 먼저 취업에 성공한 선배들의 조언을 참고하여, 도대체 어디에 필요한지 모를 각종 자격증과 이력서의 세트 메뉴와도 같은 토익 성적표, 그리고 혹시 가산점이 있을지도 모르니 영어 회화 준비까지, 소위 말하는 스펙 쌓기에 여념이 없었다. 일상이 그저 취업, 취업, 취업… 으로 맞춰지는 삶이었다.

비록 지방대이긴 했으나 학점은 평점 3.8점으로 이만하면 괜찮은 듯했고, 공대생 중에서는 800점 조금 넘는 토익 점수가 상대적으로 그리 나쁜 성적은 아니었기에 내심 기대도 컸다(이보다 부족한 스펙으로도 꽤나 괜찮은 회사에 입사한 선배들도 더러 있었기에).

햇살이 찬란히 비치는 아침, 깔끔한 양복을 입고 멋진 빌딩 숲 사이를 걸으며 출근하는 내 모습을 상상하며 정성을 다해 이력서와 자기소개서를 작성했다. 20곳이 넘는 회사에 이력서를 제출했고, 설레는 마음으로 회사의 연락을 기다렸다.

.

.

.

지금까지 내 자신을 너무 과대평가했던 것일까? 내가 이렇게 부족한 사람이었나? 그 많은 회사 중 단 1곳에서만 연락을 해왔고, 그마저도 내가 지원한 부서가 아니었다. 처참한 결과였다.

사회는 정말 생각했던 것 이상으로 냉정했다. 기업에서는 나보다 더 좋은 대학, 더 뛰어난 스펙을 가진 인재들 순으로 문을 열어주었다. 수많은 전국의 취업준비생들 중 나는 대체 몇 등일지, 내 차례는 언제쯤이 될지, 내 차례가 오기나 할지 모를 일이었다. 몇 달 동안 열심히 공들여 준비한 나의 이력서와 자기소개서는 읽히지도 못한 채 사무실 어느 한구석에 처박혔으리라 생각이 들었다.

이 사회에서 내가 이렇게나 작고 미약한 존재라는 사실을 뼈저리게 실감하던 순간이었다. 다음 해 2월, 창피함에 졸업식에도 참석하지 않았다.

그 당시 그렇게 사회의 차디찬 냉정함을 경험하고도 난 여전히 보통의 대학생이었다. 취업의 고배는 부족한 영어 회화 실력 때문이며, 어학연수를 다녀오면 이 모든 상황이 바로 잡힐 것이라 생각했으니 말이다.

집안 형편상 어학연수에 필요한 자금은 스스로 마련해야 했다. 따라서 급여를 많이 주는 곳이라면 어떤 일이든 하리라 마음먹었다.

'외국에 나갈 돈을 빨리 모아서 어학연수 과정을 빨리 마치고, 빨리 좋은 곳에 취직을 해야 해.'

내 머릿속에는 오직 '빨리빨리'라는 말만 맴돌았다. 이미 취업한 대학 동기들보다 늦었다는 생각에 마음만 급했다.

그렇게 하여 결국 찾은 아르바이트가 바로 나이트클럽 밴드였고, 매일 무대에서 베이스 기타를 연주하며 노래를 했다. 밤낮을 바꿔 생활하고 지방의 숙소에서 지내며 하는 일이었기에 몸은 좀 힘들었으나, 첫 월급이 200만 원 정도로 꽤 높은 보수의 아르바이트였다. 당시 아무런 기술도 없는 대학 졸업생이 이 정도의 월급을 받을 수 있는 곳은 드물었다(사실 내가 이력서를 제출했던 회사의 대부분 급여가 이보다 훨씬 적었다).

아무런 연고도 없는 지방에서 그 누구도 만나지 않고 오직 일과 영어 공부에만 전념했다. 나이트클럽의 업무를 마치면 새벽 5시. 일이 끝나면 곧바로 영어 회화 학원으로 향했고 새벽 수업이 끝나고 나서야 숙소로 돌아와 잠을 청했다. 일을 하면서도 틈나는 대로 영자 신문도 읽고, 한글 자막을 가린 채 같은 영화를 반복해서

보는 등 영어 회화 실력을 기르는 데 좋다는 방법은 모두 써가며 정말 철저하게 어학연수 준비를 했다(경제적 여건으로 인해 남들이 2년 동안 공부할 양을 6개월 안에 끝내오겠다는 결심이 있었다).

또한, 최대한 빠른 시간 안에 연수 자금을 마련하기 위해 몇백 원밖에 안 하는 음료수조차 꾹 참아가며 냉수를 들이켰고, 밴드 친구들이 나이트클럽에서 제공되는 밥이 지겹다며 고기를 먹으러 나갈 때 내가 유일하게 즐길 수 있던 외부 음식은 천 원짜리 김밥 한 줄뿐이었다.

정말 독하게 생활했다. 뚜렷한 목표가 있으니 가능했고, 그 덕분에 일을 시작하고 6개월 만에 1,000만 원을 모을 수 있었다. 대학생의 신분에서 사회에 나와 처음으로 1,000만 원이라는 거대한 숫자가 찍힌 통장을 보니 그간의 고생이 주마등처럼 스쳐 지나갔다. 그 순간 돈의 소중함을 알게 되었고 심지어 돈이 예쁘기까지 했다.

현재 직업은
전혀 중요하지 않다

우리나라의 젊은이들은 공무원이라는 직업을 참 선호한다. 공무원은 항상 청소년들의 장래 희망 순위 중 상위권을 차지해왔고, 얼마 전 우리나라 20~30대의 약 44%가 공시족이라는 통계 결과가 나오기도 했으니 이에 대해선 더 이상의 말이 필요 없을 듯싶다. 이 역시 안정적인 직장을 좋아하는 부모님들의 영향이 클 것이다(공무원을 비하하는 것이 아니니 오해하지 않길 바란다).

그 많은 청년들이 공무원 시험을 준비하고 있으니, 당연히 이들 중 누군가는 붙고 누군가는 떨어질 수밖에 없다. 그런데 정년이 보장되는 안정적인 직업을 찾겠다고 공시 블랙홀에 빠져 2~3년 이상을 한 시험에만 매달리는 그들을 보고 있으면 정말 안타깝다. 그들 중 공무원이 아니더라도 정말 괜찮은 인생을 살 수 있는 청년들도 많을 텐데 말이다. 몇 년 동안 같은 시험을 준비할 정도의 의지라면 오히려 부자되는 공부를 하는 편이 훨씬 수월할 것이라고 본다.

인생을 살면서 누구를 만나느냐는 정말로 중요하다. 그로 인해 당신의 인생이 바뀔 수도 있기 때문이다. 그 누군가가 부모님(부모라면 가장 좋겠지만 이런 경우는 매우 드물다)이든 선생님이든 친구든, 주변에 그런 사람이 없다면 책이든 유튜브 영상이든 뭐가 되어도 상관없다. 당신의 생각을 바꿔주고, 시야를 넓혀줄 수 있는 것이면 된다.

갇혀 있는 생각을 바꾸면 할 수 있는 것들이 정말 많아진다. 사실 직업은 부자가 되는 데 큰 영향을 주진 않는다. 자신이 진정으로 원해서 하는 일이 아닌 이상, 직업은 그저 종잣돈을 모으는 과정이고 부자의 길로 갈 수 있도록 해주는 수단이다. 따라서 당신이 어떤 직업을 갖든 그것은 중요하지 않다. 어떤 아르바이트를 해도 상관없고, 회사에서 아무리 작은 역할을 맡더라도 상관없다. 내가 나이트클럽에서 종잣돈을 모았던 것처럼 말이다.

뚜렷한 목표와 확신만 가지고 있다면, 무슨 일을 하든 뭐가 중요한가?

내가 다시 20대로 돌아간다 해도 나는 역시 나이트클럽에서 일을 하며 돈을 모을 것이다. 왜냐고? 별다른 이유는 없다. 내가 할 수 있는 일들 중 월급이 좀 괜찮은 일이었으니까. 비록 밤낮이 바뀐 생활을 하며 종일 뿌연 담배 연기로 가득 찬 대기실에서 대기하는 것이 일상인 나이트클럽 알바생이었지만, 나에게는 뚜렷한 목표가 있었고 부자가 될 것이라는 확신이 있었기 때문에 상관없었다.

한 살이라도 젊을 때 부자되는 공부를 해보는 것은 어떤가? 정년이 보장되고, 노후 연금을 받을 수 있으며, 정시퇴근이 가능하다는 등 근무환경이 좋아서 공무원이 되고 싶은 것이라면 부자되는 공부를 하지 않을 이유가 있을까?

돈이 나를 위해 일하는 시스템을 갖춘 부자가 된다면 정년이 있을 리 없고, 노후에만 받는 연금이 아니라 매일매일이 연금 받는 날이 될 것인데 말이다. 부자가 된 후 출근하는 삶을 살든 아니든 그것은 당신 마음 내키는 대로 하면 된다.

진심으로 걱정되어 다시 한번 말하지만, 보통 사람들과 다른 길을 선택해도 얼마든지 더 좋은 결과를 맞이할 수 있다. 시험에 매번 떨어지는데도 계속 공무원 시험에만 매달리다가 나이만 먹고 이도 저도 아니게 되면 고생스러운 삶을 살게 될 수 있다.

정년까지 일하는 월급쟁이가 될 것인가? 나 대신 일해주는 돈을 가진 부자가 될 것인가?

직업은 인생을 좌우할 만큼 중요한 것이 아니다. 부자가 되고 싶다면 이제는 연금 받을 수 있는 공무원이 가장 좋다는 그 평범한 생각에서 EXIT 해야 한다.

> **EXIT 노트 04**
>
> 부자가 되기 위해서는 종잣돈을 모으고, 그 돈을 불리면 된다.
> 부자가 되겠다는 목표를 가진 사람에게 직업은 종잣돈을 모으기 위한 수단일 뿐 중요하지 않다.

인생의 전환점을
맞이하다

목표했던 1,000만 원을 모았으니 이제는 구체적인 계획을 세울 차례였다. 어학연수 계획을 세우면서 앞으로 나의 10년 인생에 대한 밑그림을 그리기 시작했다.

28세 후반에 어학연수를 다녀와 29세에 취직을 하고 30세에 결혼. 그러면 과연 결혼 전까지 직장에서 받는 연봉 중 얼마를 저축할 수 있을까? 시간이 흘러 35세 정도가 되면 대출을 받아 집을 장만해야 하니 그때부터는 대출이자가 추가로 지출되겠지. 아이가 생기면 여기에 아이들 생활비와 교육비 지출이 더해질 것이다….

미래의 삶을 그려보며 열심히 계산기를 두들겼다. 그 결과, 월급쟁이의 연봉으로는 아무리 절약해도 빠듯한 생활의 연속일 뿐

답이 보이지 않았다.

　이렇게 10년 계획을 그려놓고 보니 나는 이대로라면 앞으로 그저 그런 지극히 평범한 인생을 살아가게 될 예정이었다. 미래의 삶을 구체적으로 그려보기 전까지는 그래도 어느 정도 기대가 있었다. 하지만 좀 더 나은 직장에 취직하고 아껴 쓰며 저축을 한다고 해도 쳇바퀴 인생만이 기다릴 뿐이었다.

　그러면 네가 원하는 10년 후의 모습은 뭐야? 네가 진짜 원하는 건 뭐야? 내 자신에게 계속해서 되물었고, 묻고 물을수록 확실해졌다. 직장에서 인정받아 승진하며 연봉을 높여가는 게 나의 최종 목표는 아니었고, 정년까지 안정된 평생직장을 다니는 것은 더욱 아니었다. 이때까지 살아온 것처럼 앞으로 또 평생을 돈에 맞추는 삶을 살고 싶지는 않았다. 내가 원하는 것, 하고 싶은 것이 생기면 무엇이든 언제든지 할 수 있는 그런 삶을 살고 싶었다. 그렇다. 내가 진정으로 원하는 삶은 돈과 시간으로부터 자유로운 삶이었다.

　이날 이후로 그렇게나 부지런했던 내가 멍해지기 시작했다. 지방 나이트클럽까지 내려오게 된 언어 연수라는 유일한 목표가 사라졌기 때문이다. 어떻게 하면 내가 원하는 삶을 살 수 있을지도 막막했다. 목표가 확실할 때에는 아무리 힘든 일을 하더라도 웃으면서 일할 수 있고 어떤 난관도 견뎌낼 수 있지만, 목표가 사라지는 순간 그 활기 역시도 사라지기 마련이다.

여러 고민을 하며 하루하루를 보내던 어느 날, 사업을 하고 있는 선배가 숙소로 찾아왔다. 포장마차에서 소주잔을 기울이며 난 그간 있었던 일들에 대해 한참 동안 하소연을 늘어놨다. 한참을 듣기만 하던 선배가 한마디 한다.

"너 정말 성공하고 싶구나, 그렇지?"

"네? 성공이요? 제가 원하는 건 그렇게 거창한 게 아니에요. 그저 10년 후에 제가 원하는 미래가 그려지는 그런 삶을 살고 싶어요. 그런데 취업 후에 받을 연봉으로 계산해보니 어떻게 해도 제가 원하는 삶이 그려지질 않아요."

"너 왜 월급으로만 인생을 계획하려고 하냐? 그럼 회사에 취직하지 말고, 네 사업을 하면 되잖아. 취직 준비할 시간에 나이트클럽에서 몇 년 더 열심히 일해서 종잣돈을 모아봐. 종잣돈 모으는 동안에는 돈 버는 공부를 해 보는 거지. 어때?"

취중 대화였지만 선배의 이 한마디는 어두운 미로 속에 있던 나를 꺼내주기에 충분했다. 나는 여태껏 직장에서 받을 월급으로만 인생을 스케치했던 것이다. 그때까지 내 머릿속에는 아껴야 잘 산다는 절약 정신만이 가득했던 것이다.

'지금까지 난 정말 바보였어……'

이날 이후로 나의 인생 스케치는 전면 수정되었다.

자신을 가두는
생각의 틀을 깨라

내가 운영하는 커뮤니티에는 매일 수많은 회원들의 새로운 소식과 글이 올라온다. 하나하나 읽고 있던 중 글 하나가 눈에 띄었다.

"저는 공공기관에 재직 중이고, 남편은 소위 말하는 명문대 출신의 연구원입니다. 결혼 전에는 30살 갓 넘은 부부가 합쳐서 연봉 1억이 넘으니 결혼하면 풍요롭게 살 수 있겠다는 부푼 희망을 가지고 있었어요. 그런데 막상 결혼해보니 남편과 저, 연봉이 1억이래도 세금 떼면 실수령액은 600만 원이 채 되지 않았고, 전세자금 대출부터 학자금 대출, 생활비 등등 숨만 쉬면 나가는 돈이 너무 많더군요. 그러던 중 바로 연년생으로 두 아이가 생겼고, 저는 육아휴직으로 돈을 벌지 못하는 상황이 되었습니다.

저희 부부는 부모님으로부터 도움을 전혀 받지 못하는 흙수저들이에요. 둘이 정말 아끼고 아껴야 한 달에 200만 원 정도를 모을 수 있다는 생각에 요즘 너무 힘이 듭니다. 얼마 전에는 저 몰래 남편이 택배 알바를 하다가 허리를 다친 사실을 알게 되어 서로 부둥켜안고 펑펑 울기도 했어요.

송사무장님, 제 소원은 단 한 번만이라도 돈 걱정 없이 마음 편히 자보는 것입니다. 20대 때는 청춘을 버려가며 죽어라 공부해서 원하는 회사에 들어갔어요. 그 회사에 들어가면 저에겐 당연히 부와 명예가 보장될 줄 알았거든요. 하지만 부와 명예는커녕 저는 항상 새벽까지 일해야 했고, 4년 동안 휴가는 단 하루뿐이었습니다. 첫째를 임신했을 때도 매일 이어지는 야근으로 조산을 하게 되었고요.

아무리 열심히 일해도 제가 꿈꿀 수 있는 건 아무것도 없는 것 같습니다. 남들처럼 성공하고 싶고 부자로 살고 싶은 건 제 욕심일까요?"

우리나라 학생들 대부분은 누구나 인정하는 좋은 대학 입학을 목표로 공부한다. 수능에서 만족할 만한 성적을 얻지 못하면 재수, 삼수도 마다하지 않는다. 이렇게 좋은 대학에 들어가려고 하는 이유는 단 하나, '좋은 직업'을 갖기 위해서다. 즉, 어릴 때부터 대학을 졸업할 때까지 해온 갖은 노력은 좋은 직업을 갖기 위한 준비과정이라고 해도 과언이 아니다.

하지만 자본주의 시장에서는 흙수저의 젊은 청년들이 가정을 이뤄 풍족하게 살기란 쉽지 않다. 이런 과정을 겪어본 대다수의 사람들은 위 글에 크게 공감할 것이다. 사연 속의 부부처럼 아무리 공부를 잘했고 좋은 직업을 가졌어도 우리나라에서 여유 있는 삶을 기대하기란 힘들다.

좋은 직장에 취직하려는 것도 결국엔 인생을 풍족하게 즐기기 위함이 아닌가. 그러나 막상 직장에서 일을 해보면 '내가 일한 만큼' 월급이 나온다는 것을 깨닫게 된다. 내가 한 노동의 대가로 돈을 받는 것이다. 그러니 친구가 당신보다 연봉이 높다고 부러워할 이유가 없다. 친구는 그 연봉만큼 더 많은 노동을 하고 있을 테니까. 따라서 나의 몸이 2개가 되지 않는 이상 연봉을 2배로 올리는 일은 생각보다 힘들고, 생각보다 많은 시간이 걸린다. 또 연봉이 2배 올라간다고 부자가 되는 것도 아니다. 평생을 나의 몸과 시간을 써가며 돈을 벌고 싶은 것이 아니라면 보통 사람들이 흔히들 갖고 있는 '잘 살려면 좋은 직장에 들어가야 한다'와 같은 고정관념은 버리길 바란다.

한류 스타급 연예인이 아닌 이상 자본주의 시장에서 부자가 되는 방법은 단 하나다. 바로, 돈에게 일을 시킬 수 있는 능력을 갖추는 것이다. 이 능력을 갖추고 나면 직업은 전혀 중요하지 않다는 사실을 알게 된다. 자신의 돈을 부릴 수 있는 능력을 갖추고 있다면, 직장에서 나오는 월급이 적어도 평생을 여유롭게 자신이 원하는 삶을 누릴 수 있게 된다. 반면, 이 방법을 모른다면 아무리 좋은 직업을 가졌더라도 평생 일을 해야 하는 비싼 노동자에 불과할 뿐이다.

그러므로 당신이 현재 어떤 직업을 가졌는지는 중요치 않다. 현재의 직장에서 최대한 종잣돈을 모으고, 그 돈이 스스로 일을 하게 만드는 방법을 익히는 것이 중요한 것이다. 나 역시 이 세상 어느 누구도 관심을 두지 않는 나이트클럽 밴드 알바생으로 일하면서 돈을 모았음에도 부자가 되는 공부를 완성하여 부자가 되었다.

잊지 말아라. 자본주의 시장에서는 돈에게 일을 시킬 수 있는 사람만이 진정한 돈의 주인이 된다.

사연 속 주인공 부부는 그 이후 돈이 스스로 일할 수 있도록 하는 방법을 배웠고, 얼마 전 근황을 알려왔다.

"송사무장님을 만나고 저희 부부는 6개월 만에 3채의 집을 갖게 되었습니다. 학자금 대출 갚느라 인생에 회의를 느끼던 남편은 송사무장님을 만난 것은 천운이라고까지 이야기해요. 무엇보다 저희 부부는 송사무장님 덕분에 세상을 바라보는 눈이 달라졌어요! 남편은 내년에 육아휴직을 내고 몇 년간 부자되는 공부에 전념하기로 했습니다. 앞으로 저희의 인생이 얼마나 더 달라질지 벌써부터 기대가 돼요. 정말 감사합니다."

"

EXIT 노트 05

돈에게 일을 시킬 수 있는 능력을 갖춰야 한다.

그래야만 돈의 진정한 주인이 될 수 있다.

"

누구나 부자가
될 수 있다

06

사람은 자신이 그린 대로
삶을 살게 된다

"당신의 꿈은 무엇입니까?"

내가 사람들을 만나면 종종 던지는 질문이다. 이에 대한 대답을 들어보면 그가 어떤 사람인지를 알 수 있는데, 실제 뚜렷한 목표를 가지고 있는 사람은 "저는 상가나 주택을 소유해서 월세가 500만 원 이상 나오면, 제가 하고 싶은 여행을 하며 세계 곳곳에 있는 어려운 아이들을 가르치며 살고 싶어요"처럼 그 대답부터 진지하고 분명하다. 그리고 질문을 받고 답변이 나오기까지 그리 오랜 시간이 소요되지 않는다.

반면, 목표가 없는 사람은 말문이 막히거나 또는 "음… 돈 많이 버는 거요.", "(당황하며)글쎄요. 성인이 되어서는 생각해본 적이 없어서요.", "연예인들처럼 빌딩 하나 있으면 좋겠네요. 허허~"와 같이 막연한 꿈을 이야기한다. 자신의 삶을 주도하지 못하고 외부 환경에 휩쓸리며 주어지는 대로 살아가는 사람들이다.

주변만 돌아봐도 알 것이다. 이 세상에는 생각보다 삶의 목표 없이 그저 흘러가는 대로 살아가는 사람들이 상당히 많다. 이런 유형의 사람들은 평소 "바쁘다", "힘들다"라는 말을 달고 살아간 다는 공통점이 있으며, 항상 피곤해하고 무기력하다.

하지만 뚜렷한 목표를 가지고 있는 사람은 정말 부지런하고, 항 상 에너지가 넘친다. '저 사람은 어떻게 쉬지 않고도 저런 에너지 가 나오는 거지?' 누구나 한 번쯤 주변의 누군가를 보며 이런 생각 을 해본 적이 있을 것이다. 아니면 직접 경험해봤을 수도 있겠다. 목표를 세우고 확신을 갖고 하나씩 이뤄가는 과정에서는 쉬지 않 아도 피곤하지 않고 오히려 즐거웠던 경험 말이다.

그 반대의 경우로, '평일에 열심히 일했으니 주말 동안에는 좀 쉬어야지' 하며 주말 내내 TV 앞에서만 뒹굴거려 본 적도 있을 것 이다. 분명 이때는 한없이 무기력해지고 더 피곤해짐을 느끼지 않 았는가? 그렇게 피곤하고 무기력해지면 새로운 목표를 세울 생각 조차 하지 못하게 되므로 악순환이 반복되는 것이다. 목표 없이 흘러가는 대로 사는 사람은 이런 이유로 평생 굴레에 갇힌 삶을 살 수밖에 없다.

주말 시간을 반납하고 나의 강의를 들으러 오는 많은 수강생들 이 이런 말을 하곤 한다.

"부자가 되겠다는 목표가 생기고 배움을 얻으며 확신이 들기 시작하니, 신기하게 전혀 쉬지 않고도 에너지가 넘쳐요! 목표를 향해 주말도 반납하고 열심히 달린 제 자신이 너무 자랑스럽게 느껴지고, 이런 마음이 저를 더 부지런하게 만들어주는 것 같아요."

강한 의지는 자신의 몸을 더욱 활력 있게 이끈다. 강한 의지가 생기려면 해낼 수 있다는 확신이 필요하고, 그런 확신을 갖기 위해선 뚜렷한 목표가 있어야 한다.

"사람은 자신이 그린 대로 삶을 살게 된다."

내가 주변 사람들에게 늘 하는 말이고, 저서에 사인을 해줄 때도 꼭 넣는 문구이다. 내 삶을 변화시켜 준 문장이고, 다른 사람들의 삶도 변화되길 바라는 마음에서다.

부자의 삶을 살기 위해선 명확한 목표가 있어야 한다. 평범한 삶에서 벗어날 수 있는 목표 말이다. 다만, 목표를 세울 때 주의해야 할 것이 있다. 이렇게 목표를 세우라고 말하면 대부분의 사람들은 너무 큰 목표, 즉 최종 도달점만을 목표라고 생각한다. 물론 최종 목표는 높게 잡는 것이 좋다. 그러나 이 큰 목표만을 바라보고 달려가다가는 중도에 지쳐서 포기해버릴 것이 분명하다.

그래서 최종 목표 사이에 작은 목표들을 세우는 것이 중요한데, 작은 목표는 그것들을 순차적으로 하나씩 이뤄나가다 보면 최종 목표로 도달할 수 있게끔 설정하면 된다. 그러니 큰 최종 목표를 세울 때는 현재 자신의 여건에서 노력하여 이룰 수 있는 작은 목표도 함께 세워야 한다.

최종의 큰 목표에 비해 당장은 작은 목표를 달성한 성과들이 눈에 띄지 않을 정도로 작아 보일 수는 있으나, 당신은 최종 목표를 향해 조금씩 전진하고 있는 것이니 걱정하지 말고 꾸준히 밀고 나가도록 하라. 삶에서 목표가 있는 사람과 그렇지 않은 사람과의 격차는 해가 지날수록 비교할 수 없을 정도로 벌어지게 될 테니까.

나의 첫차는 230만 원을 주고 구입한 중고 티코였다. 6년 반 동안 그 티코를 타고 다니면서 종잣돈을 모았고, 부자되는 공부를 했다. 그때의 나는 어렵고 힘든 과거를 지닌 보통 사람들과 다름이 없었다. 하지만 그들과 유일하게 다른 것이 있다면, 그것은 바로 꿈이었다. 나의 꿈은 확연히 달랐고 목표는 너무도 분명했다. 반드시 부자가 되겠다는 꿈이 있었다. 현재의 내가 가난하다고 꿈마저 가난해야 한다는 법은 없었으니까. 분명한 꿈이 있었기에 매년 작은 목표를 세워 하나씩 하나씩 이뤄나갔다. 그렇게 몇 해를 보내고 나니 부자를 꿈꿨던 나는 진짜 부자가 되어있었다.

명심하라. 큰 목표를 이루는 것은 달성되는 작은 목표들이 모여 가능해지는 것이다. 생각하면 가슴이 두근거리는 크고 높은 목표를 최종 목표로 잡아라. 그리고 지금 당장 실현 가능성이 있으며, 그 성과들이 모이면 결국 최종 목표까지 이끌어줄 수 있는 작은 목표들을 진지하게 설정하라.

현재 자신이 다른 사람들보다 부족한 상황에 있더라도 인생의 큰 그림을 그리고, 확신을 갖고 한 단계 한 단계 전진하다 보면 그 그림은 어느새 멋지게 완성되어 있을 것이다.

> ### EXIT 노트 06
> 사람은 자신이 그린 대로 삶을 살게 된다.
> 공부와 종잣돈에 관한 목표 등을 구체적으로 적고 최종 목표를 진지하게 설정하라. 그리고 전진하라.

07

성공하는 방법은
이미 세상에 나와 있다

책 한 권이 사람의 인생을 바꾼다는 말에 공감하는가? 진짜로 그러하다. 한 권의 책이 그 사람이 갖고 있던 고정관념을 깨고 생각을 바꿔줄 수 있다면 그때부터 그 사람의 인생은 바뀌기 시작한다. 나 역시 나이트클럽에서 접했던 책 한 권으로 인해 생각이 바뀌고 인생이 바뀌었으니 말이다.

나이트클럽에서 부자되는 공부를 하고 있을 당시, 한번은 대학 동기들과 함께 하는 자리가 있었다. 나의 근황을 이야기하던 중 친구들에게 그 당시 내가 읽고 있던 책을 내보이며 물었다.

"너네 이 책 읽어봤어?"
"어? 나 그 책 제목 들어봤어. 유명한 책이잖아. 어때?"

한 친구가 아는 체를 했다. 대학 시절 공부나 책과는 담을 쌓고 지내던 친구가 알고 있을 정도로, 그 책은 당시 정말 굉장한 돌풍을 일으켰던 전 세계적 베스트셀러였다. 나 역시 감명 깊게 읽어 3번째 읽고 있던 책이었다.

"진짜 굉장해! 이런 책이 이제야 나온 게 아쉬울 정도야. 이대로 하면 정말 부자가 될 수 있을 것 같아. 너희들도 꼭 한번 읽어봐."

지금도 나는 이 책을 내 인생을 바꿔준 인생 책이라고 소개할 정도로 저자의 발상은 대단했고, 그 당시 나에게는 신선한 충격 그 자체였다. 이렇게 돈을 버는 방법이 있다는 사실을 알게 되어 행복할 정도였다.

그런데 그 순간, 다른 친구가 큰 목소리로 한마디 내뱉었다.

"너희들 신문도 안 보냐? 그거 다 거짓말이라던데? 그 사람 얘기 다 가짜래. 믿지 마."

나 역시 기사를 접해서 그런 소문이 돈다는 것은 알고 있었다. 하지만 그간 부자되는 법을 공부하기 위해 매일 경제신문을 읽고, 많은 책을 보고, 여러 전문가들의 칼럼을 읽어온 나는 이 내용이 전혀 허황된 이야기라고는 생각되지 않았다. 오히려 읽으면 읽을수록 이대로 믿고 실천하면 나도 부자가 될 수 있을 거라는 확신이 들었다.

부자가 되기로 마음먹고 그 방법을 공부하면서 나는 경제, 주식, 부동산과 관련된 무수히 많은 책을 읽었다. 그중 물론 수준 이하의 책들도 있었지만, 몇 권의 책들은 나에게 정말 큰 힘이 되고 용기와 희망을 주는 값진 책이었다. 그 책들 중에는 인기 있는 베스트셀러가 된 책도 있었으니 나만 그 책을 읽은 것은 분명 아니었을 것이다.

그런데 말이다. 어떤 이들은 나처럼 책을 통해 자신의 생각을 바꾸고 노력하여 성공을 이루는 반면, 어떤 이들은 여전히 그 책을 읽기 전과 똑같은 삶을 산다. 책에 있는 내용이 부족해서, 더 많은 비법을 알려주지 않아서일까? 아니면 성공한 사람들이 특별해서일까? 아니, 절대 그렇지 않다. 같은 책을 읽었음에도 삶을 바꾸지 못하는 이유는 책을 온전히 믿지 못하기 때문이다. 책에 언급된 내용을 확신하지 못하기 때문에 그 값진 정보와 기회를 그냥 흘려보내는 것이다.

내가 강의나 책을 통해 확실하게 전달하고자 하는 것은 크게 2가지다. 첫 번째는 '돈을 불리는 노하우'이고, 두 번째는 잠재되어 있는 '열정'을 일깨워 '생각'을 바꿔주는 것이다. 이 중에서도 훨씬 중요한 것은 후자이다. 기술과 노하우는 언제든 터득할 수 있는 것이지만, 생각이 바뀌지 않고 열정이 없는 사람에게는 아무리 좋은 기술과 노하우를 알려줘 봐야 의미가 없기 때문이다.

보통 사람들은 부자가 된 사람을 보며 그에게는 특별한 비법이 있었거나 그가 특별한 사람이었기 때문이라 생각한다. 만약 당신도 지금 그렇게 생각하고 있다면, 아직 '나도 부자가 될 수 있다'는 확신을 갖지 못한 것이다.

어느 분야에서든 마찬가지지만, 좋은 결과를 내기 위해서는 특별한 노하우보다 더욱 중요한 것이 열정과 확신이다. 성공한 사람들은 이 길에 대해 확신을 하고, 뜨거운 '열정'을 식히지 않고 계속 끌어내어 완주를 해낸 사람들이다.

같은 책을 보더라도 다른 결과가 나오는 이유는 '확신(믿음이라고 해도 되겠다)'의 차이 때문이다. 자기계발서나 여러 성공 서적들을 읽어보면 대부분 하고자 하는 말이 반복된다. 반복되는 것은 그만큼 중요하다는 의미이기도 하다. 그 수많은 책들이 이미 부자로 가는 과정과 성공하는 과정의 정답을 모두 알려주고 있는데, 많은 이들은 '또 다른 더 괜찮은 방법은 없을까?'하며 방황하는 과정만을 반복할 뿐, 그들의 평범한 삶에서는 벗어나지 못한다. 답을 알고 있다 해도 실천하지 않는다면, 그 답은 결코 그에게는 정답이 될 수 없는 것이다.

그러나 확신이 있는 사람은 다르다. 책에서 정답을 알려주면 얼마의 기간이 걸리든 그 방법대로 확신을 갖고 실천한다. 이미 아는 내용이 적혀 있다고 해서 쉽게 건너뛰지도 않는다. 오히려 자신이 알고 있는 내용이 이 책에서도 나왔다는 것에 더 큰 확신을 느끼며, 자신의 것으로 100% 소화하기 위해 더욱 노력에 박차를 가하여 하나씩 하나씩 성과를 이뤄간다. 처음에는 작은 성과겠지만, 아무리 작은 성과라도 이 성취감은 계속해서 열정을 끌어올리기에 충분하다. 성취감은 가장 강력한 동기부여 방법이므로 성취감을 맛보게 되면 부자의 길에 도달할 확률이 높아진다.

강의가 끝나고 수강생들과의 식사 시간을 가진 어느 날, 한 수강생이 나에게 물었다.

"송사무장님, 책 너무 잘 읽었습니다. 근데 책을 읽다가 문득 궁금해진 건데요. 이렇게 노하우를 다 알려주셔도 괜찮으세요? 저희 입장에서야 너무 감사한 일이지만, 많은 사람들에게 노하우를 공개하시면 송사무장님이 피해 보시는 거 아닌가요?"

수강생들에게 자주 받는 단골 질문 중 하나였다.

"음… 제가 그간 블로그와 카페에 수많은 칼럼을 올리고 저의 노하우를 담은 책을 여러 권 출간하는 것을 보면서, 주변의 여러 지인들이 너무 많은 정보를 오픈하면 안 된다고 충고를 했던 적이 있습니다. 하지만 저는 그 말에 전혀 개의치 않았죠."

"어떻게 개의치 않을 수가 있으세요?"

"저의 노하우가 많은 이들에게 공개되어 경쟁자가 많아진다면 저는 추가로 또 다른 노하우를 만들면 되니까요. 그리고 책을 읽고 깨달음을 얻어 실행으로 옮기는 분들은 생각보다 별로 없습니다. 제 책의 독자분들 중에도 이야기를 나눠보면 저의 의도를 정확하게 알아차리지 못한 분들이 많으시더군요. 아마 저의 정성을 너무 순식간에 읽어버리고 흘려버린 분들이겠지요. 저자가 진정으로 의도하는 바를 알아차리지 못한다면 아무리 좋은 책을 읽더라도 자신의 삶을 변화시키지 못합니다."

"그럼 책을 읽고 삶을 변화시킬 수 있는 특별한 방법이 있는 건가요?"

"특별한 방법은 없습니다. 누구나 할 수 있는 방법이고, 이미 이렇게 해야 한다는 것을 알고 있을 거예요. 저의 경우에는 부자가 되기 위해 공부할 당시 책에 담겨 있는 저자의 기술뿐만 아니라 그의 장점까지도 제 것으로 만들려고 무던히도 애를 썼습니다. 이해가 되지 않는 부분은 이해가 될 때까지 반복해서 읽었고, 유용한 부분이 있으면 제 것으로 모두 흡수하기 위해 요약해서 들고 다니며 보고 또 봤습니다. 만약 온라인상에 값진 칼럼이 있으면 프린트를 해서 갖고 다녔고요. 반복해서 읽다 보면 그 사람의 생각까지 읽어낼 수 있고, 갖고 있던 기술도 충분히 흡수할 수 있게 됩니다."

"정말 누구나 할 수 있는 것들이네요. 그러고 보니 저도 그렇게 해야 한다는 것을 이미 알고 있으면서도 하지 않고 있었어요."

"그것 보세요. 실행으로 옮기는 분들은 정말 많지 않습니다. 그런데 사실 이게 쉬워 보여도 막상 해보면 꾸준히 하기엔 쉽지 않은 일임은 맞습니다. 그래서 시작은 했지만 중간에 포기하는 분들도 많은 것이고요."

"포기하지 않고 꾸준히 할 수 있도록 하는 방법은 없을까요?"

"열정입니다. 아무리 쉬운 일이라도 성과가 눈에 보이지 않으면 그 일을 꾸준히 지속하기란 참 힘들죠. 하지만 열정은 우리가 어떤 일을 할 때 지속할 수 있게 하는 힘이 됩니다. 처음에는 열정을 원동력 삼아 지속하다 보면 작은 성과가 나타나기 시작할 거예요. 그 작은 성과를 이룰 때마다 느끼는 성취감은 열정이 식지 않게 다시 불을 붙여주고요. 이렇게 열정과 성취감의 상호작용은 우리가 어떤 일을 할 때든 포기하지 않고 지속할 수 있도록 해줍니다."

"아, 그럼 많은 책을 내 것으로 만들어 성과를 내다보면 계속해서 열정이 생기고, 그렇게 하다 보면 삶을 바꿀 수 있다는 말씀이시죠?"

"많은 책을 읽으면 좋지만, 몇 권의 책을 읽었느냐보다 한 권의 책을 얼마나 내 것으로 소화를 시켰는지가 훨씬 중요합니다."

"근데 그건 배울 점이 있는 좋은 책을 골랐을 때만 해당되는 사실 아닌가요? 내용이 너무 빈약한 책들도 많잖아요."

"자신의 이름을 걸고 책을 내는 저자들은 아무리 못해도 그 안에 자신만의 노하우를 최소 2~3개 정도는 담을 수밖에 없습니다. 한 권의 책에 2개의 노하우밖에 담겨 있지 않다면 그 2개만이라도 온전히 자신의 것으로 만드는 게 중요한 것이죠. 그것이 바로 삶을 변화시키는 독서법입니다. 너무 쉬운 방법이어서 많은 분들이 간과하는 것이지만, 이런 작은 습관과 노력은 저에게 늘 책 가격 그 훨씬 이상의 것을 안겨주었습니다."

"저 역시 간과하고 있던 부분이 많았네요. 송사무장님 말씀을 들어보니 이제 부자와 평범한 사람들의 차이를 알겠어요. 바로 확신을 바탕으로 한 실행력이었어요! 같은 재료를 가지고 어떻게 활용했는지에 따라 이렇게 다른 결과가 나타난 거잖아요."

이 수강생이 작은 습관의 차이가 인생을 바꾼다는 사실을 이미 알고 있었던 것처럼, 대부분의 사람들 역시도 성공으로 가기 위해서는 어떻게 해야만 하는지 이미 알고 있을 것이다. 심지어 그중에는 보고 들은 것이 많아 부자가 되는 구체적인 방법까지도 알고 있는 경우도 있을 것이다. 그러나 이들이 아직 평범한 삶에서 벗어나지 못한 이유는 바로 확신을 갖지 못해서이다. 포기하지 않고 밀고 나갈 수 있도록 해주는 확신 말이다. 이처럼 부자가 되는 사람과 평범한 삶에 머무르는 사람은 한 끗 차이다.

부자의 삶은 특별한 능력이 있는 사람에게 한순간에 번쩍하고 나타나는 것이 아니다. 작은 습관과 행동들이 모여 작은 성과를 이뤄내고, 이 성과들이 모이면 서서히 부자의 삶에 다가가게 되는 것이다. 이 사실을 믿고 실행해 나가는 사람만이 성공할 수 있다는 사실을 다시 한번 명심하기 바란다.

돈 버는 공부를
시작하다

챗바퀴 같은 평범한 인생을 살고 싶지 않아서, 지금의 삶에서 벗어나기 위해 취업이 아닌 '돈이 되는 공부', '돈 버는 공부'를 하기로 마음먹었다. 하지만 무려 16년을 공부한 대학 졸업생이라 해도 나의 경제 지식은 형편없는 수준이었다. 생각해보니 초등학교부터 고등학교까지 12년, 추가로 4년의 대학교육을 받는 동안 돈 버는 방법, 부자가 되는 방법에 대해선 전혀 배운 적이 없었다. 마음은 굳게 먹었지만 무엇부터 어떻게 해나가야 할지 감도 잡히지 않았다.

그래서 무작정 선택한 것이 경제신문이었다. 신문이라도 매일 정독해보면 경제가 어떻게 돌아가는지는 보이겠지 하는 마음에서였다. 가벼운 마음으로 신문을 펼쳤는데 이게 웬걸. 신문 안에 등장하는 용어 하나하나가 다 낯설고 그 내용도 너무 광범위했다. 그렇게 경제신문을 읽기 시작한 첫날, 모든 내용을 읽고 이해하기까지 걸린 시간은 3시간 반 정도였다. 하지만 날이 갈수록 그 시간은 점차 단축되었고, 어느 순간부터는 속독으로 전체 내용을 훑고 그중 내게 필요한 기사만 골라 읽을 수 있는 수준으로 올라서게 되었다.

신문을 구독하면서 동시에 바닥 수준인 나의 경제 지식을 늘리기 위해 '부자', '돈', '주식', '부동산'이라는 단어가 들어간 제목의 책을 주문해 읽으며 경제지식을 조금씩 쌓아나갔다.

지방에 있는 나이트클럽은 수도권 나이트클럽에 비해 상대적으로 급여가 높은 편이었으나, 1년 내내 휴일 없이 운영하는 곳이 많았고 덕분에 나는 하루도 쉬지 못하고 일을 해야 했다. 그래서 내가 공부할 수 있는 곳은 방음이 잘되지 않아 항상 음악 소리로 시끄럽고 담배 연기가 자욱한 나이트클럽 대기실뿐이었다.

나는 대기실에서 틈나는 대로 신문과 재테크 관련 서적을 읽었고, 온라인 재테크 커뮤니티에 가입하여 부를 쌓은 사람을 찾아본 후 그 사람의 모든 글을 프린트하여 몇 번이고 읽었다.

이런 생활을 2년 정도 반복하니 신기하게도 전체 시장의 흐름이 보이기 시작했다. 정책에 따라 부동산 시장이 어떻게 흘러갈지를 예상할 수 있었고, 그에 따라 어떤 투자를 하면 좋을지가 보였다. 이것으로 부자가 되기 위한 걸음마 단계는 끝난 것이다.

부자들의
성공방정식

08

멘탈만 바로 세우면
성공은 수월하다

혹시 무림의 고수가 나오는 영화를 본 적이 있는가? 이런 영화의 스토리는 대부분 비슷하다. 부모의 억울한 죽음을 목격한 아이가 그 원수에게 복수를 다짐한다. 그리고 주위를 수소문하여 재야의 무림 고수를 찾아간다. 재야의 고수는 그 아이를 받아 주지만, 곧바로 무술을 알려주진 않는다. 몇 년 동안 빗자루질과 물 긷는 일만 시킬 뿐이다. 이는 본격적인 기술을 가르치기 전에 기초체력과 정신력을 강화시키기 위함이다.

고수는 멘탈을 강화시킨 다음, 본격적인 기술을 익혀야 무림의 고수 수준으로 올라갈 수 있음을 아는 것이다. 무림의 고수가 되기까지는 길고 험난한 훈련과정이 기다리고 있는데, 이 과정을 견뎌내려면 마음과 화를 다스릴 수 있도록 멘탈이 강해져야 하기 때문이다.

내게 성공을 위해 최우선적으로 갖춰야 할 것이 무엇이냐고 묻는다면, 나는 서슴없이 '강한 멘탈'이라고 대답할 것이다. 앞서 강조했던 '열정'이 식으면 결국 포기를 하게 되는데, 열정이 쉽게 식지 않도록 해주는 것이 바로 이 강한 멘탈이다.

부자가 되는 공식은 간단하다.

부자가 되기로 목표를 정하고,
시작하고,
그 목표를 이룰 때까지 포기하지 않는 것이다.

즉, 목표를 세우고 그 목표를 향해 달려 나가는 것을 중도에 포기하지 않고 '완주'해야만 부자가 되는 것이다. 너무 당연한 말 같겠지만, 많은 사람들이 자주 망각하는 말이기도 하다. 이때 목표까지 완주하기 위해서는 무엇보다 필요한 것이 강한 멘탈이다.

보통 사람들은 부자가 되고자 할 때 멘탈의 중요성을 간과한 채단지 돈 버는 '기술'만을 습득하려고 한다. 하지만 멘탈에 관한 훈련 없이 새로운 기술을 배우는 것에만 치중하다 보면 어느 순간포기한 자신을 발견하게 된다. 분명 당신에게도 그런 경험이 있을것이다. 그래서 아직 평범한 삶을 벗어나지 못한 것일 테고.

대부분 돈 버는 기술, 그것도 특별한 기술을 마스터하는 것이 성공의 지름길이라 생각하지만, 어떤 일을 하든 한 단계 한 단계 올라갈수록 새로운 난관이 발생하기 마련이다. 멘탈이 강하지 않으면 부딪히는 난관마다 순간순간 좌절하게 되고, 그러면 결국 언젠가는 포기할 수밖에 없다.

이쯤에서 당신은 묻고 싶을 것이다. 그런 강한 멘탈은 타고나야 하는 거 아니야? 안심하라. 강한 멘탈은 타고나는 것이 아니라 후천적인 것이므로 충분히 훈련을 통해 갖출 수 있다. 그러면 지금부터 내가 강한 멘탈을 갖추기 위해 했었던, 그리고 지금도 하고 있는 방법을 알려주도록 하겠다.

강한 멘탈을 갖추는 방법

첫 번째, 어떤 일이든 처음부터 '된다'고 생각하고 접근하는 것이다.

이는 흔들리지 않는 강한 멘탈을 갖추기 위해서 가장 중요한 부분이다. 어떤 일을 할 때 '무조건 된다'는 전제를 두고 시작하는 사람은 도중에 어떤 난관에 부딪히더라도 '된다'고 생각하며 해결 방안을 찾는 것에 몰두한다. 반면 그렇지 않은 사람은 난관이 발생하면 어떻게든 해결책을 찾아보려고 노력하는 것이 아니라 '이건 원래 안 되는 거였나 봐'라며 실패를 합리화한다.

나는 지금까지 어떤 일이든 '무조건 된다'고 생각하며 하나씩 해결해왔다. 우리 회사의 직원들이 내 앞에서 절대 하면 안 되는 금기어가 있다면 그것은 바로 '안 되겠는데요'이다. 이 말 자체에는 시도조차 하지 못하게 만드는 이상한 힘이 있다. 처음부터 '된다'고 마음먹은 사람과 '안 된다'고 생각하는 사람은 업무 결과에서도 결코 같을 수가 없다. 일단 '된다'고 생각하면 난관을 만나더라도 포기하지 않고, 이렇게도 생각해보고 저렇게도 생각해보면서 해결 방법을 찾기 위해 끊임없이 노력하게 된다. 지금까지의 내 경험에 따르면, 실제로 많은 이들이 불가능하다고 했던 것들 중에는 해결 가능한 것이 훨씬 많았다.

나는 늘 '된다'는 생각을 머릿속으로 되뇌며 몸에 배도록 했고, 덕분에 내 앞에 닥쳤던 많은 어려움을 긍정의 결과로 만들어 낼 수 있었다. 어떤 문제를 대처하는 자세와 마음가짐은 정말 중요하다. '된다'고 마음을 먹으면, 어떤 난관일지라도 해결해나갈 수 있는 강력한 힘을 지니게 된다.

두 번째, 자신이 노력하여 바꿀 수 있는 것에만 집중한다.

보통 사람들은 현재의 환경과 정치, 주변 사람들에 대한 불만이 많고, 젊은 시절을 그리워한다는 특징이 있다. 그렇다. 그들의 생각처럼 실제로 이 세상은 전혀 합리적이지도, 공평하지도 않으며 모순투성이다. 그래서 왜들 그렇게 불만이 많은지도 이해한다. 하지만 이 사회가 아름답지 않다고 불평만 하면서 살아가면 과연 달라질 것이 무엇인가? 생각해보라. 같은 나라에 살고 있다면 누구에게나 이런 똑같은 조건이 주어지는 것인데, 이 안에서 누구는 성공하고 누구는 그러지 못하고 있지 않은가.

이들의 차이는 바로 이 세상을 어떻게 바라보느냐이다. 아름다운 삶은 주어지는 게 아니라 바로 본인 자신이 만들어가는 것이다. 성공하고자 한다면 외부 환경을 탓해선 안 된다. 불합리적인 것을 합리적이라고, 불공평한 것을 공평하다고 여기라는 말이 아니다. 성공하지 못하는 이유를 외부에서 찾으려 하면 안 된다는 것이고, 불합리와 불공평함 속에서 방법을 찾아야 한다는 말이다. 성공하는 사람들을 보면 세상이 불공평하다고 불평하지 않는다. 같은 현실 속에 살고 있음에도 이들은 불공평한 사회 구조가 아닌, 자신의 노력으로 바꿀 수 있는 것에만 집중하며 그 안에서 해결법을 찾는다.

나는 지금껏 살아오면서 과거를 그리워했던 적이 없다. 오로지 나에게 주어진 현재와 바꿀 수 있는 미래에 집중했다. 지나간 과거를 그리워하거나 현재의 삶에 불만을 갖고 허송세월을 보내는 것은 인생을 낭비하는 것일 뿐이다. 성공하는 사람들은 그럴 시간에 지금 무엇을 해야 자신의 미래를 바꿀 수 있을지에 집중하고 움직이고 있음을 잊지 말아라.

세 번째는 문제가 발생하면 피하지 않고 받아들이는 것이다.

예를 들어, 자신의 잘못된 선택으로 문제가 발생한 경우 많은 사람들이 '왜 내가 그때 그런 선택을 했을까'에 대한 후회만 하면서 시간을 허비한다. 그 선택을 하기 전으로 시간을 되돌리는 것은 불가능한데 말이다. 목표를 세우고 가다 보면 문제가 발생하지 않을 수는 없다. 문제는 늘 발생하고, 결국 성공이란 이러한 여러 문제들을 해결하고 얻는 결과물이다.

성공하는 사람과 성공하지 못하는 사람은 어떤 문제가 발생했을 때의 마음가짐부터가 다르다. 나의 경우에는 일을 진행하다가 문제가 생겼을 때 가장 먼저 판단하는 것은 이전 상태로 상황을 되돌릴 수 있는지 여부이다. 만약 되돌릴 수 없는 문제라면 회피하거나 후회하지 않고, 우선 그 상황을 받아들인다.

여기서 상황을 받아들이냐 아니냐는 굉장히 중요한 포인트다. 그 상황을 받아들이는 사람은 힘들어할 시간에 문제를 해결하기 위한 가장 최선의 선택이 무엇인지를 고민하지만, 받아들이지 못하는 사람은 문제를 회피하거나 그 상황 자체에만 빠져 문제를 직시하지 못한다. 타인에게 동정을 구하면 위로는 받겠지만 여전히 그 문제는 미해결 상태로 남아있다. 반면, 상황을 받아들인 사람은 고민했던 최선의 선택을 실행하여 문제에서 탈출한다. 모든 것을 받아들이면 마음을 다스릴 수 있게 되어 오히려 상황을 분별하는 힘이 예리해지므로 문제 해결이 더욱 수월해진다.

마지막 네 번째는 안 좋은 상황도 긍정적으로 해석하는 것이다.

성공하기 위해선 내 자신을 기분 좋은 상태로 이끌 줄 알아야 한다. 그래서 나는 안 좋은 문제가 발생하더라도 최대한 긍정적으로 해석한다. 만약 비즈니스 상대가 떠나면 더 좋은 상대가 오려고 그런 것이려니라고 해석하고, 몸이 아프면 더 큰 병이 오기 전에 치료할 수 있어서 다행이라고 생각하는 식이다. 늘 즐거운 삶을 살 수 있는 비결은 안 좋은 일이 생기지 않아서가 아니라, 안 좋은 일도 긍정적으로 해석할 수 있기 때문이다.

'피할 수 없으면 즐겨라'라는 말도 있지 않은가. 나도 처음에는 이 말을 도무지 이해할 수가 없었다. 피하고 싶은 일을 피하지 말라는 것도 아니고, 심지어 어떻게 즐길 수가 있단 말인가? 그런데 지금의 위치에 오기까지 여러 시행착오를 겪기도 하고, 많은 성과를 내오면서 긍정적인 해석이 나에게 끼치는 영향이 얼마나 큰지를 몸소 체험하고 나서야 이 말의 진정한 의미를 이해할 수 있었다.

모든 상황은 자신이 해석하기 나름이며, 해석한 대로 흘러가기 마련이다. 지금 맞닥뜨린 난관이 나를 더 좋은 길로 안내할 것이라 생각하면 그 난관을 해결하면서 더 좋은 방향으로 나아갈 수 있는 것이고, 그 난관 때문에 괴롭다 생각하면 끝없이 괴로울 수밖에 없다. 이미 일어난 일은 다시 없던 일이 되지는 않는다. 어차피 해결해야 할 문제라면 좋게 생각하는 것이 유리하지 않겠는가!

명심하라. 자신의 멘탈의 온전한 주인이 되어야만 계속해서 성공으로 나아갈 수 있다.

> **EXIT 노트 08**
>
> **강한 멘탈을 갖는 법**
>
> 1. '된다' 라는 전제 하에 일을 한다.
> 2. 외부 환경이 아니라 노력해서 바꿀 수 있는 것에 집중한다.
> 3. 안 좋은 상황도 그대로 받아들이고 문제 해결에 몰두한다.
> 4. 어떤 문제든 긍정적으로 해석한다.

09

절약하는 삶으로는
부자가 될 수 없다

　누군가 나에게 부자가 되어 좋은 점을 묻는다면 "고급식당에 가서 메뉴에 적힌 가격에 상관없이 음식을 주문할 수 있는 것!"이라고 말할 것이다. 사실 부자가 되어 좋은 점은 셀 수 없이 많다. 하지만 돈이 없어서 무언가를 하지 못했던 기억이 있는 사람이라면, 부자가 된 지금은 그것을 할 수 있게 된 것이 제일 기쁘다고 말할 것이다. 내가 그렇다. 어렸을 적부터 워낙 가난하게 자랐던 터라 먹고 싶은 것을 마음껏 먹어본 적이 없어, 경제적으로 여유가 생기고 나서부터는 먹고 싶은 걸 마음껏 먹을 수 있는 점이 가장 좋았다.

　이외에도 부자가 되니 누군가가 필요로 하는 것을 선물할 수도 있고, 아픈 누군가를 위해 걱정하지 말라며 모든 병원비를 부담할 수 있게 되었다. 그리고 내 아이가 배우고 싶은 것이 있다고 하면 어떤 것이든 제공해줄 수 있는 여유가 생겼고, 여가 생활을 하고 싶을 때면 돈에 구애받지 않고 언제든 여가 생활을 즐길 수 있게 되었다. 부자가 되고 나서 정말 기분 좋은 변화가 있다면, 다른 이에게 줄 선물을 고를 때 가격부터 고민하는 게 아니라 선물 받을 사람이 기뻐할 모습만을 상상하며 고를 수 있게 되어 선물을 사는 순간조차 내가 더 즐겁다는 점이다. 이에 더하여 고민 없이 기부와 나눔을 할 수 있어 이 세상의 구성원 중 한 사람으로서도 보람을 느낀다.

물론 돈이 없어도 행복하다고 생각하는 사람이 있을지도 모르겠다. 하지만 분명한 것은 돈이 없어도 행복하다고 느끼는 사람은 경제적으로 여유가 생긴다면 지금보다 더 큰 행복을 느낄 것이라는 점이다.

아이 셋을 키우는 제자의 이야기다.

"저는 절약만이 잘사는 길이라 생각하며 살아왔습니다. 약 30년 정도 된 아파트에 살았던 적이 있는데, 워낙 오래된 아파트이다 보니 겨울에는 웃풍이 정말 심했어요. 그런데도 난방비 내는 게 너무 아까워서 방 안에서도 오리털 점퍼를 입고 생활했습니다. 그리고 물값을 아끼려고 아기 목욕시킨 물로 걸레를 빨아 청소했고요.

그렇게 하고 나면 한 달에 공과금 1~2만 원은 아낄 수 있더라고요. 매달 지난달보다 적게 나온 관리비 청구서를 볼 때면 돈을 아꼈다는 사실에 정말 뿌듯했습니다. 그런데 어느 순간, 그것은 저희 온 가족들의 고생과 맞바꾼 결과라는 사실을 깨닫고 나서부터는 이런 삶이 너무 힘들어졌어요."

나는 돈에 맞춰 사는 삶이 속으로는 얼마나 초라한지를 너무 잘 알고 있다. 어릴 적부터 가난에 익숙했기 때문이다. 먹고 싶은 것이 있어도 돈에 맞춰 메뉴를 골라야 했고, 사고 싶은 것이 있어도 마음속으로만 간직하는 삶을 살았다. 좁은 집에서 할머니, 할아버지와 6남매가 부대끼며 살아야 했으며, 구멍 난 양말을 몇 번이고 꿰매어 신곤 했다. 그 흔한 삼겹살 한번 사 먹지 못한 것은 고사하고, 쌀이 부족하여 죽을 쑤어 먹기 일쑤였다. 온전한 쌀밥은 유일하게 생일에만 먹을 수 있는 것이었다.

아끼는 것이라면 신물이 나도록 해본 나였다. 그런데 그렇게 오랫동안 아끼고 절약하는 삶을 살았는데도 우리 집의 사정은 전혀 나아지지 않았다. 전세 가격이 오를 때마다 오히려 우리 집은 점점 더 변두리로 이사를 가야만 했으니까. 남들보다 훨씬 더 아끼는 삶을 살았지만 제자리를 유지하는 것도 아니고, 오히려 보통 사람들의 삶에서도 밀려났다.

사연 속 주인공은 아이 셋을 둔 전업주부인데, 아마 그녀는 엄마였기에 자신의 몸보다는 자녀들이 감내해야 하는 가난의 고통에 훨씬 마음이 아팠을 것이다. 아끼며 사는 것이 최선이라고 생각하며 살았는데 현실은 그렇지 않음을 느끼게 된 것이다.

그녀는 부자가 되기로 마음먹고 공부를 시작했고, 그때부터 그녀는 절약이 아닌 수입을 늘리는 것에 초점을 맞췄다. 그녀는 누구보다도 간절하게 부자가 되고 싶어 했고, 그만큼 열심히 배우며 부지런히 움직였다. 그 결과, 그녀는 3년 만에 일을 하지 않고도 매달 월세 500만 원이 나오는 건물을 가진 엄마가 되었다.

그녀에게 부자가 되면 가장 하고 싶었던 것이 무엇이냐고 물은 적이 있다.

"얼마 전에 지금까지 저를 위해 고생해준 남편에게 차 한 대를 선물했어요." 하며 쌩긋 웃는다. 그러면서 덧붙이는 말이 인상적이었다.

"저는 아직 부자는 아니에요. 하지만 이제 곧 목표에 도달할 수 있을 것 같아요. 저는 그동안 안 쓰고 살아봐서 그런지 저에게는 뭘 써야 할지 솔직히 잘 모르겠어요. 다만 정말 하고 싶었던 게 한 가지 있었는데… 필라테스요. 예전부터 너무 배워보고 싶었지만 아이들 학원비를 감당해야 하니 저에게 한 달 15만 원 쓰는 게 부담스러워서 못 했거든요. 아! 그리고 당당하게 양가 부모님들께 매달 용돈 100만 원씩 딱딱 드리고 싶어요."

　그녀는 지금, 절약만 하던 삶에서는 상상도 하지 못했던 삶을 살고 있다. 이는 그녀가 절약이 최고라는 생각에서 벗어나 수입을 늘리는 것에 집중했기 때문에 가능했던 것이다.
　기억하라. 부자의 삶을 살기 위해서는 지출을 줄이는 것이 아닌 수입을 늘리는 것에 집중해야 한다.

66

EXIT 노트 09

절약하는 것으로는 결코 삶이 나아지지 않는다.
부자가 되려면 절약보다 수입을 늘리는 것에 집중해야 한다.

99

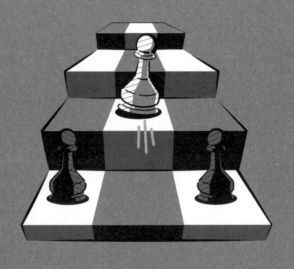

Chapter 2

부자처럼 생각하고 행동하라

부자의 삶을
배워라

———— **01** ————

부자의 삶을
동경하라

　수입을 늘리는 방법을 빨리 알고 싶겠지만, 부자가 되고 싶다면 그 전에 반드시 해야 할 것이 있다. 바로 부자의 삶을 배우는 것이다.

　부자의 사전적 의미는 '재물이 많아서 살림이 넉넉한 사람'이라고 나와 있다. 나는 여기에 의견을 조금 더 보태어 부자를 '일을 하지 않아도 돈이 계속해서 불어나는 시스템을 갖춰 여유 있는 삶이 가능한 사람'이라고 정의한다.

　막연하게 부자들은 돈이 많아서 좋겠다는 생각만으로 끝나는 사람은 보통의 사람이다. 부자가 되고 싶은 사람이라면 부자를 보면 저 사람은 어떻게 돈을 불렸는지, 얼마의 자산을 어떻게 소유하고 있는지 등을 구체적으로 분석해보려고 해야 한다. 그래야만 명확한 기준을 세울 수가 있고, 그것을 향해 차근차근 목표를 세우는 것이 부자의 삶으로 가는 첫걸음이기 때문이다. 부자가 되고 싶다면, 이제부터는 보통 사람들처럼 생각하면 안 된다. 부자처럼 생각하고 부자처럼 행동해야 부자의 길로 들어설 수 있음을 기억하라.

그런데 아쉽게도 '부자는 나쁘다'는 인식이 너무 강하게 박혀있어 '부자'라는 단어만 들어도 거부감을 느끼는 사람들이 상당수 있다. 마치 부자들이 자신의 기회를 빼앗아간 것처럼 말이다. 이들은 부자들을 보면 "운이 좋았겠지", "분명 투기를 했거나 부정한 방법을 써서 부자가 됐을 거야", "이미 돈도 많으면서 무슨 돈을 더 벌려고 저러는지"라며 곱지 않은 시선으로 무조건 부정적인 생각부터 하고 본다.

사실 이런 말을 하고 있는 나 역시도 과거에는 부자에 대해 안 좋은 선입견을 갖고 있었다. 아마도 어린 시절에 남에게 인색한 놀부나 스크루지가 나오는 동화책을 읽었고, 드라마나 영화 속에서 악역은 늘 부자 캐릭터가 맡았기 때문인지도 모르겠다.

그러나 현실에서는 전혀 달랐다. 내가 만나 온 자수성가형 부자들은 좋은 인성을 갖추었고, 그 누구보다 열심히 살아가는 사람들이었다. 또한 부자일수록 더욱 겸손했고, 매사에 긍정적이었다. 시간의 소중함을 알기에 하루의 시간을 길게 쓰고, 끊임없이 공부하면서 자산을 쌓아가고 있었다. 그들은 사람과의 인연을 소중하게 생각하기에 약속도 잘 지켰으며, 어려움을 겪어본 이들이기에 남에게 베푸는 것에도 너그러웠다. 이처럼 안주하지 않고 끊임없이 노력해나가는 이들이었기 때문에 그 누구보다 배울 점이 많았다.

살면서 자수성가형 부자를 직접 만나는 것이 그리 쉬운 일은 아니다. 그래서 그동안 자신의 편견을 깨트릴 수 있는 기회가 없었는지도 모른다. 멘토나 롤모델로 삼을 만한 자수성가형 부자를 접해봤다면 분명 그런 선입견은 사라졌을 것이다.

알고 있는가? 정작 가난한 사람일수록 게으르고 무절제한 생활을 하며, 평소에 하고 싶은 것을 모두 즐기며 살아간다는 사실을 말이다. 이들은 항상 충분한 수면을 취하고, TV에 나오는 스포츠 경기와 드라마를 모두 챙겨본다. 잦은 술자리와 모임에서는 전혀 득 될 것이 없는 정치 이야기에 신경을 곤두세우며 목청을 높이고 불만과 비난에는 항상 제일 먼저 앞장선다.

대학 시절부터 정치, 사회에 대해 사람들에게 본인의 의견을 굉장히 많이 어필하던 친구가 있었다. 그의 지식은 해박한 편이었으나 문제는 대부분 불만과 비평으로 마무리된다는 것이었다. 남보다 많은 지식을 갖고 있던 그 친구의 삶은 나아졌을까? 결론부터 얘기하자면, 그는 지극히 평범한 삶을 살고 있다. 취업 후 자신의 일은 열심히 한다. 하지만 보통의 직장인들처럼 업무를 마친 후에는 술자리를 갖거나 축구 경기를 보고, 주말이면 축구 동호회에서 공을 찬 후 동호회 사람들과 휴일을 보낸다.

그에게 부자되는 공부를 해보라고 조언했던 적이 있다. 하지만 그에게는 생각을 바꿀 의지가 전혀 없었다. 그는 지금도 자신의 일 외에는 수입을 늘리기 위한 시간을 전혀 할애하지 않으면서, 자신의 삶이 나아지지 않는 것에 대해 정치 탓만 하며 살아가고 있다.

어느 날, 내 소식을 듣고 대학 선배가 연락을 해왔다. 그녀는 학교에서 보조교사로 간간히 일을 하며 살고 있었는데, 나에게 연락했던 당시에는 사는 것이 정말 너무 힘들다는 말을 반복해서 할 정도로 상황이 많이 좋지 않았다.

"선배, 그럼 내가 부자되는 방법을 알려주면 정말 그대로 공부할 수 있어?"

"응, 뭐든 할 수 있어. 근데 내 처지에서 시작해도 가능할까?"

"당연하지. 노력하면 몇 년 내에 충분히 긍정적인 결과를 만들어낼 수 있어. 선배보다 좋지 않은 상황에서도 이뤄낸 사람들이 많아."

"알겠어. 정말 그런 방법이 있다면 네가 알려주는 대로 해볼게. 아니, 무조건 할게."

내가 하는 이야기를 진지하게 경청하는 그녀에게 공부하는 방법부터 알려주었다. 이후 그녀는 주말과 여가 시간을 이용해서 부자가 되는 공부를 시작했으며, 부자처럼 생각하고 부자처럼 행동하라는 나의 조언을 그대로 받아들이고 실천했다. 그리고 여가 시간에 따로 시간을 내어 공부를 하면 힘들 줄 알았는데, 막상 공부를 시작하고 하나둘씩 좋은 결과가 나오자 공부가 너무 재미있어졌다고 했다.

그녀는 아이 둘을 둔 주부다. 결혼 후 20년 내내 임차인으로만 살아왔는데, 공부를 시작하고 2년 만에 15억 원의 수익을 거두었으며 매월 40만 원의 월세까지 받게 되었다. 그리고 주변 사람들로부터 생기있어져 얼굴까지 달라 보인다는 말을 자주 듣게 되었다고 한다. 현실에 치여 살던 삶에서 본인이 주도하는 삶으로 인생이 바뀌었기 때문일 것이다. 그녀는 이제 더 큰 목표가 생겼다고 한다. 나는 그 말 역시 곧 이루어질 것임을 알고 있다.

앞서 소개한 대학 친구와 대학 선배는 능력의 차이가 아닌 '부자'를 긍정적으로 받아들였느냐, 아니면 부정적으로 생각하고 밀어내었느냐의 차이로 서로 다른 인생을 살게 된 것이다.

실제로 부자들은 평범한 사람들보다 더 많은 노력을 했기에 더 많은 것을 갖게 된 것이다. 결코 운이 아니라는 거다. 그래서 누구든 부자가 되고 싶다면 부자를 동경하는 것부터 시작해야 한다는 것이고, 부자처럼 생각하고 부자처럼 행동하면 부자의 삶을 살 수 있다고 말하는 것이다.

부자의 패턴을 배우고 그것이 몸에 배게 하라. 그러다 보면 삶은 지속적으로 발전하게 될 것이고, 좋은 성과를 거두며 부를 축적해갈 수 있을 테니까.

EXIT 노트 10

부자가 되려면 부자처럼 생각하고 행동해야 한다. 부자와 같이 사고하고 그의 행동을 따라한다면, 당신의 삶도 점점 부자에 가까워질 것이다.

평생 욜로(YOLO)의
삶을 사는 법

욜로(YOLO), 요즘 20~30대의 삶에 가장 큰 영향을 끼친 단어가 아닐까 싶다. 인터넷상에서 욜로(YOLO)라는 단어를 찾아보면 '한 번 사는 인생, 마음껏 즐겨라!', '불확실한 미래가 아닌 현재에 집중하라', '사표 내고 세계일주' 같은 연관 검색어가 뜬다. 미래보다는 '지금 당장'의 행복 추구가 우선이라는 거다. 이처럼 현재 자신의 만족을 위해 소비를 주저하지 않는 사람들을 일명 '욜로족'이라고 한다.

여러 사업체를 운영하고 있다 보니 아르바이트생이나 직원들 중에서도 간혹 욜로족을 보곤 한다. 욜로족을 구별하는 것은 그리 어렵지 않다. 그들의 SNS에는 각 나라별 관광지에서 찍은 사진들로 가득하고, 고급 음식이나 비싼 자동차 사진, 명품 가방 등 누가 봐도 그들의 소득보다 높은 수준의 사진들로 잔뜩 도배되어 있다. 사진만 봐서는 정말 멋지고 행복한 인생을 살고 있는 것으로 보인다. 그리고 그런 사진을 보는 이들은 '얘는 이렇게 잘 나가는데 내 인생은 왜 이 모양이지'하며 상대적 박탈감을 느끼게 된다.

만약 당신도 지금 누군가의 SNS를 보며 그런 생각으로 우울해하고 있다면, 희소식이 있다. 그 사람을 절대 부러워할 필요도 이유도 없다는 사실이다.

그들의 가려진 모습은 어떨지 생각해본 적이 있는가? 금수저를 물고 태어나지 않은 이상, 일명 욜로의 삶을 누리기 위한 비용은 오직 직장의 월급 또는 아르바이트비로만 충당해야 하므로 이면의 삶은 남들보다 피폐할 수밖에 없다. 그들은 몇 달 치 급여를 모아 해외여행을 가고, 명품 쇼핑이나 고급 자동차를 구매하려고 월급에 더하여 빚까지 지는 것을 마다하지 않는다. 그리고 다음 소비를 위해 또다시 월급을 모을 뿐이다. 마치 다가올 미래 따윈 없는 것처럼. 이렇게 몇 년이 지나면 수많은 인증샷은 남겠지만, 수중에 돈은 한 푼도 남아있지 않게 된다(빚더미에 올라앉지 않으면 다행인 삶이다). 이런 패턴의 삶은 그가 다시 노동을 하지 않으면 그런 여행과 소비는 절대 할 수 없는 구조다.

잠깐, 여기서 분명히 할 것이 있다. 설마 없겠지만 노파심에 하는 말인데, 지금 혹시라도 "앞에서는 부자의 삶을 동경하고 부자처럼 행동하라고 했으면서 무슨 소리야? 욜로족처럼 즐기는 삶이 부자의 삶 아니야?"라고 반문하는 사람이 있다면 지금 핵심을 잘못 짚어도 한참 잘못 짚었다. 부자처럼 행동하라는 것은 소비를 의미하는 것이 아니라 생각, 사고방식을 이야기하는 것이다. 욜로족은 부자의 생각이 아닌 부자의 삶을 흉내 낼 뿐이다. 그것도 겉으로 드러나는 단면의 삶만을 말이다.

다시 한번 말하지만, 앞에서 내가 그렇게 강조하고 강조한 '부자의 삶'이란 '노동을 하지 않고'도 여유 있는 생활을 영위할 수 있는 삶이다. 그러나 욜로족의 삶은 끊임없이 노동을 해야 하고 소비가 본인의 수입을 뛰어넘는, 그저 사치스러운 삶일 뿐이다. '부자처럼 행동하라'는 것은 돈이 없어도 부자처럼 소비하라는 말이 아니고, '부자의 사고방식'을 가지고 행동하라는 말이다.

언젠가 젊은 친구에게서 이런 말을 들었다.

"저는 그동안 욜로족으로 살아왔어요. 그런 삶은 제가 SNS를 하면서 시작된 것 같아요. SNS에는 '나에게 하는 선물'이라며 올라오는 명품 사진, 친구들과 호텔을 빌려 파티를 하거나 예쁜 옷을 입고 고급 레스토랑에서 밥 먹는 사진, 고급 외제차를 타고 여행하는 사진 등 화려한 인생을 사는 사람들이 대부분이었어요. 그런 모습을 계속 보다 보니까 어느 순간 갑자기 '내가 언제 죽을지도 모르는데… 정말 불의의 사고로 내일 당장 죽을 수도 있는데… 그래, 지금을 즐기자!'가 되어버린 거예요."

여기까지 이야기를 하고 그 친구는 깊은 한숨을 내쉬었다.

"그런데 지금 돌아보니 그건 자기합리화를 위한 핑계일 뿐이었던 것
같아요. 회사 다니면서 남들만큼은 벌고 있으니 나도 이 정도 능력은 된
다는 걸 주변 사람들에게 그냥 과시하고 싶었던 거죠. 인생은 한 번뿐이
라는 명분을 앞세워 사고 싶은 것도 마음대로 사고, 남들이 부러워할 만
한 삶을 사는 것처럼 보이고 싶었던 거예요. 그때부터 월급을 받으면 백
화점에 가서 제 월급보다 비싼 명품 가방이나 명품 화장품을 할부로 별
고민 없이 샀고, 10만 원이 넘는 한 끼도 아무렇지 않게 먹곤 했어요. 럭
셔리 호텔로 호캉스를 떠나는 건 다반사였고요. 이런 생활을 하고 있고,
할 수 있는 제가 멋졌어요. 그리고 그런 사진을 SNS에 올리니까 정말 친
구들이 '부럽다', '대단하다'라는 댓글을 달더라고요. 그런 댓글을 보니
기분 좋았고 왠지 뿌듯했어요. 그때는 정말 제가 행복한 삶을 살고 있다
고 생각했죠. 근데 30대가 되고부터는 친구들이 만나기만 하면 재테크
얘기나 부동산 얘기를 하는데, 순간 멍하고 혼란스럽더라고요. 그 사이
에서 저는 작아져 있었어요. 그 후부터는 좋은 명품을 사도 기쁘지 않았
고, 아무리 '부럽다', '예쁘다'는 댓글을 봐도 흐뭇하다거나 그런 감정이
안 생겼어요. 어느 순간 정신 차려 보니, 그동안 '지금'을 즐기면서 돈 쓰
는 맛에 살던 저에게 남아있는 건 잔뜩 쌓인 카드 빚에, 잔고 없는 통장

뿐이더라고요."

이 젊은 친구는 깊이 후회하고 있었다. 욜로의 삶을 살던 당시에는 남들보다 행복한 삶을 살고 있다고 느꼈겠지만, 지금은 성실하게 삶을 살아온 친구들에 비해 너무 많이 뒤처져있음을 깨달은 것이다.

이와 같은 욜로족들의 삶이 이전에는 없다가 지금에서야 생겨난 새로운 라이프 스타일은 아니다. '욜로'라는 표현만 새롭게 생겨난 것일 뿐, 미래를 생각하지 않고 지금만 사는 사람들은 언제든 있었다.

젊은 시절 이런 삶을 택했던 사람들이 진심으로 걱정된다. 지금은 100세 시대라 할 만큼 수명이 늘어난 것에 비해 퇴직은 무척이나 빠른 편인데, 그들은 나이가 들어서도 분명 끊임없이 일을 해야만 하는 삶을 살아야 할 것이기 때문이다. 지금이야 '어떤 일이든 해서 돈 벌면 되지'라는 생각이겠지만, 나이가 들수록 일자리, 심지어 아르바이트 자리를 구하는 것조차 녹록지 않을 것이다.

그런데 왜 그렇게 많은 젊은이들이 욜로족의 삶을 택하는 것일까? 현재의 가치를 더 중요시해서? 글쎄. 나는 그들이 미래를 포기했기 때문이라고 해석한다. 내 눈에 그들은, 돈은 없지만 부자의 삶을 살아보고 싶은 사람들로밖에는 안 보인다.

지금의 20~30대가 알고 있는 욜로의 삶은 여행사나 백화점 등의 광고에서 비롯된 것임을 아는가? '밸런타인데이는 좋아하는 사람에게 초콜릿 주는 날'이라는 의미를 부여한 것이 초콜릿 회사인 것처럼, 여행사와 백화점 등에서 소비를 유도하기 위해 욜로(YOLO)의 진정한 의미를 왜곡하고 자신들의 입맛에 맞게 이면만을 부각시킨 것이다.

욜로(YOLO), 'You Only Live Once'의 진정한 의미는 '한 번뿐인 인생, 아까워하지 말고 맘껏 소비하며 지금을 즐겨라!'가 아니다. 욜로는 문장 그대로 '인생은 한 번뿐이다'라는 약자일 뿐이며, 이 문장을 보며 느끼는 바는 모두가 다를 것이다. 바로 그렇게 각자가 느끼는 바가 욜로의 진정한 의미이다.

나에게 YOLO란 '인생은 한 번뿐이니 진정한 행복을 찾아라'였고, '진정한 행복'은 '평생' 욜로의 삶을 사는 것이었다.

누구나가 꿈꾸는 평생 욜로의 삶을 사는 방법이 있다. 정말 간단하다. 부자가 되면 된다. 자신이 일하지 않더라도 매월 급여만큼 또는 급여 이상의 돈이 나올 수 있는 시스템만 만들면 되는 것이다. 그 시스템을 세팅할 때까지만 남들보다 좀 더 열심히 살면 된다. 자신이 원하는 수준의 현금흐름 세팅이 완료되면 그 이후로는 진정으로 하고 싶은 것만 하면서 사는 삶을 살 수 있다.

지금 반짝 누리는 가짜 욜로의 삶을 잠시만 미뤄둔다면, 평생 진정한 욜로의 삶을 누릴 수가 있는 것이다. 그 방법을 모를 때야 "열심히 살면 뭐 해? 바뀌는 게 없는데", "열심히 산다고 부자가 된다는 보장은 없잖아"라며 보장 없는 미래를 위해 열심히 사는 대신 지금 당장의 행복만을 좇으며 살았겠지만, 분명한 방법이 있 다고 한다면 충분히 도전할만한 것이라 생각한다.

> **EXIT 노트 11**
>
> 욜로의 진정한 의미는 소비로 탕진을 하라는 것이 아니라 값진 인생을 살라는 것이다.
>
> 부자의 소비를 흉내 내지 말고 먼저 부자의 시스템을 갖춰라. 그러면 평생 욜로의 삶을 살 수 있다.

돈이 돈을 버는
시스템을 만들어라

"돈이 돈을 번다"라는 말을 자주 들어보았을 것이다. 의식하고 들어본다면, 이는 정작 부자가 아닌 사람들이 주로 하는 말임을 깨달을 것이다. 이 말은 보통 '돈 있는 사람만 돈을 번다' 또는 '돈이 많으면 돈 벌기 쉽다'라는 뜻으로 쓰이곤 하는데, 이런 의미의 '돈이 돈을 번다'는 말은 100% 틀린 말이다.

아무리 돈이 많은 부자일지라도 제대로 준비가 되어있지 않다면, 돈을 잃는 것은 당연하고 그런 경우가 허다한 것이 사실이다. 근거 없는 소문에 주식을 매입하고 폭락장에 마음 졸이는 사람도 많이 보았고, 엉뚱한 부동산을 분양받아 팔지도 못하고 임대도 놓지 못해 발을 동동 구르는 사람들도 많이 봐왔다.

따라서 "돈이 돈을 번다"는 '돈이 많아서 돈을 번다'는 의미가 아니라 말 그대로 '돈이 일해서 다른 돈을 벌어온다'의 의미로 사용해야 하는 말인 것이다. 또한, 돈이 돈을 벌어오도록 하려면 돈이 많고 적음을 떠나 누구든 공부하고 노력해야 한다.

부자들은 모든 돈을 은행에 맡기는 어리석은 짓은 하지 않는다. 부자들은 결코 돈을 놀리는 법이 없다. 돈이 돈을 버는 시스템을 갖추는 것! 이것이 바로 평생 욜로의 삶을 살 수 있는 방법이다. 돈이 많든 적든 누구나 갖출 수 있고, 그리고 부자가 되기 위해선 꼭 갖춰야 하는 시스템이다.

돈이 돈을 버는 시스템을 갖추기 위해서는 돈에게 일을 시키는 법을 알아야 한다. 돈에게 일을 시킨다는 것이 무척 생소할 수도 있다. 우리는 지금까지 수입은 당연히 자신이 노동을 통해 버는 것이라고 알고 있었기 때문이다.

똑같은 자본을 가지고도 여유롭게 사는 이들이 있는 반면, 어떤 이들은 쪼들리는 삶을 산다. 이들에게는 대체 어떤 차이가 있는 것일까?

동일하게 5,000만 원의 자본을 가지고 있고, 똑같이 월급 200만 원을 받는 A와 B라는 사람이 있다고 하자.

A는 5,000만 원을 전부 은행에 저축해놓고, 생활비를 제외한 월급 역시도 매달 은행에 저축한다. A는 통장에 차곡차곡 쌓여가는 돈을 보면서 흐뭇해하며 다음 달에는 더 아껴서 더 많이 저축

해야겠다는 생각을 한다.

B는 은행의 대출을 활용해 가지고 있는 5,000만 원으로 상가 한 채를 구입하기로 한다. 상가 임차인의 보증금을 받으니 대출금을 제외하고 실제 투입된 현금은 약 3,000만 원 정도다. 그 후부터 이 상가에서는 매월 100만 원 이상의 월세(대출이자를 제외한 순수익)가 나온다. 회사에서 매달 받는 월급도 있으니 A와 B가 동일한 소비를 한다고 가정했을 때 B는 은행에 의지하는 A보다 많은 금액을 모을 수 있다. 일정 금액이 모이면, 그 전에 남은 2,000만 원에 보태어 또 다른 부동산도 사야겠다는 생각을 한다.

이들 둘의 1년 후 모습은 과연 어떨까? 간략하게 A와 B의 자산을 계산해보자.

현재 은행 이자율은 2%가 채 안 되지만, 2%로 계산해보면 A가 저축해둔 5,000만 원에 대한 1년 후 이자는 100만 원이 된다. 이에 더하여 200만 원의 월급을 정말 아끼고 아껴 매달 100만 원씩 저축을 했다고 한다면, 1년 후에는 1,200만 원을 모을 수 있었을 것이다. 따라서 1년 후 A는 6,300만 원(원금5,000만+이자100만+월급저축1,200만) + α(월급에 대한 이자)의 자본금을 갖게 된다. 결과적으로 1년 동안 아끼고 아껴 약 1,300만 원을 모은 셈이다.

반면, B 역시 A와 동일하게 월급 200만 원 중 매월 100만 원씩 소비했다고 가정해보자. 그렇다면 B는 매달 월급 중에서 100

만 원과 상가에서 나오는 월세 100만 원, 총 200만 원씩을 모을 수 있어 1년 후에는 2,400만 원을 모을 수 있다. 그리고 저축해둔 2,000만 원에 대한 1년 후 이자는 40만 원이다. 따라서 그는 1년 후 7,440만 원(원금2,000만+이자40만+상가3,000만+월급저축1,200만+월세1,200만) + α(월급에 대한 이자)의 재산을 형성하게 된다(3,000만 원을 투입하여 구입한 상가의 자산가치가 오르는 것은 계산에 넣지도 않았다). 즉, 1년간 약 2,440만 원의 재산이 증가한 셈이다.

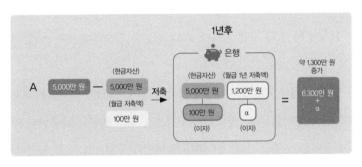

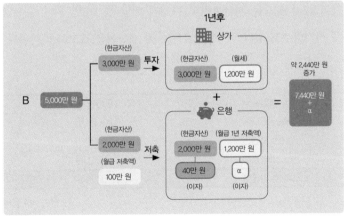

1년이 지나고부터 두 사람 사이의 격차는 더욱 벌어지기 시작한다. B의 경우는 이전에 상가를 사고 남았던 2,000만 원과 자본금을 활용하여 월세를 100만 원 받을 수 있는 부동산을 추가로 구입하려고 할 것이기 때문이다.

그렇다면 과연 A와 B의 5년 후 모습은 어떻게 될까? 비교할 수가 없을 것이다. 계속해서 돈에게 일을 시킬 B의 수익은 무궁무진하게 증가할 테니 말이다.

B처럼 하는 게 정말 가능하냐고? 당연히 가능하다. B는 실제 나의 이야기였으니까!

나는 과거에 2,800만 원을 투입하여 상가 하나를 매입했다. 1.38억 원의 상가였는데, 매매가의 70%인 9,600만 원을 대출받고, 이 상가를 보증금 2,000만 원에 월세 150만 원으로 세를 놓았다. 그리고 이 상가는 지금까지도 나에게 매달 월 118만 원의 순수익을 가져다주고 있다. 자세한 것은 아래 계산식을 참고하기 바란다.

상가 매입금액	1억 3,800만 원
(-) 대출금(70%)	9,600만 원
(-) 보증금	2,000만 원
(+) 기타 경비	600만 원
실제 투입금액	2,800만 원

(십만 단위 이하 절사)

상가 월세	150만 원
(−) 대출이자(4%)*	32만 원
월 순수익	118만 원

*대출금액의 4% ÷ 12개월, 지금은 대출이자율이 4%보다 낮음

나는 2,800만 원의 돈에게 일을 시킨 것이다. 약 10년 전 2,800만 원을 들여 구입한 상가 한 채가 매월 118만 원씩의 수익을 창출하면서 지금까지도 열심히 일하고 있는 중이다.

그동안 2,800만 원이 어느 정도의 일을 해냈을까? 이 돈은 2009년부터 10년이 넘도록 쉬지 않고 나에게 돈을 벌어주고 있으며, 지금까지 벌어들인 금액은 월세만으로도 1억 4,000만 원(118만×120개월)이 넘는다. 이 상가를 팔지 않는 이상 앞으로도 매월 꾸준히 나에게 돈을 벌어다 줄 것이다. 이에 더하여 현재까지 이 상가의 시세차익은 약 3.5억 정도이고, 시간이 흐를수록 월세수익과 시세차익은 더 커질 것이다. 참고로, 이 상가는 미용실을 운영하는 임차인이 10년 넘게 영업 중이다.

A와 B의 차이점을 알겠는가? A는 '돈을 모으는 것'에 집중을 했고, B는 '돈에게 일을 시키는 것'에 집중을 한 것이다. 부자가 되기 위해서는 B처럼 돈에게 일을 시킬 수 있어야 한다. 그러나 대부분의 사람들은 A에 훨씬 익숙할 것이다. 그래서 평범한 삶에서 벗어나지 못하고 부자가 될 수 없었던 거다.

A처럼 '은행은 돈을 불려주는 곳이야'라고 생각해서는 절대 안 된다. 은행은 얄팍한 이자를 주고 잠시 당신의 돈을 보관해주는 곳일 뿐이다. 앞으로도 저금리는 계속될 것이고, 은행에 잠들어 있는 돈들은 절대 일하지 않는다. 정확히 말하자면 은행에 있는 당신의 돈들은 당신이 아닌, 은행을 위해 일을 하고 있다!

참고로, 연금에 가입하는 것 역시 현재의 소비를 절제하며 모은 돈을 미래에 나눠 쓰는 방식이지, 부자가 되는 방법은 아니다.

이미 앞에서도 이야기했지만, 부자들은 절약하고 모으는 것보다 수입을 늘리는 것, 즉 돈에게 일을 시키는 것에 집중한다. 이 방법을 적용하면 순전히 자신의 노동으로만 돈을 버는 사람들과는 비교가 되지 않을 정도로 수입은 늘어나게 되고 빠른 속도로 부자가 될 수 있다. 보통 사람들은 이러한 세계를 모른 채, 열심히 일하는데도 부자가 되지 않는다고 불평한다. 휴일을 제외한 모든 시간을 노동에 투입하고 있으니 그런 불평을 할 만도 하다. 그렇게 치면 자신의 분야에서 열심히 일하지 않는 대한민국 직장인은 별로 없다. 모두가 성실하고 근면한 일꾼이다.

이제 알겠는가? 열심히 일만 한다고 인생이 바뀌지는 않는다. 지금까지 겪어왔고, 지금 당신의 연봉으로 대략 계산만 해봐도 알 수 있지 않은가. 따라서 부자가 되기 위해서는 반드시 돈에게 일을 시키는 방법을 익혀야 한다. 나의 돈을 각각의 일꾼이라고 생각하고 일꾼들을 시켜 돈을 벌어오게 해야 한다. 벌어온 그 돈들이 또 나의 일꾼이 되는, 이렇게 내 일꾼들이 늘어날수록 삶은 점점 더 여유로워지고 그렇게 결국 부자가 되는 것이다.

이미 눈치챘겠지만, 내가 부를 쌓은 방법 그리고 당신에게 알려주고자 하는 돈에게 일을 시키는 방법은 바로 '월세를 받을 수 있는 부동산에 투자하는 것'이다. 나는 이런 방식으로 빌라, 오피스텔, 상가 등 매월 내게 돈을 벌어다 줄 수 있는 물건들을 하나씩 모아갔다. 처음에는 월세수익이 고작 몇십만 원이었지만 이 돈에게 일을 시키고, 이 돈이 벌어온 돈에게 또 일을 시키니 금세 몇백만 원, 몇천만 원, 이후에는 대기업 과장직급의 연봉 수준으로 늘어갔다. 나만 이러한 게 아니다. 나 말고도 지금의 많은 부자들은 이렇게 부를 일궈왔고, 이들은 지금도 끊임없이 돈에게 일을 시키며 더큰 부를 쌓아가고 있다. 이제부터 본격적으로 부자되는 방법, 즉부동산을 통해 돈에게 일을 시키는 방법에 대한 이야기를 시작하겠다.

"

EXIT 노트 ⑫

돈이 돈을 버는 시스템을 만들어라.

은행은 돈을 불려주는 곳이 아님을 명심하라.

나에게 매월 돈을 벌어주는 부동산을 한 채씩 모아가라.

"

나만의 주무기를
장착하다

전체 시장의 흐름이 보이기 시작하니 이제는 실전에 뛰어들고 싶었다. 그런데 주식이든 부동산이든 직접 투자를 하려니 자신이 없었다. 책이나 신문을 보며 공부를 할 때와 실제로 투자에 직접 뛰어들겠다고 마음먹었을 때의 느낌은 비교조차 되지 않는다.

절대 돈을 잃으면 안 된다고 생각했고, 힘들게 모은 돈을 잃지 않으려면 주식이든 부동산이든 그 종목을 완벽하게 분석하고 매입해야 했다. 하지만 아직 난 그 수준까지 오르지는 못한 것 같았다.

지금까지 공부해온 과정을 돌아보니 아무런 체계도 없이 미련스럽게 공부를 해온 것이다. 마치 욕심 많은 원숭이가 다 먹지도 못할 양의 음식을 볼이 터질 때까지 입안에 쑤셔 넣는 것처럼 말이다. 그동안 '부동산', '주식', '채권', '환율' 등 경제와 관련된 책을 무엇이든 다양하게 많이 읽기만 하면 어느 순간 투자에 대한 눈이 뜨일 것이라 생각하여 무작위로 읽어온 것이 문제였다. 정말 비효율적인 방법이었고, 이렇게 공부한 것으로는 실전 투자에 나설 수 없었다. 제대로 준비되지 않은 상태에서 게임을 시작하면 돈을 잃을 것이 분명했기 때문이다.

부자가 되기 위해서는 제대로 된 투자로 돈에게 일을 시켜야 했다. 그러려면 한 분야에 정통하여 나만의 주무기를 갖추고 있어야 한다는 것을 깨달았다. 그 분야가 바로 '부동산'이다.

사실 처음에는 워런 버핏, 피터 린치 등 크게 부를 이룬 사람들이 주로 주식으로 성공을 거둔 사람들이었기에 자연스레 주식 분야로 초점을 맞췄었다. 하지만 주식은 변동성이 너무도 컸다. 내가 공부한 대로만 흘러가지는 않았기에 마음 편한 투자를 할 수가 없었다. 또한 그에 비해 수익은 그리 크지 않았다. 주식은 내가 생각하는 부자되는 방법과는 거리가 멀다고 느껴졌고, 이렇게 주식 공부는 접게 되었다(이때 공부했던 것들이 나중에 경제 상황에 대처하는 법이나 투자원칙을 세울 때에는 도움되기도 했다).

이때부터 주식에 대한 미련은 과감히 던져버리고 부동산 공부에 집중했다. 부동산 한 분야만 하더라도 실전 투자를 위해 공부해야 할 것은 굉장히 많았다. 그렇게 '부동산'은 나의 주무기가 된 것이다.

그 당시 내가 많은 책을 읽고 최종적으로 얻은 투자의 원칙은 딱 하나였다. '시세보다 싼 것에 투자하라!' 이것이 투자의 핵심이었다.

'어떤 분야든 시세보다 싼 것을 찾을 수 있는 능력을 키우면 큰돈을 벌 수 있겠어.'

부자가 되기 위한
기초과정

────── **04** ──────

부자가 되기 위한
시간을 만들어라

부자가 되기 위해서는 먼저, 부자가 되기 위한 준비 시간이 필요하다. 생각보다 많은 사람들이 착각하는 것이 있는데, 그것은 바로 '이토록 열심히 일하는데 나는 왜 부자가 되지 못하는 걸까?', '아무리 일을 열심히 해도 삶이 항상 빠듯하다'는 생각이다. 이들은 월급쟁이가 아무리 일을 해도 부자가 되기는커녕 경제적으로 항상 빠듯한 삶을 살 수밖에 없는 현실을 이해하지 못하는 것이다.

당신은 이미 월급만으로는 부자가 될 수 없다는 것을 안다. 그리고 부자가 되려면 어떻게 해야 하는지도 알고 있을 것이다. 이미 부자가 되는 법을 알고 있으면서도 지금까지 당신이 부자가 되지 못했던 가장 큰 이유가 무엇인 줄 아는가? 바로 '게으름' 때문이다. 이렇게 열심히 일하는 내가 무슨 게으름을 피우냐고 따져 물을 수도 있겠다. 그렇다면 일하는 것 말고, 노동 외 수입을 만들기 위한 노력을 해본 적이 있는지를 생각해보기 바란다. 정말 많은 일을 바쁘게 하는 사람도 있겠지만, 아무리 많은 일을 해도 하루 24시간 내내 일하는 사람은 없다. 그렇다면 당신은 일하는 시간 외에도 여유 시간을 낼 수 있다는 뜻이 된다.

어느 분야든 전문가가 되기 위해서는 숙련의 시간이 필요하다. 부자가 되는 것도 마찬가지다. 부자가 되기 위해서는 먼저 부자되는 법을 공부하고 이를 익히기 위한 별도의 시간이 필요하다. 하지만 이런 말을 하면 가장 많이들 대는 핑계가 "제가 너무 바빠서 시간이 없어요", "업무 강도가 워낙 세서 시간 내기가 힘들어요", "일만 힘들지 않으면 시도해볼 수 있을 텐데요"이다. 어떤가? 당신도 지금까지 이런 핑계를 대면서 '부자가 되는 것은 내 운명이 아니야'라고 단정 짓고 있던 것은 아닌가?

그런데 당신은 이 책을 집어 들었다. 그 이유는 분명 '부자가 되고 싶어서'일 것이다. 이상하지 않은가? 그렇다면 당신은 그냥 가만히 앉아 있다가 저절로 부자가 되는 방법이 적혀 있길 바라면서 이 책을 집어 든 것인가?

미안하지만 그런 방법은 지구상 어디에도 없다. 나는 이 책을 읽기만 하면 누구나 부자가 될 수 있다는 그런 말도 안 되는 소리는 하지 않겠다. 혹시라도 그렇게 말하는 책이 있다면 그 책은 쳐다도 보지 말아라. 그 책의 저자는 사기꾼임이 분명할 테니 말이다. 나는 이 책에 당신이 지금의 삶에서 벗어나 부자의 삶을 살 수 있는 방법을 친절하게 적어놓았지만, 분명히 말한다. 그렇다고 해서 이 책을 '읽기만' 해서는 부자가 될 수 없다.

부자가 되고 싶어 찾아오는 이들에게 내가 꼭 하는 말이 있다.

"인생의 한 시기를 혹독하게 살아야 평생이 여유롭습니다."

부자가 되기 위해서는 인생의 한 시기 정도는 혹독하게 살 각오를 해야만 한다. 일을 시킬 수 있는 최소한의 자본인 종잣돈을 모으고, 부자되는 공부를 완성하기 위해서 말이다. 혹독하게 살아야 한다고 해서 고픈 배를 움켜잡고 훈련하는 '헝그리 정신'을 요한다거나 잠은 하루에 2시간만 자라는 것처럼 요란스럽고 어려운 것이 절대 아니다. 종잣돈을 모으면서 부자되는 공부를 완성하기 위해, 일하는 시간 외에 하루 2~3시간 정도만 더 내는 것. 그뿐이면 충분하다. 물론 당신에게 최소한의 종잣돈이 있다면 종잣돈 모으는 단계는 생략할 수 있을 것이며, 직장인이 아니라면 시간을 내기 위해 별도의 노력은 하지 않아도 될 것이다.

나 역시도 혹독한 시기를 거쳤다.

"아버지, 정말 죄송합니다. 저는 회사에 취직하지 않을 겁니다."

"갑자기 그게 무슨 말이니?"

"일단 그냥 저를 믿어주세요. 회사가 아니더라도 열심히 돈 모으고 공부해서 꼭 성공한 모습 보여드릴게요. 지금까지 잘 키워주셨는데 절대 실망시켜드리지 않겠습니다."

"……"

어학연수를 위해 돈을 모으려고 나이트클럽에 다닐 당시, 평범한 삶을 살지 않겠다는 결심이 선 후 아버지와 나눈 대화이다. 지방에 내려간 아들이 아르바이트로 돈을 모아서 어학연수를 다녀오고 나면 당연히 취업을 할 거라 생각하고 계셨던 아버지는 아들의 갑작스런 통보에 크게 실망하셨을 것이고, 걱정도 이만저만이 아니셨을 것이다. 그러나 울먹이며 말하는 아들에게 아버지는 더 이상 아무런 말씀을 하지 않으셨다.

이 당시 나에게는 나이트클럽에서 6개월간 일하며 모은 1,000만 원이 전부였고, 더 많은 돈을 모으기 위해서는 나이트클럽에서 밤낮이 바뀐 생활을 하며 계속 일을 해야 했다. 최대한 빨리 돈을 모으기 위해 이때까지 해왔던 대로 먹을 것 아껴가며 사고 싶은 것도 사지 않고 수입의 대부분을 저축했다. 거의 소비를 하지 않았다고 해도 무방할 정도로. 그리고 공부할 수 있는 시간을 최대한 확보하려 했다. 나이트클럽 대기실에서 잠시 대기하는 그 순간에도 공부를 했고, 동료들이 모두 놀러 나갈 때도 난 좁은 방 안에서 부자되는 공부에 매진했다. 나는 이렇게 내 인생의 가장 혹독한 시기를 보냈다.

아, 여기에서 한 가지 의문을 가질 수도 있겠다. 앞에서는 분명 절약보다 수입을 늘리는 것에 집중하라고 하지 않았느냐고. 맞지만, 그건 최소한의 종잣돈을 모은 후 부자가 되어가는 과정에서의 일이다. 최소한의 종잣돈을 모으는 과정에서는 절약 말고는 다른 방법이 없다. 이때는 최대한 빨리 돈을 모아야 하기에 할 수 있는 만큼 절약하고, 어떤 방법으로든 빨리 돈을 모으는 것에 집중해야 한다. 절약보다 수입을 늘리는 것에 집중하는 것은 종잣돈을 모으고 공부를 완성한 이후의 일이다.

이 시기에는 종잣돈을 모으면서 공부할 수 있는 시간을 확보하는 것이 관건인데, 직장인에게 공부할 수 있는 시간은 밤, 새벽, 점심시간 정도일 것이다. 그리고 토요일과 일요일 같은 여가 시간은 공부를 완성하는 시간으로 확보해야 한다. 평일에 따로 공부할 수 있는 시간을 만드는 것은 개인차가 있겠으나 보통은 2~3시간 정도일 것이다. 이 짧은 시간에 대체 뭘 할 수 있겠냐고 생각할 수 있지만, 1년 이상 차곡차곡 모아간다면 충분히 위대한 결과물을 만들어낼 수 있는 시간이다.

나를 만나고 2년 9개월 만에 월세 500만 원을 받게 된 직장인 수강생이 있는데, 그는 이렇게 말한다.

"직장인이라서, 시간이 없어서 못 하겠다는 말은 다 핑계일 뿐이에요. 부자되는 공부는 운동경기처럼 반드시 연속된 시간을 통째로 내야만 할 수 있는 것이 아니거든요. 자투리 시간을 틈틈이 활용하면 충분합니다. 저는 출근 전 새벽 시간과 직장에서의 점심 자투리 시간, 그리고 저녁 시간을 활용해서 공부했습니다. 이렇게 말하면 많은 직장인들이 '회식이 잦은 직장에 다니는데, 직장에서 회식이 있는 날은 어떻게 하냐', '야근이 많아서 저녁 시간을 내지 못하면 어떻게 해야 하냐'고 물어요. 회식이 있으면 당연히 참석해야죠. 저 역시도 회식이 잦은 회사에 다녔어요. 회식에 무조건 빠질 수는 없잖아요. 대신, 1차만 참석을 합니다. 제 경험상 2차부터는 그저 의미 없는 술자리가 되었고, 그때에는 빠지더라도 상사분들도 뭐라 하지 않고 동료들도 이해할 수 있는 수준이어서 회사생활에 크게 지장이 있지 않았거든요. 그렇게 회식 자리에서 무리하지 않는다면 다음 날 새벽 시간도 충분히 활용할 수가 있어요. 야근을 하는 날도 똑같아요. 전날 저녁때 못 한 만큼 다음 날 새벽에 더 열심히 공부하면 됩니다. 저는 그렇게 자투리 시간을 활용해서 공부를 할 수밖에 없는 상황이었어요. 그런데도 3년이 안 되는 기간 내에 매달 500만 원이 넘는 제2의 월급을 받게 되었습니다. 내가 일하지 않아도 매달 500만 원이 들어온다는데, 이 정도 노력만으로 평생도 아닌 3년만 조금 더 신경 쓰면 될

일을 못 할 이유가 뭔가요? 저는 많은 직장인분들이 이런저런 핑계로
부자되기를 포기하지 않으셨으면 합니다."

부자가 되고 싶다면, 부자가 되기로 진정 결심했다면, 인생에서
잠시 동안의 혹독한 시기는 견딜 각오를 해야 한다. '주변 사람들
과의 관계가 소원해지거나 가족들에게 미안하지 않을지?'를 염려
할 수도 있다. 그렇다. 분명 이 시기에는 친구나 직장 동료를 만
날 시간이 부족할 것이고, 가족들과 함께하는 시간도 적어질 수밖
에 없다. 나에게도 그러한 시기가 있었고, 내 제자들도 마찬가지
였다. 하지만 나는 오히려 이 시간이 나와 내 가족의 삶을 변화시
킬 것이라는 기대와 확신으로 매 순간을 즐겁게 공부했다. 몇 년
동안 이런 은둔생활(?)을 했어도 친구들은 항상 그 자리에 있었
고, 어느 순간부터는 가족들이 나의 가장 열렬한 지지자가 되어있
었다.

인생에서 단 한 번만 혹독한 시기를 거치면 평생이 여유로워진
다는데, 충분히 도전할 만한 가치가 있지 않은가? 한 번뿐인 삶에
서 소중한 시간을 온전히 자신과 가족을 위해 더 가치 있게 쓸 수
있는 방법은 부자가 되는 것이다. 부자가 되면 시간과 돈에서 자
유로워질 수 있으므로. 하지만 부자가 되기 위해선 그 누구라도
잠시 동안의 혹독한 시기를 거쳐야 함을 기억하기 바란다.

"

EXIT 노트 ⑬

부자가 되려면 인생의 한 시기는 혹독하게 살아야 한다.

하루에 2~3시간 정도 부자되는 공부를 할 시간을 만들어라.
3년이 지나면 분명 긍정적인 결과를 맞이할 것이다.

"

부자되는 공부법은 따로 있다

　시간을 확보했다면 이제 본격적으로 공부를 할 차례다. 부자가 되기 위해서도 공부가 필요하다. 돈에게 어떤 일을 어떻게 시켜야 안전하게 더 큰 수익을 벌어다 줄 수 있는지에 대한 공부 말이다. 그런데 막상 공부를 해보겠다 마음먹으면 막막함부터 느껴지기 마련이다.

　"송사무장님, 부자가 되고 싶어 공부를 시작해보려 합니다. 하지만 부자가 되고 싶은 마음은 간절한데, 도대체 어떻게 공부를 해나가면 좋을지 감이 잡히질 않아요. 제가 경제에 관해 너무 무지해서 그런 것 같습니다. 이런 저도 공부를 완성해서 부자가 될 수 있을까요?"

대부분의 수강생들이 공부를 시작하기 전에는 이와 같은 걱정을 안고 온다. '과연 나처럼 부동산의 '부'자도 모르는 사람도 부자가 될 수 있을까?', '성공한 사람들은 원래부터 경제나 부동산에 대해 잘 아는 사람들이 아니었을까?' 등 걱정의 종류는 다양하지만, 그런 걱정의 공통점은 시작해보기 전 느끼는 막연한 두려움이라는 것이다. 이것은 지극히 자연스러운 일이다. 어느 분야든 무언가를 처음 시작하는 사람들은 누구나 그런 걱정을 한다. 처음부터 중수나 고수의 수준에서 출발하는 사람은 없다. 누구에게나 처음은 있는 법이니까.

나 역시도 그랬다. 나의 대학교 전공은 '화학공학'이었다. 내 기호와는 상관없이 순전히 취직이 잘 된다고 하여 떠밀리듯 택했던 전공이다. 경제나 부동산과는 전혀 관련이 없는 전공이었기에 여느 학생들처럼 대학을 졸업할 때까지 부동산의 '부'자도 몰랐고, 등기부등본조차 어떻게 생겼는지 구경을 해본 적도 없었다.

"그럼 저처럼 무(無)에서 시작하는 사람들은 어떤 과정을 밟아나가야 할까요?"라고 묻는 사람들을 위해 내가 공부했던 방법을 구체적으로 소개해볼까 한다. 이 공부법을 바탕으로 나뿐만 아니라 수많은 나의 제자들이 부자가 되었다.

첫 번째, 경제신문을 구독하라

앞에서도 잠시 언급했지만, 내가 부자되는 공부의 첫걸음으로 택했던 것이 바로 경제신문을 구독하는 것이었다. 대부분의 대학생들이 그러하듯 나 역시도 대학생 신분에서 취업할 때까지는 이력서의 스펙 쌓기에만 집중했지, 이 세상이 어떻게 돌아가는지에 대해서는 별로 관심이 없었다. 하지만 부자가 되려면 돈에게 일을 시키는 방법을 터득해야 했고, 돈에게 일을 시키기 위해서는 자본주의 시장이 어떻게 돌아가는지 알아야 했다.

투자를 하기 위해서는 시장의 흐름을 파악하는 것이 정말 중요하다. 같은 부동산에 투자하더라도 누구는 돈을 잃기도 하고 또 다른 누구는 크게 수익을 내기도 하는데, 이는 바로 타이밍 때문이다. 어떤 투자든 타이밍은 성패에 있어 절대적인데, 적절한 타이밍을 잡기 위해서는 시장의 큰 흐름을 알고 있어야 한다. 이런 흐름을 파악하지 못하면, 이른바 상승장 분위기에 휩쓸려 끝물에 부동산을 매입하여 돈을 잃게 된다. 하지만 평소에 신문을 꾸준히 구독한 사람은 분위기에 휩쓸리지 않을 수 있으며 안정적인 투자를 할 수 있는 안목이 생긴다.

단, 신문을 통해 투자를 위한 직접적인 소스를 얻으려고 해서는 안 된다. 기사는 어떠한 결과가 나온 다음에 보도되는 것이므로 그 기사를 보고 투자를 할 경우 한 박자 늦은 타이밍의 투자가 되어버린다. 따라서 신문을 읽을 때는 부동산 투자에 대한 직접적인 정보를 얻겠다는 생각이 아닌, 여러 경제 현상을 한 발자국 물러서서 구경한다는 마음으로 편히 읽으면 된다. 대략적으로 대중들의 흐름과 돈의 흐름을 체크해보는 것이다.

경제에 정말 무지한 사람도 신문을 읽다 보면 경제의 흐름을 볼 수 있느냐고? 물론이다. 걱정하지 말고 편하게 읽어라. 나도 그랬고, 많은 사람들이 겪어온 일이다. 처음에는 단어 하나하나가 다 어렵겠지만, 찾아가면서 계속해서 읽다 보면 언젠가는 모르는 단어가 사라질 것이고, 이것을 1년 정도 꾸준하게 하다 보면 분명 어느 순간 부동산뿐만 아니라 경제가 돌아가는 패턴이 보이기 시작할 것이다. 중간에 포기만 하지 않는다면 말이다.

그리고 이를 2년 정도 지속하면 앞으로의 시장 변화까지 볼 수 있게 된다. 시장은 하락과 상승이 끊임없이 반복되고, 그때마다 비슷한 현상들이 나타나기 때문이다. 이렇게 시장을 이해하게 되면 주변에서 누가 돈을 잃고 벌었다는 후문에 연연해하지 않고, 하락기에는 과감히 부동산을 매입하고, 상승장에서는 미련 없이 매도를 하는, 자신만의 소신 있는 투자 패턴을 만들어낼 수 있게 된다.

또한 신문읽기를 지속하다 보면 신기하게도 신문 기사의 이면도 볼 수 있게 된다. 최근에는 기사로 가장한 분양 홍보 글도 많아졌다. 자세히 보면 기사가 아니라 광고인 것이다. 그리고 경제 기사를 쓰는 기자 중에는 아마추어도 적지 않은데, 아마추어 기자들은 여러 경제 현상이나 전문가만의 개인적 견해를 아무런 여과 없이 싣는 경우가 많다. 그 덕분에 신문에 등장하는 전문가들 중에는 그리 대단하지 않은 사람도 많다는 것, 그리고 신문에는 정답만 실리는 게 아니라는 사실도 어느 순간 깨닫게 된다. 이렇게 신문을 펼쳐놓고 비평할 수 있는 능력이 생겼다면 신문을 제대로 볼 수 있는 실력이 갖추어진 것이다.

신문을 읽을 때는 인터넷 신문보다는 종이신문을 구독하길 추천한다. 인터넷 기사는 헤드라인이 인상적인 것들만 모아두었기에 세세한 면까지 챙길 수 없고 그 외 자극적인 제목으로 눈길을 잡아끄는 스포츠, 연예 기사 등 유혹하는 것들이 너무도 많다. 부자가 되기로 마음먹었다면 오로지 경제 지식을 쌓는 것에만 포커스를 두어야 한다. 인생에 아무런 도움도 안 되는 가십거리들로 소중한 시간을 낭비하지 않길 바란다. 낭비되는 시간만큼 부자가 되기까지 걸리는 시간은 늘어날 테니 말이다.

경제 기사에 더하여 정치면 역시 관심을 갖고 항상 주시하고 있어야 한다. 왜냐하면 보수와 진보 중에 어떤 진영에서 정권을 잡느냐에 따라 경제 정책이 180도 바뀌기도 하는데, 그 정책에 따라 투자의 방향성을 달리해야 하기 때문이다. 예를 들어 진보 진영이 정권을 잡으면, 이들은 자본주의 시장에서 분배와 균형을 강조하므로 복지를 늘리고, 친노동 정책을 펼쳐 근로자의 권위가 강화되며, 소득 상위그룹의 세금과 법인세가 증가한다. 복지 예산은 대체적으로 늘어나지만 부동산에 관한 규제는 엄격해진다. 반대로 보수정당이 집권하면, 친기업 정책을 펼치기 때문에 여러 세제 혜택을 주고, 규제를 풀어주는 방향으로 정책이 나온다. 엄격했던 부동산 규제도 하나둘씩 해제된다.

이처럼 정권이 바뀔 때마다 정책이 바뀌는 것 역시 반복되는 패턴이 있으므로 알고 있으면 투자를 할 때 좋은 참고가 된다. 패턴을 예상하고 있으면, 규제가 없는 방향으로 미리 투자전략을 효율적으로 세울 수 있어 실패하지 않는 투자를 할 수 있기 때문이다.

두 번째, 경제 관련 책을 읽어라

처음에는 쉬운 책으로 시작하는 것이 좋다. 나도 처음에는 두꺼운 책이 마냥 좋은 책인 줄 알고 아무 생각 없이 백과사전식 책을 첫 책으로 집었다가 정확히 1/5 정도 읽고 너무 어려워 공부를 잠시 접었던 적이 있다. 본격적으로 시작도 못 해보고 포기할 뻔한 아찔한 순간이었다.

언젠가 내가 운영하는 커뮤니티 카페를 통해 나는 이런 메일을 받은 적이 있다.

"송사무장님, 안녕하세요. 저는 이번에 친구의 추천으로 행복재테크 카페에 가입한 ○○○입니다. 너무 답답하고 이번에는 절대 같은 실수를 하지 않겠다는 각오를 다지기 위해 카페지기인 송사무장님께 이렇게 메일을 보냅니다. 사무장님이 이 메일을 읽으시면서 저의 닉네임을 한 번이라도 봐주셨을 거라는 생각을 하면 중도에 포기하지 않을 수 있을 것 같아서요.

사실 저는 부동산 공부를 3년 전에 시작했었습니다. 그런데 그때 처음 읽을 책을 잘못 선택하는 바람에 본격적으로 시작을 해보기도 전에 포기하고 말았지요. 일단 책 내용이 한 장을 넘기기가 어려울 정도로 너무 어려웠고요. 뒤로 넘기면 넘길수록 '내가 이렇게 어려운 투자를 해낼 수 있을까'라는 의구심이 생기고, 더 읽어갈수록 '부동산 투자는 하면 안 되겠는데'라는 두려움이 생기게 하는 책이었어요.

그런데 얼마 전, 우연히 3년 전에 저와 함께 공부를 시작했던 친구의 소식을 듣게 되었어요. 부동산 투자로 많은 수익을 얻었다는 소식이요. 물론 수익도 부럽지만, 그 친구의 표정과 분위기 자체가 달라져 있더라고요. 어딘지 모르게 자신감 넘쳐 보이는 친구의 모습이 가장 부러웠습니다.

'나도 그때 포기하지 않았더라면 지금은 이미 저 친구처럼 되어있을 텐데…'

남을 탓해선 안 되겠지만 제가 첫 책을 잘못 택하여 친구보다 3년이 뒤처졌다는 생각에 많이 아쉽고 후회스럽습니다.

하지만 후회만 남는 것은 아니에요. 제 눈으로 직접 이 길에 매진했던 친구가 성공한 모습을 보니 저도 포기만 하지 않으면 성공할 수 있겠다는 더 큰 확신이 생겼거든요.

다시는 지금처럼 후회하는 일 없도록 송사무장님이 이끌어주시는 대로 완주해보겠습니다!"

책 선택은 이처럼 중요하다. 이 사연의 주인공은 다행히 조금 늦었더라도 다시 시작한 경우이지만, 잘못된 선택으로 평생 부자되기를 포기하게 된 사람들이 대부분이다. 얼마나 안타까운 일인가!

페이지 수가 많고 내용이 많이 들어있다고 해서 무조건 좋은 책은 아니다. 자신의 수준에 맞는 책이 가장 좋은 책이다. 처음에는 쉬운 책부터 골라서 읽길 바란다. 그렇게 해서 기본적인 용어나 부동산 투자에 관한 전체적인 과정을 이해하고, 차츰차츰 심도 있는 책으로 범위를 넓혀가면서 부동산 공부를 해나간다면 책 때문에 중도 포기하는 일은 없을 것이다.

'그래, 쉬운 책을 읽어야 하는 건 알겠어. 근데 시중에 나와 있는 그 많은 책 중에 어떻게 좋은 책을 골라낼 수 있지?'라고 물을 수 있겠다. 유심히 살펴보면 베스트셀러가 되는 책들이 무수히 많다는 사실을 알 수 있을 것인데, 베스트셀러가 되었다고 무조건 좋은 책은 아니다. 반짝 베스트셀러가 됐다가 아예 사라져버리는 책들도 많다. 이런 책들은 처음에는 어떤 방법으로든(?) 베스트셀러로 올라갔으나 기존 독자들로부터 버림받은 책이다. 내용이 좋은 책이라면 독자들의 입소문을 타고 오래도록 남아있을 테니 말이다. 그러므로 책 고르는 안목이 생기기 전에는 스테디셀러를 위주로 보는 것이 좋다. 스테디셀러는 말 그대로 많은 독자들에게 꾸준히 사랑을 받은 책이다. 스테디셀러는 마케팅으로 만들어질 수 있는 것이 아니고, 실제 독자들의 입소문을 타야만 가능하다. 그렇게 스테디셀러 위주로 쉬운 책부터 읽기 시작하면 어느 순간부터는 판매순위에 의존하지 않고도 자신에게 필요한 내용을 담은 책인지 아닌지를 판단할 수 있게 된다.

그리고 나는 책을 구입하기 전에 저자 프로필과 목차부터 파악한다. 저자의 프로필과 목차에 기재된 투자 사례를 보면서 그가 이론가인지, 실제 투자가인지 확인하기 위함이다. 나는 이론가의 책과 부자가 아닌 사람의 책은 읽지 않는다. 그들은 현실을 그럴싸하게 포장하기만 할 뿐 배울 것이 거의 없기 때문이다. 또한, 투자가일지라도 그가 현재도 투자를 하고 있는지의 여부도 중요하다. 투자의 정답은 계속 바뀌므로 현재에도 실전에 있는 사람이 가장 좋은 정보와 노하우를 알려줄 수 있다. 그런 저자의 책에서는 항상 책값 이상의 것을 얻곤 한다.

책을 골랐다면 그 책의 내용을 온전히 내 것으로 만들어야 한다. 앞에서도 잠깐 얘기했듯 자신의 이름을 걸고 책을 내는 저자들은 자신의 노하우를 최소 2~3개 정도는 책에 공개할 수밖에 없는데, 책을 읽으면서 이런 노하우를 자신의 것으로 만드는 것이 중요하다. 즉, 한 권의 책에서 2~3개의 노하우는 반드시 내 것으로 만들겠다는 목표를 세운 후 책을 읽도록 하라.

그러면 과연 어떻게 해야 책의 내용을 내 것으로 만들 수 있을까?

예를 들어, 책의 저자가 허름한 지하층의 상가를 매입한 후 상가의 가치를 올려 큰 수익을 냈다면, 그와 비슷한 조건의 물건을 찾아 직접 가서 보고 그 상가의 가치를 어떻게 올릴 수 있을지를 상상해보는 것이다. 상상해보는 것만으로도 좋다. 물건을 직접 찾아보고 바뀐 모습을 상상해본 당신에게는 진한 간접경험이 쌓여 있을 것이다.

또는, 큰 수익을 낸 저자의 투자 사례를 보면서 저자가 왜 저 부동산에 투자를 하게 되었을까, 물건을 골라 수익을 내기까지 어떻게 처리를 했으며 해당 사례에서 저자가 생각한 투자 포인트는 무엇이었을까 등을 분석해보는 것이다. 분석한 결과는 따로 메모해두고 수시로 꺼내어 보고 익힌다면, 나중에 그와 비슷한 조건의 물건이 있을 때 바로 알아볼 수 있는 눈이 생긴다.

이런 식으로 책을 한 권씩 소화해간다면 많은 책을 읽지 않고도 실제로 투자를 하는 데 필요한 지식을 충분히 쌓을 수 있을 것이다.

세 번째, 간접경험을 진하게 쌓아라

나는 부동산 공부를 독학으로 완성했다. 사실 그럴 수밖에 없는 환경이었다. 저녁 6시에 출근해서 새벽 4시에 퇴근, 이렇게 남들 퇴근하는 시간에 출근하고 출근할 시간에 퇴근하는 생활을 했으며, 나이트클럽은 1년 중 현충일을 빼고는 단 하루도 쉬는 날이 없었으므로 달리 방법이 없었다. 누군가의 강의를 들을 수도 없었고, 부동산에 관심 있는 사람들과 인맥을 쌓을 수도 없었다.

나이트클럽 안의 시끄러운 대기실과 좁은 내 방 안에서 공부했던 게 전부였음에도 독학으로 쌓은 지식은 실제로 투자를 시작하자마자 빛을 발하기 시작했다. 실전에서 정말 놀라운 속도로 성공적인 투자를 이끌어내었다. 이렇게 실전 투자에 뛰어들고 단기간 내에 수월하게 다양한 투자를 성공적으로 이끌 수 있었던 이유 중 하나는 바로 수많은 '간접경험'이었다. 선배들의 경험을 내 것으로 소화한 덕분이었다.

나는 투자의 방향성을 잡기 위해 투자 모임에 나가 다른 사람들의 경험담을 듣거나 또는 시간을 내어 강의를 들으러 갈 수도 없었다. 그래서 그 대신 투자로 성공한 사람들이 적어놓은 경험담을 적극 활용했다. 수험생들이 선배들의 합격 수기를 읽으며 공부의 방향을 잡는 것처럼 말이다.

당시 규모가 가장 큰 인터넷 커뮤니티 카페를 찾아 가입하고 들어가 보니 그곳에는 카페 회원들의 수많은 경험담이 올라와 있었다. 한 번씩 모두 읽어보고 그중 도움이 될 것이라 판단되는 성공담과 실패담을 모두 프린트해서 갖고 다니며 몇 번이고 읽었다. 성공담은 이해하겠는데, 실패담까지 읽어야 하냐고? 물론이다. 실패담도 성공담 못지않게 중요하다. 실패 역시도 간접경험을 해봐야 그와 같은 실수를 예방할 수 있을 테니 말이다.

생생한 간접경험은 내가 직접 경험한 것과 같은 효과가 난다. 생생하게 간접경험을 한다는 건 경험담에 적혀있는 대로 그 사람의 발자취를 그대로 따라가 보는 것이다. 그렇게 하면 간접경험만으로도 다른 사람의 경험을 내 것으로 만들 수 있다.

다만, 경험담은 다른 사람을 가르치기 위해 작성하는 글이 아니기 때문에 정보 전달을 목적으로 하는 책처럼 내용이 구체적이지는 않다. 그래서 경험담을 읽다가 보면 궁금하고 더 알고 싶은 점이 생기기 마련이다.

예를 들어, '다가구주택을 구입하여 월세 200만 원을 받게 되었다'는 내용의 경험담을 읽었다고 하자. 현재 당신은 경험담의 주인공이 왜 그 다가구주택을 택했는지가 궁금한 상황이다.

글쓴이가 모든 내용을 억지로 감추지 않는 이상 대부분은 일부 공개된 내용만으로도 해당 물건을 찾아낼 수가 있다. 물건을 찾은 후에는 그 물건의 등기부등본과 건축물대장을 확인해본다. 그리고 이 물건의 매입가격과 매도가격 또는 임대가격을 확인하여 투자 포인트까지 정리해보는 것이다. 그렇게 하면 글쓴이가 왜 그 물건을 선택했고, 어떻게 수익을 낼 수 있었는지가 보일 것이다. 이런 식으로 선배들의 경험담을 읽으며 물건을 복기하다 보면, 추후 실전에 처음 임하게 되더라도 낯설거나 거부감이 들지 않아 습득하는 속도가 무척 빨라진다.

이렇게 무언가를 찾아가는 과정에서 배우는 것은 훨씬 많고, 이처럼 손수 찾아서 얻게 된 지식은 쉽게 잊히지 않는다. 이것이 선배들의 경험담을 통해 생생한 간접경험을 하는 방법이다.

이런 방식으로 수많은 경험담을 읽고 나니 실전에서 어떻게 투자를 해나가야 할지 방향이 잡혔고, 시행착오 역시도 최대한으로 줄일 수 있었다. 사실 그 당시에는 인맥을 갖출 수가 없어 어쩔 수 없이 대안으로 생각해낸 공부법이었지만, 여러 사람들의 경험담을 읽었던 것은 시중의 좋은 책을 읽는 것 이상으로 실질적인 도움이 되었다. 경험담을 읽고 있으면 가까운 선배들이 이야기해주는 것 같았고 '나도 노력하면 이 정도는 할 수 있겠구나'라는 생각에 절로 의욕이 생겼던 것 같다. 책의 저자보다는 커뮤니티에 글을 적는 사람들이 더욱 나처럼 평범한 사람들이라고 여겨졌기 때문일 것이다. 가까운 사람이 해내는 것을 보면 '나도 할 수 있겠다'는 마음이 더 강하게 생기기 마련이다.

혹시 커뮤니티에 올라와 있는 경험담이 너무 많아 다 읽지 못하겠다면, 그중 댓글이 많이 달려 있는 글을 위주로 읽는 것도 방법이다. 그만큼 많은 사람들이 공감하고 도움을 받은 글이라는 의미이므로. 무료로 제공되는 글이지만, 이런 경험담을 어떻게 활용하느냐에 따라 얼마든지 빠른 속도로 실력을 향상시킬 수가 있다.

지금은 카페 말고도 블로그나 유튜브 등 정보를 구할 수 있는 경로가 과거보다 훨씬 많아졌기에 조금만 노력한다면 더욱 다양한 사람들의 경험을 자신의 것으로 만들 수 있을 것이다. 단, 이때 역시 온라인 인플루언서가 투자를 통해 부자가 되었는지, 지금도 투자 활동을 하고 있는지 등을 확인한 후 참고하는 것이 좋다.

네 번째, 진짜 전문가를 따라가라

전문가의 강의는 공부 시간을 단축해주는 좋은 수단이기는 하다. 단, '진짜 전문가'의 강의를 수강할 경우에 한해서만 그렇다.

과거에는 오로지 책을 통해서 그 분야의 전문가로 데뷔가 가능했다. 하지만 지금은 카페, 블로그, 유튜브 등 다양한 채널을 쉽게 개설할 수가 있어서 이제는 굳이 책을 내지 않더라도 누구든 자신의 콘텐츠를 세상에 쉽게 드러낼 수 있게 되었다. 이처럼 채널이 다양해져 여러 정보를 접하기가 쉬워진 것에 대해서는 긍정적이지만, 실력을 제대로 갖추지 못한 사람들도 전문가처럼 행세하는 것이 가능해진 세상이 된 것이다. 문제는 본인의 앞가림도 못하는 가짜 전문가들이 다른 사람을 가르치고 있다는 것이다. 본인도 제대로 수익을 내지 못하는데 이런 사람에게 무엇을 배울 것이며, 그렇게 배운 지식으로 대체 어떻게 수익을 낼 수 있다는 말인가.

운동을 배우더라도 동네에서 잘하는 정도의 사람에게 배운 사람은 동네 수준을 넘어설 수 없다. 국가대표에게 배운 사람과는 절대 게임이 되지 않는다. 부동산 분야도 마찬가지다. 누구에게 배웠느냐는 정말 중요하고, 실전에서 실제 수익을 거두고 있는 사람만이 실전에서 수익 내는 방법을 알려줄 수 있는 법이다. 따라서 어떤 이를 따르기 전에는 반드시 그가 실력이 검증된 사람인지를 확인하는 것이 좋다. 실력이 검증되지 않은 사람의 강의나 조언을 들으면, 오히려 공부 기간이 더 늘어나거나 또는 예기치 않은 문제가 생겨 손해만 보고 부자되기를 평생 포기하게 될 수도 있다.

수강생들에게서 종종 이런 이야기를 듣는다.

"송사무장님, 사실은 제가 다른 곳에서 500만 원짜리 강의를 들은 적이 있어요. 그런데 지금 제 머릿속에 남아있는 것이 없습니다. 강의를 들을 당시에는 강사가 분명히 강의가 끝날 때까지는 모두 500만 원 이상의 수익을 볼 수 있게 해주겠다고 약속을 하기에 덜컥 신청한 강의였어요. 그 강사는 강의 기간 동안 모든 수강생에게 물건을 하나씩 추천해주었고요. 그런데 그 당시 강사가 좋은 부동산이라고 찍어줘서 구입한 물건은 팔리지도 않아 지금까지도 제 속을 썩이고 있는데요. 강의가 끝나고 이에 대해 불만을 얘기하니까 팔아줄 테니 돈을 얼마 더 갖고 오라고 하더군요. 물론 제 잘못도 있어요. 지금 생각해보니 저는 그때 지식을 쌓으려고 한 게 아니라 물건을 찍어준다기에 쉽게 가보려고 요행을 바랐던 것 같아요. 앞으로는 누구에게 휘둘리지 않고, 의존하지 않을 수 있는 진짜 제 실력을 갖추고 싶어요."

생각보다 이렇게 가짜 전문가에게 피해를 보는 사람들이 많다. 위 사례자의 경우에는 다행히도 부자되기를 포기하지 않은 케이스다.

그럼 어떻게 해야 검증된 진짜 전문가를 골라낼 수 있느냐고? 그건 딱 한 가지만 보면 알 수 있다. 그의 '재산'이다. 그가 스스로 재산을 얼마나 불렸고, 현재 매달 들어오는 월세가 얼마인지를 확인하면 된다. 실력은 있지만 재산이 없는 것도 문제다. 그런 사람은 초보자들을 돈벌이 수단으로 볼 가능성이 크기 때문에 까딱하다가는 큰 문제가 생길 수 있다. 그가 투자 전문가인 척하는 이론가일 뿐인지, 실제로 실전 전문가인지는 책의 저자 프로필이나 강사 프로필만 보더라도 구분할 수 있을 것이다. 또는 그가 최근 작성한 칼럼이나 글이 있다면 그 안에 등장하는 투자 사례를 확인하는 것도 방법이다. 글에 본인의 사례는 없고, 타인의 사례만을 이야기하거나 본인의 투자 사례에 관한 제시 없이 부동산 시장에 대한 예측만으로 가득하다면 그는 이론가일 가능성이 높다. 이는 책을 고를 때도 역시 통하는 방법이니 꼭 명심하는 것이 좋다.

이처럼 실전 투자서의 경우에는 진짜 전문가의 책인지 아닌지를 따져봐야 하지만, 자본주의 시장에서 위대한 업적을 거둔 세계적인 거장들의 책은 꼭 한 번쯤은 읽어볼 것을 추천한다. 투자를 잘하고 투자로 성공하기 위해서는 최고의 수익을 내는 것도 중요하지만, 이보다 중요한 것은 얼마나 오래도록 투자를 지속할 수 있는지다. 저자가 부동산이든, 주식이든, 사업이든 무엇으로 돈을 벌었든 상관없다. 자본주의 시장에서 거장으로 인정받을 때까지 오랜 기간 살아남은 사람은 끊임없이 상승과 하락이 반복되는 시장에서 매 시기의 시장을 이해하며 수익을 내온 사람이다. 따라서 그는 시도 때도 없이 변하는 거친 파도를 타는 서퍼(surfer)처럼 상승장과 하락장에서 어떤 포지션을 취할지를 알고, 그에 맞는 과감한 결정을 내리며 살아남은 것이다. 그런 거장들의 투자원칙과 시장을 대하는 자세는 앞으로 투자를 해나가는 데 꼭 참고할 만한 본보기가 될 것이다.

EXIT 노트 14

부자가 되는 공부 방법

1. 경제 신문 읽기
2. 책읽기
3. 커뮤니티에 있는 경험담 읽기(생생한 간접경험)
4. 실전에서 수익을 거두고 있는 전문가의 강의 듣기

06

첫 투자보다
공부의 완성이 먼저다

스노우볼 효과(snowball effect)라고 들어본 적이 있는가? 스노우볼 효과란 산 정상에서 작은 눈덩이를 굴리면, 내려오면서 눈덩이가 점점 기하급수적으로 커지는 현상을 말한다. 워런 버핏이 투자를 '눈덩이 굴리기'에 빗대어 표현한 것을 시작으로 하여 경제 분야에서 자주 쓰이는 용어가 되었는데, 이는 투자의 속성을 아주 잘 표현한 말이다. 투자를 통해 돈을 불리는 모습은 눈덩이가 커지는 모습과 매우 흡사하다.

내가 나이트클럽에서 4년간 이를 악물고 모았던 작은 눈덩이, 즉 종잣돈은 1억 2천만 원이었다. 이 돈을 부동산 투자로 3년 만에 20배, 7년 후에는 200배 이상으로 불렸고, 현재는 가속도가 붙어서 그보다 훨씬 빠른 속도로 자산이 불어나고 있다. 처음 돈이 불어나는 것을 경험해보면 실로 경이로울 것이다.

하지만 여기서 절대 간과해서는 안 될 부분이 있는데, 스노우볼 효과가 누구에게나 적용되는 것은 아니라는 사실이다. 그렇다고 별안간 떨어지는 행운은 더더욱 아니다. 이는 절대적으로 실력에 의해 좌우된다. 돈에게 일을 시킬 수 있는 실력 말이다.

돈을 불릴 수 있는 스노우볼 효과를 얻기 위해서는 우선 가장 먼저 작은 눈덩이인 종잣돈(seed money)을 모아야 한다. 종잣돈 없이는 그 어떤 것도 굴릴 수 없음을 꼭 알아야 한다. 컨설팅 업무를 하는 이들처럼 다른 사람의 스노우볼을 굴려주고 수수료를 받아봤자 마찬가지다. 정작 본인은 부자가 되지 못한다. 반드시 자신의 스노우볼을 굴려야만 부자가 될 수 있다는 것을 명심하라.

내가 많이 받는 질문 중 하나도 바로 종잣돈에 관련된 것이다. "얼마 정도의 종잣돈이 있어야 투자가 가능할까요?", "종잣돈이 적은 사람도 투자를 할 수 있을까요?"

각자의 상황에 따라 달라지겠지만, 보통 적당한 종잣돈의 규모는 5,000만 원 ~ 1억 원 정도이다. 물론 종잣돈이 이보다 더 적은 경우에도 굴릴 수 있는 방법은 있다. 하지만 조금 더 마음의 여유를 갖고 시작하기 위해서는 저 정도의 규모가 좋다는 것이다. 여유가 없는 상태에서 투자를 하게 되면 상대적으로 무리한 대출을 활용해야 하기 때문에 심리적으로 쫓기게 되는데, 이렇게 되면 마음이 조급해져 판단이 흐려질 위험이 있다. 물론 적은 돈을 활용해서 투자를 굉장히 잘 해낸 사람들도 많다(적은 종잣돈으로 투자하는 방법에 대해서는 뒤에서 설명하겠다). 그러나 조금 더 안정적이고 제대로 된 투자를 하고 싶다면 성급하게 투자에 뛰어들지 않는 편이 좋다.

그렇다면 과연 첫 스노우볼을 굴리는 시기, 즉 첫 투자를 하는 시기는 언제쯤이 적당할까?

실전 투자는 어느 정도의 종잣돈을 모아 놓고, 공부를 완성한 후에 시작하는 것이 좋다. 간혹 종잣돈 모으기에는 소홀하고 공부에만 매달리는 사람이 있는가 하면, 종잣돈이 모아졌으니 공부를 대충 끝내버리고 투자를 시작하려는 사람도 있다. 그러나 부자가 되길 원한다면 종잣돈 모으기와 공부 완성하기 중 어느 것 하나도 소홀히 해서는 안 된다.

분명 공부를 하다 보면 마음이 조급해지는 순간이 온다. 함께 공부하고 있는 주변 사람들은 수익을 내고 있는데 자신은 아무런 성과도 내지 못하고 있으면 점점 불안해지기 시작하면서 실전 투자에 빨리 뛰어들고 싶어진다. 불안감에 떠밀려 '이 정도 공부했으면 됐겠지'라는 말도 안 되는 생각을 하게 되는데, 바로 이 시기를 가장 조심해야 한다. 순간의 조급함을 다스리지 못하면 급한 마음에 무리한 투자를 하기 십상이다.

초심자라면 이것 하나만은 반드시 기억하라. 첫 물건에 투자하는 시기보다 중요한 것은 공부의 완성이다!

나의 첫 번째 투자원칙은 바로 '돈을 잃지 않는 투자'이다. 과거에도 그러했고, 지금도 그러하다. 투자를 하는 것보다 더 중요한 것은 갖고 있는 것을 잃지 않는 것이다.

나는 처음 투자를 시작할 때부터 소위 전문가라는 사람들의 말을 100% 믿지는 않았다. 그들의 말을 듣고 투자를 했더라도 그들이 나의 손해를 만회해줄 리는 만무하고, 그 손해에 대한 피해를 온전히 떠안을 사람은 바로 나임을 알았기 때문이다. 부자가 된 지금도 여전히 투자대상을 살필 때는 돈을 잃지 않는, 즉 원금보장이 되는 투자인지를 먼저 확인한 후 그다음 수익 계산에 들어간다. 이 때문에 내가 모르는 분야라면 아무리 높은 수익이 예상되더라도 절대 투자를 하지 않는다. 돈을 잃는 것보다는 투자를 아예 하지 않는 편이 훨씬 낫기 때문이다. 이 원칙을 지키다 보면 어떤 대상에 투자를 할 것인지 말 것인지에 대한 결정을 내릴 때도 명쾌해진다.

괜히 어쭙잖게 준비한 상태에서 분위기에 휩쓸리거나 다른 사람의 말만 듣고 투자를 했다가 수익을 얻지 못하거나 손실을 보면, 그동안 해왔던 공부마저 아예 접어버리고 본래의 삶으로 복귀하는 사람들이 대다수이다. 그만큼 첫 투자는 중요하다. 그동안 첫 투자에 실패하여 부자가 되는 것은 자신의 운명이 아니라고 자책하며 본래의 삶으로 돌아간 사람들을 많이 봐왔다. 그들은 준비가 덜 된 상태에서 시작했거나 다른 사람의 말만 듣고 투자를 감행했기에 첫 투자의 손실을 감당하지 못했던 것이다.

어떤 분야든 첫 투자에서 수익이 나면 재미가 생기기 때문에 꾸준히 지속하기가 수월해진다. 나 역시도 첫 번째 부동산 투자에서 괜찮은 수익을 거두면서 이 길이 정답이라는 것을 확신했고, 그다음부터는 훨씬 더 재미를 느끼며 투자에 집중할 수 있게 되었다. 그리고 수익의 맛을 본 사람에게는 잠시 시련이 와도 견뎌낼 수 있는 힘이 생긴다. 따라서 첫 투자의 시기보다 종잣돈을 모으고 공부를 완성하는 것이 최우선이라는 사실을 명심하기 바란다. 종잣돈을 모으는 과정을 즐기면서 그 기간 동안 공부를 심도있게 완성해 나간다면 반드시 좋은 결과가 있을 것이니 확신을 가져도 좋다.

> **EXIT 노트 15**
>
> 수익을 내는 것보다 더 중요한 것은 돈을 잃지 않는 것이다.
> 공부 기간이 길어지더라도 절대 조급해하지 마라. 공부를 완성하고
> 투자해도 늦지 않다.

투자의 기술을
완성하다

취업을 하겠다는 목표를 접고, 처음에는 나이트클럽에서 모은 돈으로 가게를 차려 사업으로 승부를 볼 생각이었다. 최종 종잣돈 목표금액을 1억 원으로 설정한 후 자본금 5,000만 원으로 할 수 있는 업종을 알아보기 시작했다. 5,000만 원으로 시작할 수 있는 사업을 찾고 있었지만, 목표금액을 1억 원으로 잡았던 이유는 혹시라도 첫 사업이 잘 안 되었을 경우 남은 5,000만 원으로 2번째 사업에 도전하기 위함이었다. 적어도 2번의 시도 안에는 성공시킬 수 있을 거라는 확신이 있었다.

사업을 준비하면서 재테크로도 돈을 불릴 수 있는 능력을 키우기 위해 나의 경제 지식을 끌어올리기로 마음먹었다. 그래서 그때부터 사업에 관한 책뿐만 아니라 돈, 부자, 성공, 재테크, 주식, 부동산 등의 단어가 제목에 들어가 있는 책을 닥치는 대로 읽게 된 것이다. 하지만 여러 책을 읽는다고 곧바로 무엇을 실행할 수 있는 것은 아니었다. 오히려 머릿속이 잘 정리가 되지 않는 듯했다. 그러던 중 나는 우연한 사건으로 인해 부동산 공부에 올인하게 되었다.

어느 날, 아버지가 다급하게 전화를 하셨다.

"집 근처에 아파트 급매물이 나왔는데, 집주인이 급하게 미국으로 가게 되면서 시세보다 저렴하게 내놓았다고 하네."

"저보고 그 아파트를 사라는 말씀이세요?"

"그래, 집주인이 내가 잘 아는 사람이야. 정말 급해서 거의 전세 가격으로 내놓은 거라고 하니까 한번 생각해보렴."

"음… 그렇군요. 알겠어요. 제가 한번 알아볼게요."

머릿속이 복잡해졌다. 시세보다 싸게 나왔다는데, 이후부터는 어떻게 해야 할지 갈피가 잡히지 않았다. 부동산도 꾸준히 공부는 하고 있었지만, 거의 종잣돈 모으는 것에만 집중을 해왔던 터라 갑자기 준비되지 않은 상태에서 투자를 할지 말지를 고민해야 하는 상황이 되어버린 것이다.

인터넷에 시세 정리가 잘 되어있던 시기도 아니었기에 매매가격에 대한 판단이 잘 서지 않아 곧장 공인중개사무소로 향했다. 그곳에서 매매시세와 전세가격을 확인해보니 정말 다른 집보다 2천만 원 이상 저렴한 수준이었다. 이 정도면 손해는 보지 않을 거라는 생각이 들었고 바로 매매계약서를 작성했다.

그렇게 매입한 아파트였다. 그런데 이 아파트가 2개월 만에 놀라운 결과를 안겨주게 된다. 매입한 금액에서 시세가 무려 5천만 원이 오른 것이다. 이 아파트를 매입할 당시 대출도 받았기에 내가 실제 투입한 현금은 3천만 원이 전부였다. 3천만 원으로 단 2개월 만에 5천만 원을 벌게 된 것이다! 내 생애 처음으로 투자를 통해 큰 수익을 거둔 것이었다.

참 기뻤다. 그러나 다른 한편으로는 너무도 허탈했다. 그동안 난 종잣돈을 모으기 위해 나이트클럽에서 하루도 쉬지 않고 아끼고 아껴 쓰며 일해왔는데, 몇 년에 걸쳐서야 모을 수 있는 금액을 투자로는 불과 2개월 만에 벌어들이다니. 노동으로만 돈을 모으는 사람과 투자를 하는 사람 간의 격차를 실감한 순간이었다. 나는 이 1건의 경험으로 부동산 투자에 확신을 갖게 되었고, 이것이 계기가 되어 그동안 공부했던 주식, 환율, 채권 등 다른 분야는 모두 접고, 부동산 공부에 매진하게 된 것이다.

본격적으로 부동산 공부를 하기로 마음먹고, 부동산 관련 책을 계속해서 읽어나가며 어떤 방식으로 부동산의 가격이 오르내리는 지 이해하려고 노력했다. 많은 책들을 소화해가다 보니 나름의 투자원칙도 서서히 정립이 되었다. 그렇게 하여 내가 최종적으로 내린 결론은 부동산을 사놓고 오르기만을 바라는 투자가 아니라 '매입하는 순간부터 이익이 생기는 투자를 하자'였다. 그러려면 시세보다 싼 부동산을 골라내는 능력을 갖춰야 했다. 주식에도 가치투자가 있는 것처럼 본래의 가치보다 저평가된 부동산을 고르는 것이 핵심이었다.

이것에 초점을 맞추고 공부하던 중 원금보장이 되고, 매입하는 순간부터 이익이 생기는 투자를 해야 한다는 나의 투자 원칙에 가장 적합한 방법이 보였는데, 그것이 바로 지금도 내가 가장 좋아하는 매입 방법인 '부동산 경매'였다.

어느 정도 공부가 완성되었다는 생각이 들었고, 이제는 나이트 클럽 밴드 생활을 정리하고 새로운 세상으로 나갈 준비를 할 때가 된 것이다. 그동안은 음악을 하다가 큰 꿈을 안고 사회로 나간 이들 중에는 사업이 뜻대로 되지 않아 냉정한 사회에서 호된 신고식을 치르고, 다시 밤무대로 복귀하는 경우가 대다수였던지라 내가 나간다는 말을 했을 때 걱정과 미리 위로(?)를 해주는 이들도 있었다. 하지만 나는 혹여 실패하더라도 절대로 다시 돌아갈 일은 없을 것이라 생각했다. 낯선 세계에 대한 걱정보다는 새로운 도전에 대한 뜨거운 열정이 내 발걸음에 더욱 힘을 주었다. 그렇게 난 4년 반 동안의 나이트클럽 생활에 종지부를 찍었고, 거의 소비를 하지 않는 생활을 하다 보니 나이트클럽에서 나올 당시 내 통장에는 목표했던 금액보다 조금 더 많은 1.2억 원의 종잣돈이 모여있었다.

그동안은 고립된 상태로 혼자 공부를 해왔기에 다른 사람들에 비해 지금 나의 수준이 어느 정도인지 가늠할 수가 없어 걱정도 되었던 것이 사실이다. 그러나 세상에 나와보니 그리 깊게 공부하지 않고도 투자를 하고 있는 사람들이 의외로 많았다. 시장을 너무 근시안적으로 보고 있었고, 전체 흐름까지 보면서 투자를 하는 사람이 거의 없다는 사실에 크게 놀라기도 했다.

실제로 직접 첫 경매 투자를 시작하고는 모든 절차가 너무 쉽게 해결되는 것도 놀라웠다. 그동안 책과 인터넷 경험담을 활용해 공부하며 연습했던 것을 그대로 적용할 수 있다는 사실이 신기했다. 그 후로는 경매 법정에 가 좋은 물건이 있으면 계속해서 낙찰을 받고, 또 받았다. 그렇게 짧은 기간 내에 여러 부동산을 매입하다

보니 내가 갖고 있던 종잣돈을 거의 소진하게 되었다.

그때쯤 우연히 법률사무소에서 경매를 할 수 있는 직원을 구한다는 채용공고를 보게 되었고, 지금은 경험을 쌓을 타이밍이라 생각하고 그곳에 지원하여 입사하였다. 법률사무소에 지원했던 것은 돈을 벌기 위해서가 아니라 실무 경험을 쌓기 위함이었다. 주말에도 출근하여 일했으며 월급은 고작 100만 원인 곳이었다. 하지만 나는 돈에 상관없이 무척 즐겁게 일했다. 그곳은 경매를 전문으로 하는 곳이었고, 나는 여기서 실무를 담당하며 그동안 책을 통해 수박 겉핥기 식으로 알았던 법적 지식을 하나둘씩 쌓아갈 수 있었다. 그리고 변호사님께 양해를 구하여 경매 및 부동산과 관련된 소송사건의 기록들을 모두 읽어보기도 했다.

이렇게 6개월 정도가 지나니 경매 분야에서 자주 등장하는 문제가 무엇인지, 그리고 그런 문제는 어떻게 처리하면 되는지를 어느 정도 알 수 있었다. 그때부터는 내 개인 투자물건뿐 아니라 다른 사람들이 해결하지 못하는 복잡한 물건들까지 말끔하게 처리할 수 있게 되었다. 그 당시 법원 직원들에게도 소문이 나면서 복잡한 사건은 송사무장을 찾아가라는 말을 해줄 정도였고, 책을 냈던 저자들까지 찾아와 자신이 해결하지 못한 사건을 맡아달라는 요청이 잇따랐다.

많은 사람들이 왜 내 닉네임이 송사무장인지를 묻곤 하는데, 이때 당시 법률사무소에서 나의 직함이 '사무장'이었기 때문에 이를 계기로 온라인상에서 '송사무장'이라는 닉네임으로 활동하게 된 것이다. 온라인상에서 송사무장으로 여러 칼럼을 올리며 활발한 활동을 하고, 책까지 출간하게 되면서 지금은 본명보다 닉네임으로 더 많이 알려지게 되었다.

아마 법률사무소를 거치지 않고, 혼자만의 경험으로 그 정도의 실력을 쌓으려 했다면 훨씬 오랜 시간이 걸렸을 것이다. 하지만 법률사무소에서 경매팀을 이끌며 내 개인적인 투자물건뿐 아니라 의뢰인들의 사건까지 직접 처리하는 경험을 할 수 있었기에 짧은 기간 동안 정말 다양한 부동산에 관한 노하우를 쌓을 수 있었다.

복잡한 물건들을 해결할 수 있는 노하우가 쌓이니 개인적으로 투자하는 것도 훨씬 수월했다. 복잡해서 일반인들은 접근하기 힘들지만 수익 낼 수 있는 것들이 정말 많았다. 이 당시까지만 해도 이런 것들은 법률 전문가들만이 해결 할 수 있다고 여겨져 누구도 세상에 답을 내놓지 않은 것들이었고, 그래서 그들만의 리그처럼 조용한 식사가 가능했다. 이 순간 돈 버는 기술을 완성했다는 느낌이 들었고, 앞으로 부자가 되는 것은 시간문제라고 생각했다.

그래서 다시 큰 결심을 하고 사직서를 제출했다. 사직서를 받은 변호사님은 '지금까지 자네 같은 직원은 없었다'며 최고의 조건을 제시하면서 잡으셨으나, 내가 목표한 삶이 있었기에 과감히 퇴사를 선택했다. 지금 생각해도 감사한 일이지만, 퇴사를 선택한 나에게 변호사님은 평생 자네 책상은 다른 사람 앉히지 않고 그대로 둘 것이니 언제든 돌아오라고 말씀하셨고, 퇴사 후에도 사람을 3번이나 보내 다시 돌아오라고 하실 정도였다.

하지만 나에게는 더 큰 그림이 있었다. 나는 정해진 길을 싫어하고 제자리에 안주하며 머물러 있는 것을 항상 경계한다. 젊은 나이에 혼자 돈만 많이 버는 것보다 더 의미 있는 일을 하고 싶었다. 그래서 회사를 설립했고, 나만이 아닌 다른 사람들에게도 좋은 노하우를 공유해주고 싶었기에 커뮤니티를 설립했다. 비록 나는 힘들게 걸어왔으나 다른 사람들은 나를 발판삼아 조금 더 수월하게 걸어갈 수 있도록 하고 싶었다. 그래서 나의 실제 경험을 토대로 한 〈경매의 기술〉이란 책도 집필하게 된 것이다. 경매를 대중화시키는 데 큰 기여를 한 책이라는 평을 받았고, 이는 '송사무장'이라는 닉네임을 대중들에게 더욱 각인시키는 계기가 되었다.

진짜 부자가 되기 위해
알아야 할 것들

07

레버리지를 이해하면
더 빨리 부자가 된다

우리는 대부분 부모님으로부터 돈에 대해 배우기 시작한다. 어느 집이든 가르치는 것은 "용돈을 받으면 아껴 쓰고, 저축해야 한다", "남에게 빚지지 않고 살아야 한다", "빚을 지는 것은 인생이 망하는 지름길이다" 등으로 거의 비슷하다. 그러므로 성인이 되어서도 절약을 최고의 미덕, 은행에 빚지는 '대출'은 무조건 안 좋은 것이라 여기며 살아가는 것은 자연스러운 일이다.

하지만 보통의 직장인들은 월급을 아무리 아끼고 아껴 저축하더라도 수도권에 집 한 채 마련하기 힘든 것이 현실이다. 이율이 좋았던 과거에는 저축만으로도 돈을 벌 수 있었지만, 지금은 아니다. 이제는 과거의 방식만 고집해서는 부자가 될 수 없다. 부자가 되기 위해서는 보통 사람들의 방식은 버리고, 부자들이 돈 버는 방식으로 갈아타야 한다.

부자들은 '효율성' 따지기를 좋아하기 때문에 어떻게 하면 적은 돈에게 최대한으로 일을 시킬 수 있을까를 항상 고민한다. 그래서 부자들은 대출, 즉 레버리지를 적극적으로 활용하는 것이다.

'레버리지를 활용하는 것이 좋다'고 백번 말만 하는 것보다 사례에 적용하여 비교해보는 것이 이해가 쉽고, 훨씬 더 와닿을 것이다. 부자들은 레버리지를 어떻게 활용하는지, 그리고 활용하면 어떤 점이 얼마나 좋은지를 나의 실제 사례를 통해 살펴보자.

나는 일산의 오피스텔을 1억 7,500만 원에 매입하였고, 이곳을 보증금 1,500만 원에 월세 135만 원으로 임대를 놓았다. 이 사례를 통해 온전히 나의 자본만 활용(현금 100%)하여 투자했을 경우와 레버리지를 활용하여 투자한 경우의 수익률을 비교해보려고 한다. 단, 여기서는 매매차익(시세차익)은 제외하고 월세 수익만을 따지겠다.

먼저, 현금 100%로 투자한 경우에는 투자금액이 1억 6,000만 원(매입가 1억 7,500만-임차인 보증금 1,500만)이 된다. 연간 거두는 수익은 1,620만 원(월세 135만×12개월)으로, 이 경우의 수익률은 약 10%(수익 1,620만/투자금 1억 6,000만×100%)이다.

그러나 나는 오피스텔 매입금액의 80%인 1억 4,000만 원을 은행에서 대출받았다. 대출이자율을 4%라고 계산해본다면 매월 약

46만 원의 이자를 부담해야 하지만, 실제 투자금은 2,000만 원(매입가 1억 7,500만-대출금 1억 4,000만-보증금 1,500만)이 된다. 대출이자를 내면 매월 얻는 순수익은 89만 원(월세 135만-이자 46만)이고, 연간 수익은 1,068만 원이다. 계산해보면, 이때의 수익률은 무려 약 53%(수익 1,068만/투자금 2,000만×100%)가 된다. 사실 이 사례의 물건에서 실제로는 대출이자가 4% 미만이었기 때문에 내가 얻은 수익은 이보다 더 크다.

100% 현금 투자 시	
매입가	1억 7,500만 원
(−) 보증금	1,500만 원
실제 투자금	1억 6,000만 원

월세	135만 원
연간 수익	1,620만 원

▼

실제 투자금	1억 6,000만 원
연간 수익	1,620만 원
*수익률	10%

레버리지 활용 시	
매입가	1억 7,500만 원
(−) 보증금	1,500만 원
(−) 대출금 (매입가의 80%)	1억 4,000만 원
실제 투자금	2,000만 원

월세	135만 원
(−) 대출이자 (이자율 4%)	46만 원
월 순수익	89만 원
연간 수익	1,068만 원

▼

실제 투자금	2,000만 원
연간 수익	1,068만 원
*수익률	53%

* 수익률 = 연간 수익/실제 투자금×100%

이처럼 레버리지를 활용하면 100% 자기 자본만으로 투자했을 때와는 비교할 수 없는 수준의 수익률을 거두게 된다.

현금으로만 투자했을 때의 연 수익이 1,620만 원이고, 레버리지를 활용했을 때의 연 수익은 1,068만 원이면, 연 수익이 더 많은 전자가 더 좋은 것 아니냐고?

생각해보아라. 전자의 경우에는 1억 6,000만 원을 썼지만, 후자의 경우에는 단 2,000만 원만을 썼다. 그러므로 후자의 방식으로 투자를 한 사람에게는 아직 나머지 1억 4,000만 원이 남아 있다. 이 돈을 고이 모셔두려고 했다면 아직 부자의 사고방식이 완벽히 장착되지 않은 것이다. 돈은 모셔두어야 할 존재가 아니라, 계속 일을 시켜야 하는 존재다. 따라서 대출을 활용한 사람은 나머지 1억 4,000만 원으로 같은 오피스텔을 무려 7채나 더 살 수 있는 셈이다! 그렇게 되면 수익은 월 712만 원(89만 원×8채), 연 8,544만 원(712만 원×12개월)이 된다.

수익률의 의미를 잘 모를 경우에는 그저 수익이 큰 전자의 투자가 더 좋게 보일 수도 있다. 수익률은 간단히 말해 돈이 얼마나 일을 열심히 했는지를 보여주는 지표라고 생각하면 쉽다. 수치가 높을수록 돈이 열심히 일한 것이다.

이제 확실히 비교가 되는가? 레버리지 활용 여부로 인해 같은 돈을 가지고 있는 누구는 연 1,620만 원을 버는데, 누구는 연 8,544만 원을 벌게 되는 결과가 나오는 것이다!

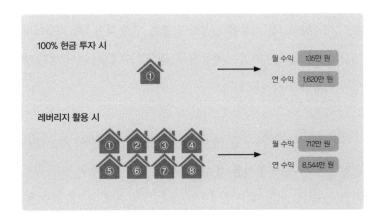

사례를 통해 살펴보았듯 돈에게 최대한의 일을 시키는 방법은 레버리지를 활용하는 것이다. 돈을 최대한 효율적으로 활용하기 위해서는 보통 사람들이 가지고 있는 고정관념, 바로 '대출'에 대한 부정적인 생각을 버려야 한다. 내가 가지고 있는 자본만 활용하려 한다면 돈이 불어나는 속도가 더딜 수밖에 없고, 이렇게 되면 부자의 길에서는 점점 멀어질 뿐이다.

이때 대출이자를 부담해야 한다는 생각에 걱정이 앞설 수는 있다. 하지만 이것 하나만 기억하면 된다.

'은행 대출은 대출이자보다 월 수익이 더 많이 나오는 경우에만 활용할 것!'

사실 대출이자보다 수익이 적게 나오는 투자는 투자라고 할 수도 없다. 그런 투자는 절대 해서는 안 되는 투자이다. 앞에서 '투자를 시작하는 것보다 공부를 완성하는 것이 먼저'라고 강조한 이유도 이 때문이다. 공부를 완성하면 좋은 투자 대상, 즉 대출이자 이상의 수익을 낼 수 있는 부동산을 골라낼 수 있는 눈이 생길 것이니 걱정하지 않아도 된다.

다만, 부동산에 투자할 때 대출을 활용한다고 해서 모두 좋은 것만은 아니다. 부동산을 살 때 활용하는 대출 중에도 좋은 빚과 안 좋은 빚이 있다. 자신이 거주할 집을 사기 위해 대출을 많이 받는 경우, 소위 빚을 깔고 앉아 있다고 표현한다. 이 경우는 말 그대로 빚을 온전히 부담하고 있는 형태로, 이는 안 좋은 빚에 속한다. 대출이자를 상쇄시킬 추가 소득이 없기 때문에 급여의 대부분이 대출이자 및 원금상환을 하는 데 지출되어 무척 팍팍한 삶을 살게 된다.

그에 반해 월세를 받을 수 있는, 자세히 말해 대출이자를 갚고도 월 순수익이 나오는 부동산을 사기 위해 활용하는 대출은 수익률을 최대한으로 끌어올려 주는 아주 좋은 빚이다.

나는 지금도 부동산을 매입할 때는 레버리지를 최대한 효율적으로 활용한다. 과거에도 그러했고, 앞으로도 그럴 것이다. 레버리지를 활용해서 2,877만 원의 빌라를 실제 현금 262만 원만 들이고 매입한 적도 있다. 그 후 이 빌라를 보증금 1,000만 원에 월세

45만 원의 조건으로 임대를 맞췄더니 대출이자를 납부하고도 나에게는 매월 30만 원의 수익이 들어왔다. 4년 2개월간 소유하고 있었기 때문에 이 빌라를 통해 얻은 임대수익은 1,500만 원(월세 30만 원×50개월)이었으며, 이 빌라를 팔면서는 개발 호재로 시세가 올라 무려 1억 1,438만 원의 매매차익까지 거둘 수 있었다.

놀랍지 않은가? 262만 원의 돈에게 일을 시켜 총 1억 2,938만 원의 수익을 거둬들인 것이다!

3,920만 원의 오피스텔을 매수했을 때에도 대출을 활용해 실제 1,000만 원 미만의 투자금이 들어갔으며, 1억 3,800만 원짜리 상가 역시도 은행 대출과 임차인의 보증금을 받아 2,000만 원이 채 안 되는 현금으로 매입할 수 있었다. 확실한 월세가 확보되는 부동산이었기에 걱정 없이 레버리지를 활용할 수 있었던 것이다.

부자가 되기 위해서는 이처럼 적절하게 레버리지를 활용할 줄 알아야 한다. 대출 없이 자신의 돈으로만 투자하려는 사람과 레버리지를 활용하여 투자를 하는 사람의 10년 후 결과는 비교할 수 없을 테니 말이다.

은행만 당신의 돈을 활용하도록 둘 셈인가? 당신의 돈을 빠르게 불려 줄 이렇게 좋은 제도가 있는데 활용하지 않을 이유가 대체 무엇인가?

한 가지만 기억하라. '수익이 확실한' 투자에서는 레버리지를 최대한 활용할 것! 은행이 당신의 돈을 활용해서 배를 불리듯 당신도 은행의 돈을 적극 활용하여 당신의 부를 늘려라.

> **EXIT 노트 16**
>
> 보통 사람은 자신의 돈으로만 투자하려 하고, 부자는 은행의 돈을 활용하여 투자한다.
>
> 대출이자보다 받게 될 월세가 훨씬 크다면 레버리지를 적극 활용해도 안전하다.

08

부자의 시각으로
전환하라

여러 경험을 해오며 느끼건대 보통 사람과 같은 시선으로 바라보면 기회를 만들어낼 수가 없다. 그래서 난 언제부턴가 어떤 사물을 바라볼 때도 겉으로 보이는 것으로만 판단하지 않고 항상 한번씩 뒤집어 생각해보는 습관이 생겼다.

부자가 된 사람들을 보면 보는 시각을 달리해 기회를 잡은 이들이 대부분이다. 부자들은 사람들이 만들어놓은 선입견에 빠지지 않으려고 부단히 노력한다. 이처럼 겉에 보이는 것이 아닌 그 이면을 생각해보는 것이 바로 부자의 시각이다.

우리는 어떤 상품의 이름만 들어도 평소에 갖고 있던 이미지를 떠올린다. 이른바 선입견이다. 깔끔한 원룸 건물과 허름한 고시원 건물이 있다고 해보자. 만약 당신에게 이 둘 중 하나를 선택하라고 한다면 무엇을 택하겠는가?

대부분은 원룸 건물을 택할 것이다. 왜냐하면 현재의 외관도 외관이지만, 원룸 건물이라고 하면 주로 깔끔한 사회초년생 직장인들이 살며 돈 많은 건물주가 월세를 받는 모습이 떠오를 것이고, 고시원이라 하면 허름하고 빨래는 여기저기 널브러져 있는 우중충한 분위기부터 떠오를 것이기 때문이다. 이것이 바로 선입견에 갇힌 보통 사람들의 시각이다.

"송사무장님이 찾으시던 고시텔 매물이 저렴하게 나왔는데 한번 검토해보시겠어요?"

"괜찮은 매물이 나왔나 보군요. 얼마에 나온 매물인가요?"

"시세보다 정말 저렴한 것은 확실합니다. 제가 알아보니 매물로 나온 지는 1년이 넘었는데 거래가 안 되었다고 해요. 그런데 약간 애매한 부분이 있습니다. 개인 화장실이 없고 각 방에 샤워실만 있는 물건입니다. 그런데 사무장님은 긍정적으로 검토하실 수 있을 것 같아서 전화드렸어요."

"네, 알겠습니다. 한번 검토해보겠습니다."

이전에도 몇 번 거래를 해왔던 공인중개사에게서 전화가 왔다. 그 전에 허름한 고시원이어도 가격이 저렴하고 교통 여건이 좋은 곳이라면 매입할 것이니 매물을 알아봐달라는 얘기를 한 적이 있는데, 그런 물건을 찾았다며 전화를 한 것이다.

바로 현장으로 달려갔다. 겉모습을 보니 너무 오래되어서인지 페인트칠이 다 벗겨져서 정말 흉측했다. 이 모습을 보자마자 왜 오랫동안 거래가 되지 않았는지 단번에 알 수 있었다. 이곳은 소유자가 직접 운영을 하고 있는 고시원이었다. 안으로 들어가서 소유자와 직접 면담을 했다. 공인중개사의 포장된 브리핑을 듣는 것보다 직접 운영하는 사람의 말을 듣고 싶었다.

그녀와 대화를 나눈 후, 나는 이 물건을 매입하기로 결정하였다. 이뿐만 아니라 그녀가 인근에 갖고 있던 또 하나의 물건까지도 매입하기로 했다. 소유자는 이 고시원을 10년이 넘도록 운영해왔는데, 시설이 노후되니 공실이 하나둘씩 늘기 시작한 것이다. 그동안 어느 정도 돈을 벌었기에 이곳에 더 투자하여 리모델링을 할 수도 있지만, 나이가 드니 힘들다며 이제는 전원주택에서 쉬고 싶다고 하였다. 하지만 그동안 고시원이라는 이미지로 인하여 임대는 수월했으나, 매매는 수월하지 않았던 것이다. 그녀는 젊은 친구가 이 낡고 허름한 고시원을 매입한다는 것이 반갑기도 하면서 신기했는지 나를 계속해서 쳐다봤다.

이 물건은 전철역에서 1분 거리에 있고, 방이 무려 67개나 되었는데도 1년 넘게 매물로 나와 있는 상황이었다. 아무도 관심을 두지 않았던 것이다. 왜 그랬을까? 건물의 외관이 허름하고, 내부도 허름했으며, 보통 상상하는 칙칙한 고시원 그대로의 모습이었기 때문이다. 아니, 실제로는 스릴러 영화에 나올 법한 모습에 더 가까웠다. 이 물건을 매입한 후 수리하지 않고 잠시 그대로 운영하는 동안 총무를 구한 적이 있는데, 신입 총무가 하루 만에 그만두겠다고 했을 정도니 말이다.

그러나 나는 이런 모습에 흔들리지 않고 매입할 때부터 현 상태가 아닌 바뀔 모습만을 상상했다. 나는 이 물건을 마치 고시원이 아닌, 역에서 가까운 67개의 원룸이 있는 건물이라고 생각했다.

같은 물건을 어떻게 해석하느냐에 따라 투자를 할 것인지 여부가 완전히 바뀌게 된다. 나는 바뀐 모습을 상상하며 이 부동산을 이쁘게 보았고, 다른 사람들은 현재의 모습만 보고 안 좋게 판단한 것이다.

나는 이 물건을 매입하고 올수리를 하여 입실가격을 올렸는데, 결과는 어땠을까? 종전에 18~22만 원 수준이던 가격을 40~60만 원으로 올렸고, 이 물건은 수리 후 두 달 만에 만실로 채워졌다.

나는 이 시기에 이 물건을 포함하여 총 8개의 고시원을 매입하였다. 부자의 시각으로 바라봤을 때 괜찮은 투자 대상으로 보였고, 아무도 크게 관심 갖지 않았던 물건들을 과감하게 매입한 것이므로 다른 사람들과 경쟁하지 않는 조용한 투자가 가능했다.

사실 내가 고시원에 관심을 갖게 된 것은 셰어하우스 열풍이 불면서부터다. 셰어하우스는 서울에 허름한 단독주택이나 아파트를 저렴하게 임차하여 깔끔하게 인테리어를 하고, 이 공간을 함께 쓸 여러 명의 입실자를 구하여 수익을 올리는 방식이다. 예를 들어, 500/30만 원으로 월세를 얻어 그곳을 예쁘게 꾸민 후에 추가로 3~4명의 룸메이트를 구하여 그들에게 총 130만 원의 입실료를 받아 월세를 제하고도 100만 원 정도의 추가 수익을 올리는 방식이다. 참 쉬운 투자 방법이다. 월세를 구할 보증금만 있으면, 그곳에 약간의 인테리어를 하여 룸메이트에게 세를 걷어 수익을 얻는 방식이니 말이다.

　열풍이 불던 당시 셰어하우스는 계속해서 늘어났다. 개인이 아닌 기업에서도 이 시장에 진출하기 시작했고, 기업의 경우에는 건물을 통째로 셰어하우스로 세팅하기도 했다. 셰어하우스의 주거 비용이 그리 저렴한 편도 아닌데 이렇게 공급이 늘어나는 것을 보고, 나는 1인 임대 시장의 수요가 상당히 많다는 것을 확인할 수 있었다.

　1인 가구의 풍부한 수요가 있는 것은 확인했으니, 교통 여건이 좋은 곳의 고시원을 매입하여 셰어하우스 수준만큼 인테리어를 했을 경우를 상상해보았다. 프리미엄 고시텔은 침실과 욕실까지 독립적으로 사용할 수 있으므로 내가 만약 셰어하우스 입주를 고민하고 있는 입장이라면 별 고민 없이 바로 프리미엄 고시텔을 택할 것이라 생각하여 그때부터 적당한 고시원 매물을 찾고 있던 것이다.

그 예상은 그대로 적중했다. 낡은 고시원을 매입하여 셰어하우스 수준으로 인테리어를 한 후, 가격을 기존 고시텔에서 받던 금액보다 30% 이상을 인상했음에도 불구하고 인기가 무척 좋았다. 즉, 수요는 있었지만 그동안은 이런 시스템을 공급하는 곳이 없었던 것이다.

이처럼 부자의 시선으로 바라보면 평소에 관심받지 못하던 물건들도 수익을 낼 수 있는 대상이 된다. 부자의 시각이라는 건 별 게 아니다. 다른 사람들이 관심 갖지 않는 그 무언가에서 가능성을 엿보고, 드러나 있지 않던 수요를 찾아내는 눈. 그것이 바로 부자의 시각이다.

남들과 같은 시각으로 세상을 바라보면 남들과 같은 길을 걸어갈 수밖에 없다. 부자가 되려면 보통의 시각과는 다른 부자의 시각을 가져야 한다. 대중은 현재의 모습만 보지만, 부자는 바뀔 모습을 생각하며 투자를 결정한다는 사실을 기억하라.

부자의 시각으로 세상을 바라보는 때가 온다면, 그때부터는 돈이 모이거나 흩어지는 메커니즘이 선명하게 보이기 시작할 것이다.

EXIT 노트 17

부자의 시각이란 물건의 현재 모습이 아니라 바뀔 미래의 모습을 그려보는 것이다. 물론, 그 이전에 수요에 대한 파악은 필수다.

———— **09** ————

성공한 사람을
곁에 두어라

우리가 어떠한 결정을 내릴 때 가장 큰 영향을 받는 것은 무엇이라고 생각하는가? 인지하고 있었는지는 모르겠지만, 그것은 바로 주변 사람들의 의견이다. 중요한 결정을 해야 하는 순간이 온다면 당신은 분명 주변인, 특히 그와 비슷한 결정을 내려본 경험이 있는 사람에게 조언을 구하려 할 것이다.

가까운 예를 들어보자. 인터넷상에서 어떤 상품을 구매할 때를 생각해보라. 상품에 대한 설명이나 광고가 실려있는 메인 페이지보다는 구매자들이 남겨놓은 리뷰와 후기를 더 신뢰하지 않는가? 어떤 상품이 필요하지만 아직 브랜드를 결정하진 못한 상태라고 해보자. A 브랜드 페이지에 들어갔는데 안 좋은 상품평이 눈에 띈다면, 당신은 바로 창을 닫고 다른 브랜드의 상품을 검색하기 시작할 것이다.

이런 작은 상품을 구매할 때뿐만 아니라 당신이 지금까지 살아오면서 더 중요한 선택을 내릴 때 역시도 주변인들의 조언이 상당한 영향을 끼쳤을 것이다. 그로 인해 결과는 어떻게 되었는가?

몇천에서 몇억까지 하는 차를 구매할 때도 이미 마음속으로 정해두었던 차종이 있었으나 주변의 친구나 경험자의 조언에 따라 차종이 바뀌기도 하고, 심지어 대학에 입학할 때도 인생에 큰 영향을 줄지도 모르는 전공이 주변의 어른들이나 선배들의 조언에 따라 하루아침에 바뀌기도 한다.

이처럼 사람은 주변의 어떤 이들이 어떤 조언을 하느냐에 따라 구매하는 상품이 달라지기도 하고, 진로가 바뀌기도 하며 심지어는 인생이 바뀌기도 한다!

내가 나이트클럽에서 4년 반 동안의 혹독한 준비 기간을 거친 후, 부동산 투자로 승부를 보기 위해 세상에 나왔을 무렵이다. 공부를 해오면서 부동산 투자 중에서도 특히 '부동산 경매'라는 방법에 큰 메리트를 느껴 경매에 대해 집중적으로 공부해왔고, 앞으로의 투자 방향도 경매로 잡으려 결정한 상태였다. 그러던 중 때마침 동창에게서 2년 전부터 경매 전문가들과 함께 근무하고 있는 친구가 있다는 소식을 듣게 되었고, 그 분야를 먼저 경험한 선배로서의 조언을 얻기 위해 만나게 되었다. 그때 그 친구가 웃으며 나에게 했던 말이 아직도 생생하게 기억난다.

"이제는 경매로 밥벌이하는 건 너무 힘든 시기야…. 과거엔 좋았지만, 이미 좋은 시절은 다 갔어. 다른 분야도 한번 알아봐. 나도 처음에는 너처럼 큰 희망을 품고 이 분야에 뛰어들었는데 1년 정도 해봤지만 신통치 않더라고. 그래서 이제 경매는 접으려고."

친구 녀석의 이 한마디는 큰 뜻을 품고 이 분야에 진입하려는 나의 어깨를 축 늘어뜨리기에 충분했다. 그 친구는 마치 경매 투자에 대한 모든 것을 아는 듯 나에게 조언과 넋두리를 늘어놓았고, 이때는 멘탈이 강하다고 자부하는 나 역시도 경험자인 친구의 부정적인 의견을 그냥 무시하기는 힘들었다.

하지만 다행히도(?) 당시 나에게는 다른 선택지가 없었기에 무조건 이 시장에서 승부를 봐야만 했다. 그래서 나는 결심했던 대로 밀고 나가보기로 결정했지만, 대부분의 사람들은 이렇게 주변의 유경험자나 해당 분야의 종사자에게서 부정적인 말을 듣게 되면 자신의 선택을 우직하게 밀어붙이기란 힘들 것이다.

내가 만약 그때 친구의 말만 듣고 시작도 해보기 전에 이 길을 포기했더라면 어떻게 됐을까? 상상은 당신에게 맡기겠다.

이처럼 주변인의 조언은 당신에게 득이 될 수도 있지만, 반대로 당신 인생의 방해물이 될 수도 있다. 그래서 주변에 어떤 사람들이 있는지는 굉장히 중요하다. 주변에서 어떤 조언을 듣느냐에 따라 당신의 인생이 어떻게 바뀔지 모른다.

주변인은 앞으로 인생을 살아가는 동안에도 물론 중요하지만, 부자가 되고 싶은 당신의 인생에서 가장 중요한 시기가 될 부자되는 공부를 완성하는 시기에는 특히 중요하다. 이 시기에는 완주할 수 있는 환경을 만드는 것에 집중해야 한다.

만약 당신이 "앞으로 나는 몇 년 안에 일을 하지 않아도 될 정도의 부자가 될 거야"라고 말한다면 과연 주변의 반응은 어떨까? 아마 그들에게 원하는 답이나 격려를 듣기는 매우 힘들 것이다. 오히려 이상한 눈으로 쳐다보며 "허무맹랑한 상상은 하지 마. 그런 방법이 있다면 대체 누가 하지 않았겠어? 그리고 투자해서 잘 된다는 보장도 없는데 괜히 돈 잃지 말고 본업에나 충실하렴. 틈틈이 여가를 즐길 수 있는 것만으로도 살만한 인생이야"라고 말하며 당신의 희망을 산산조각 낼 가능성이 높다. 위 멘트는 나이트클럽에서 나의 미래에 관해 얘기를 했을 때 동료들로부터 들었던 말이다. 부자가 아닌 사람들의 대답은 정도만 다를 뿐 결론은 거의 비슷하다.

내가 겪었던 이런 경험들 때문에 나는 제대로 준비하지 않은 채 도전했다가 실패한 사람들을 가장 경계한다. '실패'를 한 사람이기 때문에 경계하는 것이 아니다. '제대로 준비하지 않고' 실패를 했다는 것이 문제인 것이다.

물론 새로운 분야에 도전할 때는 좋은 면만 봐서는 안 된다. 실패를 피하기 위해서는 성공담보다 오히려 실패담이 더 도움 되기도 한다. 그 사람이 어떤 점이 부족해서 실패를 했는지가 잘 드러나는 경험담은 당신이 시행착오를 줄일 수 있도록 도와준다.

그런데 문제는 대부분의 실패한 사람들은 자신이 부족해서 결과가 안 좋았다는 사실은 감추고, 무조건 그 길 자체를 부정하는 경향이 있다는 점이다. 그리고 특히 이런 사람들일수록 모든 것을 다 아는 것 마냥 목소리를 높여 이야기하는 것이 특징이다.

잠자리에서 기분 나쁜 꿈을 꾼 것만으로도 하루 종일 뒤숭숭하고 불안한 마음이 생기는데, 인생에서 가장 중요한 결정을 내려야 할 순간에 안 좋은 이야기를 듣게 된다면 불안한 마음이 드는 것 이상으로 아예 시작하기를 포기해 버릴 가능성이 훨씬 크다. 사람이란 부정적인 의견을 듣게 되면 시작도 해보기 전에 위축되고 판단이 흐려지기 마련이니까.

이런 이유로 나는 자신의 부족함은 감추고 단지 그 시장을 부정적으로만 얘기하는 뻔뻔한 실패자들과는 오랜 대화를 나누지 않는다. 철저한 준비와 노력을 제대로 해보지 않은 사람은 자신의 부족함이 무엇이었는지 알지도 못하므로, 이들의 이야기는 배울 점 하나 없는 그저 실패 경험담일 뿐이다.

꼭 기억하라. 당신의 주변인이 실패했다고 그 분야의 모든 사람이 실패하는 것은 아니다. 나는 "경매는 이제 끝물이다"라는 말이 시장 분위기를 압도하던 시기에 경매 투자를 시작했지만 성공하여 부자가 되었다.

내가 이 분야에 발을 들여놓은 후 다시 분위기가 좋아진 것 아니냐고? 아니, 오히려 내가 투자를 시작하고부터는 분위기가 더 안 좋아진 적은 많았어도 좋아진 적은 거의 없었다. 지금도 역시 "이미 경매 분야는 포화상태라 이제 부동산 경매로 수익 내기는 힘들다"는 말은 꾸준히 들려온다. 이런 말을 하는 이들의 대부분은 노력 없이 실패한 사람들이다.

남들이 말하는 좋지 않은 시기에 시작한 나뿐만 아니라 내 제자들 중에도 정말 많은 부자들이 탄생했다. 투자는 시기에 맞춰 시작하는 것이 아니라 각 시기에 적응하며 해나가는 것이다. 충분한 노력을 해본 사람은 자신의 부족함을 탓하지 시기를 탓하지 않는다.

중요한 것은 같은 시기, 같은 분야에 도전하여 실패한 사람도 있지만, 분명 성공하여 부자가 된 사람도 있다는 사실이다. 어느 분야든 마찬가지다. 경기가 좋든 나쁘든 실패하는 사람과 성공하는 사람이 공존한다. 경기가 항상 좋을 수만은 없으므로 안 좋은 분위기 속에서도 부자가 되는 방법을 공부해야 한다. 신세 한탄으로 가득한 실패담을 듣고 마음 흔들리며 낭비할 시간이 없다. 배울 점이 있는 실패담을 타산지석으로 삼고, 성공한 사람을 멘토로 삼아라.

이쯤에서 나의 동갑내기 친구 이야기를 해볼까 한다.

나에게는 3년 넘게 배드민턴 파트너로 함께 한 동호회 친구가 있었다. 꽤 오랜 기간 호흡을 맞춰 왔지만, 이 친구는 그때까지도 내가 정확히 누구인지는 모르고 있었다. 나는 본래 조용한 성격이라 낯선 곳에 가면 말을 거의 하지 않는 편이고, 지인들과 어울릴 때도 말하는 것보다는 듣는 것을 더 선호한다. 그리고 업무와 관련된 자리가 아니라면 굳이 내 신분을 밝히지 않는다.

그러던 중 언젠가 그 친구가 처음으로 경제적 어려움을 토로한 적이 있다. 대기업을 다니고 있음에도 말이다. 대화를 나누면서 그가 과거에 부동산 투자로 크게 좌절한 적이 두 번이나 있었고, 그 기억으로 인해 직장 다니는 것 외에는 어떠한 시도도 하지 않고 있음을 알게 되었다.

"부동산 공부를 한번 해보는 건 어때?"

나는 원래 먼저 권하는 스타일이 아니다. 간절한 마음을 가지고 나에게 직접 찾아오는 사람들 중에도 중도에 포기하는 사람이 생기는데, 권유로 시작하는 사람은 그 간절함의 정도가 약해 중도에 포기할 가능성이 훨씬 높다고 생각하기 때문이다.

친구는 아이를 해외로 유학 보내 키우고 있었고, 해외에서 국제학교의 수업료뿐 아니라 주거비 및 생활비까지 부담해야 하는 코스를 진행하고 있었다. 그래서 대기업에 다니고 있었음에도 그 모든 것을 부담하기에는 버거움이 있던 것이다.

그가 만약 현재의 삶에 만족하고 있었다면 굳이 먼저 권하지는 않았을 텐데, 경제적인 어려움을 겪고 있는 친구의 모습이 참 힘들어 보여 권한 것이었다. 그러나 내 예상과는 달리 친구는 손사래를 치며 말했다.

"나는 지금까지 2번 정도 경험을 해봤는데 부동산은 나하고는 안 맞는 것 같아. 내가 부동산을 사면 가격이 떨어지고, 팔면 오르더라고. 그게 적은 금액도 아니고, 정말 운도 지지리도 없다 할 정도로 말이야."

그리고 친구는 말을 이어갔다.

"내 생각해주는 건 정말 고마워. 근데 주변에서도 이제는 다들 말려. 부동산 투자를 했다가 손해를 보거나 돈이 묶인 지인들이 여럿 있거든. 그걸 보니 부동산은 정말 아닌 것 같았어. 난 앞으로 부동산은 쳐다보지도 않으려고…."

이야기를 들어보니, 과거의 부동산 투자에서 안 좋은 결과를 맛봤던 기억과 계속해서 주변에서 들려오는 실패담으로 인해 친구는 부동산과는 아예 담을 쌓아버린 것이었다. 차라리 부동산 경험을 전혀 해보지 않았더라면 더욱 나을 뻔했다. 이 친구는 주변의 실패담에 더하여 본인의 실패담도 가지고 있는 경우였기에 훨씬 더 어려운 케이스였다. 이 친구에게는 이전의 투자에서 본인이 왜 실패를 하게 되었는지도 이해시켜야만 했다.

"한 가지만 물어볼게. 네가 처음 부동산에 투자했을 때 말이야.

투자에 대한 공부를 충분히 한 후에 결정한 거였어?"

"아니…. 그건 아닌데, 주변에서 분명히 오를 거라는 이야기를 들었어. 근데 그런 소문만 듣고 투자한 것은 아니야! 주변에 있는 여러 부동산중개업소에 들러서 중개사들의 의견을 다 들어보고 종합해서 신중히 결정한 거였다고."

"중개사들의 의견만 듣고 조사를 다 했다고 할 수는 없어. 그리고 중개사들의 의견이 항상 맞는 것은 아니어서 그들의 의견을 듣고 주변 시세 파악 등을 해서 최종 판단을 하는 것은 너의 몫인 거지. 옳은 판단을 하기 위해서는 사전에 부동산에 대한 공부가 필요한 것이고. 그러면 부동산 투자를 하지 말라고 얘기하는 주변 지인들 중에는 부동산 공부를 많이 했거나 부동산으로 돈을 벌어 본 사람이 있어?"

"아니. 내가 알기론 부동산에 대해 특별히 공부한 사람들은 없어. 근데 공부를 한다고 뭐가 특별히 달라져? 투자는 타이밍 아니야?"

"대부분의 사람들이 부동산은 운이라고 생각하는데, 절대 아니야. 부동산은 반드시 공부가 필요한 분야야. 공부를 하면 실패 확률은 낮추고 성공할 가능성은 확연하게 높일 수가 있거든. 네가 말하는 그 타이밍도 공부를 해야만 정확히 파악할 수 있는 거고. 소문이나 언론에서 떠드는 말만 듣고 타이밍을 판단해서는 안 돼. 공부를 한 사람은 그런 소문에 휩쓸리지 않고 사실을 정확하게 판단할 수 있어. 그렇기 때문에 결과 차이가 정말 크게 나타나는 분야가 바로 부동산이야."

이 한 번의 조언으로 바로 친구의 마음이 동하기를 기대하는 것은 무리였다. 특히나 내가 누구인지 모르는 상태에서는 더더욱 말이다. 그래서 시간 날 때 심심풀이로 읽어보라며 책 한 권을 선물해줬다.

그 후 어느 날, 운동이 끝나고 그 친구가 불쑥 나에게 한마디 내뱉는다.

"나도 공부하면 정말 부동산으로 돈을 벌 수 있을까?"

"그럼, 당연하지. 드디어 공부해보기로 마음먹은 거야?"

"응. 그날 네 말을 처음 듣고 나서부터 이상하게 마음이 싱숭생숭했는데, 책을 읽어보니 그동안 내가 너무 갇힌 생각만 하고 있었다는 걸 깨달았어. 그리고 네가 부동산으로 그렇게 성공한 사람인지 모르고 네 조언을 너무 가볍게 들었던 것 같아. 미안해."

선물했던 책에 적혀있던 내 이름을 본 모양이었다. 친구는 말을 이어갔다.

"내가 아직도 부동산에 미련이 남아있다는 게 신기하지만, 시작도 안 해보면 나중에 정말 후회할 것 같아서. 그리고 네가 옆에 있으니 든든하기도 하고. 네가 하라는 대로 공부 한번 제대로 해볼게!"

"잘 생각했어. 내가 알려주는 대로만 잘 따라온다면 너도 어느 순간부터는 부자의 길을 걷고 있을 테니 너무 걱정하지 마."

친구는 나의 예상보다 훨씬 더 열심히 공부했고, 내가 일러준 방법 그대로 성실하게 실천해갔다. 그 후 그는 과연 어떻게 되었을까?

공부를 시작하고 불과 3년 만에 1,000만 원이 넘는 월세를 받는 건물주가 되었다. 대출이자 등을 제외한 순수익으로 말이다! 매매차익 역시도 상당하다. 참고로 나는 그에게 공부하는 방법을 알려준 것 외에는 가격이 오를 부동산을 추천해 주거나 하는 등의 도움을 준 적이 없다. 오직 그가 스스로 이뤄낸 결과였다.

그는 공부를 하며 부동산에 대한 부정적인 시각을 버리게 되었고, 굴레의 삶에서 벗어나 지금은 직장을 부업이라 여기며 인생을 즐기고 있다. 그는 더 큰 목표를 위해 지금도 꾸준히 노력 중이다.

친구가 만약 그때 나의 조언을 듣지 않았더라면, 아마 지금도 직장에 얽매여 사는 평범한 직장인의 삶을 살고 있을 것이다. 친구가 현재도 직장생활을 하고 있는 것은 맞지만, 넉넉한 월세를 받는 상황에서의 직장생활은 또 다른 느낌이리라. 이처럼 주변의 어떤 사람에게 어떤 조언을 듣느냐에 따라 인생의 터닝포인트를 맞이할 수도, 못 할 수도 있다.

다시 한번 강조하지만, 부자가 되고 싶거나 어떤 분야에서 성공하고 싶다면 실패한 사람이 아닌 성공한 사람의 말을 더 귀담아들어라.

주위에 실패한 사람 또는 노력조차 해보지 않은 이들로 가득하다면, 아무리 작은 난관을 만나더라도 '그것 봐. 역시 안 되는 거였어. 친구들이 말한 대로 욕심부리지 말고 그냥 살걸'이라며 자기합리화를 한 채 쉽게 포기하고 본래의 생활로 복귀해버리고 만다.

그러나 주위에 성공한 사람이 있다면, 그의 조언이나 성공담을 통해 '난 어떤 난관을 만나도 헤쳐 나갈 수 있고, 다음 단계만 넘어서면 괜찮을 거라는 걸 알고 있어'라고 확신하며 지속할 수 있는 힘이 생긴다.

성공한 사람이 꼭 가까이에 있어야 하는 것은 아니다. 물론 그가 가까운 곳에 있다면 가장 좋겠지만 그게 아니어도 괜찮다. 또한 그가 크게 성공한 이가 아니어도 괜찮다. 당신에게 다음 단계를 조언해줄 수 있을 정도로 앞서가는 사람이면 충분하다. 주변에 이런 사람이 없다면, 책에 나오는 어떤 위인을 그 대상으로 삼아도 된다. 주변의 말에 휘둘리지 않도록 해줄 수 있는 사람의 말에 귀 기울인다는 것이 중요한 것이다.

부자가 되고 싶다면 부자의 말을 더 귀담아들어야 한다. 주변에 부자가 많으면, 또는 부자가 되기를 꿈꾸는 이가 많으면 부자의 길로 가는 것이 훨씬 수월해진다. 이것이 바로 부자의 곁에는 부자가 많고, 가난한 이의 주변에는 가난한 이들이 많은 이유다.

"

EXIT 노트 **18**

좋은 인맥을 형성하면 혼자 가는 것보다 훨씬 즐겁고 수월하게
부자되는 과정을 완주할 수 있다.

"

Chapter 3

3년 안에 부자되기

부자가 되는 시간,
3년

3년은 위대한 결과를 이뤄내기에 충분한 시간이다

10년이면 강산도 변한다는데, 한 사람의 인생이 바뀌는 데에는 과연 얼마의 기간이 필요할까?

나는 부자가 되기로 마음먹고 부자가 되기 위한 주된 방법으로, 일을 하지 않더라도 매월 월세가 나오는 시스템을 만들기 위해 월세 부동산을 집중적으로 공부했다. 공부를 하면 할수록 안정적으로 임대수익이 나오는 부동산을 골라내는 눈이 생겼고, 돈 버는 것이 점점 수월해졌다. 그렇게 나의 인생은 바뀌기 시작했다.

그간 해왔던 노력이 온전한 성과로 되돌아와 내 인생이 바뀌기까지 걸린 시간은 3년이었다. 물이 끓기 위한 임계점이 있는 것처럼 어떤 분야든 그간의 노력이 빛을 발하기 위해서는 뜸들이는 최소한의 시간이 반드시 필요한 법이다. 나에게는 그 시간이 3년이었던 것이다.

부동산 투자에서뿐만 아니라 그 후 내가 도전했던 많은 사업들도 마찬가지였다. 현재 여러 사업을 하고 있지만 사업의 성과 역시도 대부분 2~3년 내에 이루어졌다. 내가 운영하는 커뮤니티의 여러 회원들 역시 공부를 시작하여 긍정적인 결과를 만들어내기까지 3년 정도의 시간이 걸렸으니, 이 공식은 나에게만 해당되는 것이 아니다.

강의에 들어가면 처음 공부를 시작한 수강생들은 마치 갓 입학한 초등학교 1학년생들처럼 질문을 쏟아내곤 한다. 그중 가장 많이 받는 질문은 "저는 부동산에 관해 아무것도 모르는데, 저 같은 사람도 공부하면 부동산으로 수익을 낼 수 있을까요?"와 "공부를 완성하고 부자가 되려면 얼마나 걸릴까요?"이다.

나의 대답은 늘 같다. 지금의 고수들 역시 처음에는 아무것도 모르는 초보였고, 용어를 익히고 책을 읽으며 지식을 하나씩 쌓아가는 과정을 통해 공부를 완성해온 것이라고. 그리고 책이나 경험담 등을 통해 공부를 완성하기까지의 기간은 보통 2년 정도가 걸리며, 이렇게 공부한 지식을 활용하여 실전에서 수익을 내기까지는 대략 1년의 기간이 걸려 총 3년이면 가능하다고 말이다. 이는 앞서 소개했던 여러 사례를 통해서도 알 수 있을 것이다. 3년이라는 시간은 나뿐만 아니라 많은 제자들의 경험을 바탕으로 하여 나온 시간이니 신뢰해도 된다.

이에 대해 정말 겨우 3년밖에 안 걸리냐고 반문할 수도 있겠다. 하지만 아마 해보면 3년이 '겨우'의 기간은 아닐 것이다. 당신의 예상보다 짧은 기간일 수는 있으나, 보통 사람들이 포기하는 시점이 대개 시작 후 1년 전후라는 사실을 알면 3년은 결코 얕볼 수는 없는 시간이다. 실제로 많은 이들이 1년을 버티는 것도 힘들어한다. 일반적으로 사람들은 너무 쉽게 달아오르고 너무 쉽게 포기해버리는 경향이 있다. 이는 어느 분야든 마찬가지다.

내가 여러 분야에서 모두 긍정적인 결과를 이끌어낸 원동력 중 하나는 바로 처음부터 중장기로 계획을 세웠다는 점이다. 난 결코 어떤 것도 단기간에 승부를 보려고 하지 않는다. 단기간에 승부를 보고자 했다면 지금까지 성공시켰던 수많은 투자와 사업들도 결과가 좋지 못한 경우가 더 많았을 것이다. 모두 좋은 성과를 내기 시작한 것이 2~3년 즈음 되었을 때였으니까.

대부분의 사람들은 어떤 목표를 이루기까지의 기간을 최대한 짧게 잡으려 한다. 길게 잡아봐야 6개월 내지 1년이다. 처음에는 넘치는 열정으로 무조건 짧은 기간 내에 목표를 달성하겠다는 심산이겠지만, 시간이 흐르면 몸과 마음은 처음과 같을 수는 없다. 그러다가 목표한 기간이 지나버리고 나면 강했던 의지는 급격한 하락세로 접어들고, 기한 내에 성과가 나오지 않았다는 좌절감이 들면서 이내 포기해버리고 만다.

반면, 목표 달성까지의 기간을 처음부터 여유 있게 2~3년 정도로 설정해두면, 남들이 포기하는 1년 정도의 시점에서는 오히려 경쟁자들이 줄어들었다는 생각으로 더욱 힘을 낼 수 있게 된다. 대부분의 사람들이 힘들어하는 그 순간만 이겨내면 성공의 임계점은 넘기는 것이고, 이후 긍정적인 결과를 얻는 것은 훨씬 수월해진다. 이처럼 다른 사람과 목표 달성 기간만 달리 잡아도 성공 확률을 훨씬 높일 수 있다.

다만, 여기서 말하는 '3년'은 종잣돈 모으는 시간은 생략한 기간이다. 당신이 종잣돈을 어느 정도 모아놓은 상태라면 공부를 시작하여 부자가 되기까지는 3년이면 충분하다.

66

EXIT 노트 19

3년은 위대한 결과물을 만들어 내기에 충분한 시간이다.
어떤 목표든 중장기로 세워라.

99

---- **02** ----

종잣돈이 부족한 사람도
돈을 벌 수 있다

그러면 종잣돈이 적은 사람은 충분한 돈을 모으기 전까지는 아무것도 할 수 없는 것이냐고? 종잣돈이 부족한 사람들의 투자 성공 케이스도 있으니 벌써부터 낙심할 필요는 없다. '된다'는 긍정 모드로 찾아보면 언제든 방법은 존재한다.

요즘은 강의에 들어가 보면 유독 젊은 수강생들이 눈에 많이 띈다. 젊은 패기 때문인지 이들은 열정이 충만하고 의욕도 넘쳐 공부도 무척이나 열심히 하며 이해력도 뛰어난 편이다. 하지만 이렇게 열정 넘치는 젊은 친구들에게 한 가지 부족한 것이 있다면, 바로 종잣돈이다. 사회생활 경험이 없거나 길지 않기에 모아놓은 돈이 부족한 것이다.

내가 나이트클럽에서 일하며 4년간 1억 2천만 원의 종잣돈을 모앉던 사실에서도 알 수 있듯이 나는 투자를 시작하기 위해서는 최소 5,000만 원에서 1억 원 정도의 종잣돈이 필요하다고 생각했다. 하지만 몇몇 제자들을 보며 이런 생각을 바꾸게 되었고, 이를 계기로 지금까지 소액의 종잣돈으로 시작한 이들의 여러 성공 사례를 만들어내었다. 그중 2명의 사례를 간략하게 소개해본다.

그녀가 공부를 처음 시작했을 때 나이는 26세로 2년 차 직장인이었고, 당시 종잣돈은 1년간 직장생활을 하며 모아놓은 2,000만 원이 전부였다.

부동산을 매입하기에는 종잣돈이 부족했기 때문에 그녀는 레버리지를 최대한 활용하는 방법으로 투자를 시작했다. 약 8,000만 원 정도 하는 빌라를 레버리지를 최대한 활용하여 실제 투자금은 약 1,000만 원 정도만 들이고 매입하는 식이었다. 부동산을 매입할 때 일반적으로 활용하는 담보대출뿐 아니라, 직장인이기 때문에 가능한 신용대출까지 적극 활용한 것이다(정책의 시기마다 차이가 있겠으나 아파트가 아닌 빌라, 상가 등은 대출 규제에 저촉되지 않는 대출상품이 있다).

이에 더하여 그녀가 택한 방법은 바로 다른 사람과 함께하는 공동투자였다. 공동투자란 공부를 하다가 마음이 맞는 사람들끼리 함께 종잣돈을 모아 투자를 하는 방식이다.

사실 일반 사람들에게는 사회에서 만난 사람들과 돈을 모아 함께 투자한다는 것이 상당히 껄끄럽고 어려운 일이지만, 같은 목표를 향해 함께 공부하는 사람들에게는 마음 맞는 사람들과 공동으로 투자를 진행하는 것은 흔한 일이다. 공동투자가 흔한 이유는 종잣돈뿐 아니라 투자자들 사이에 여러 이해타산이 맞아서다. 자금 여유는 있는데 하루 종일 아이를 돌봐야 하는 주부이거나, 돈은 있지만 시간 여유가 없는 직장인이거나, 또는 공부를 완성하고 시간 여유는 있지만 종잣돈이 부족한 사람, 본인의 공부에 관해 확신이 서지 않는 사람 등 혼자서 할 수 있는 여건이 안 되는 이들은 공동투자를 선호한다. 이런 경우 함께 공동투자를 하게 되면, 서로가 부족한 부분을 보완해줄 수 있어 혼자서는 할 수 없었던 것들을 해낼 수 있게 되는 것이다.

실제로 내가 운영하는 커뮤니티에서는 그녀뿐만 아니라 마음 맞는 인연을 만나 공동투자를 이어가고 있는 사람들을 종종 볼 수 있다. 단짝을 만나서 공동투자하는 경우도 있으며, 6명이 함께 투자해 프리미엄 공유오피스를 차린 경우도 있고, 규모가 큰 부동산은 수익도 크기 때문에 수십억 원이 넘는 부동산에 여러 명이 함께 투자하는 경우도 있다. 투자금은 나눠서 분담하지만, 경험은 각자의 것으로 온전히 남게 되니 빠른 기간 내에 더 많은 경험을 쌓을 수도 있어 나중에 홀로서기에도 많은 도움이 된다.

그녀는 이런 방법을 통해 종잣돈이 부족했어도 투자를 계속 이어나갈 수 있었던 것이다. 사실 종잣돈이 적어도 레버리지를 적극 활용하면 한 번의 투자는 가능할지 모르나, 한 건의 투자에서 종 잣돈의 대부분을 사용해버린다면 해당 부동산을 매도하여 자금을 회수하기 전까지는 다음 투자를 하지 못하게 된다. 하지만 공동투 자를 할 경우에는 투입되는 투자금을 줄일 수 있어 그다음 투자를 계속 이어갈 수 있게 된다. 그래서 공부를 하면서 마음과 이해타 산이 맞는 동기를 만나는 것도 중요하다.

공부를 시작한 지 3년이 지난 29세가 된 지금, 그녀의 통장에는 일하지 않아도 들어오는 600만 원이라는 돈이 매달 꼬박꼬박 입 금되고 있으며 이에 더하여 상당한 매매차익도 거두었다.

또 다른 수강생의 사례다.

그는 2,500만 원의 종잣돈을 가지고 있는 30세 직장인이었다. 그는 앞의 수강생과는 다르게 첫 투자에 종잣돈 전부를 투자하는 방식을 취했다. 초반에는 현금흐름이 아닌, 적은 종잣돈을 불리는 방법을 취한 것이다. 그래서 그는 단기로도 수월하게 매도할 수 있는 부동산을 골라내기 위해 많은 조사를 했으며, 최대한의 레버 리지를 활용하여 아파트 한 채를 매입하게 되었다.

3개월 후 해당 아파트를 사겠다는 매수자가 있어 세금을 공제하 고도 4,000만 원의 수익을 남길 수 있었고, 그는 이렇게 하여 3개 월 만에 2,500만 원이던 종잣돈을 6,500만 원으로 만들었다. 그 는 종잣돈을 불리기 위해 이러한 패턴의 투자를 계속 이어갔다(참고로, 현재는 단기로 부동산을 매매하는 방식은 세금부담이 높은 편이어서 1년 이상의 기간을 보유하거나 업무용 부동산을 통해 매매차익을 거두는 방식을 취해야 한다. 세전이 아닌 세후 수익을 꼼꼼히 챙겨야 하는 시기다).

종잣돈이 적을 때는 월세를 받을 수 있는 부동산을 먼저 매입하지 않고, 매매차익을 거둘 수 있는 부동산을 통해 돈을 불려야 한다. 대신 공부를 완성하여 괜찮은 부동산을 골라낼 수 있는 눈이 생긴 후에 말이다. 공부를 완성하기도 전에 부동산을 잘못 매입할 경우 몇 년이 될지 모르는 긴 시간 동안 종잣돈 전부가 묶여 아무것도 하지 못하게 될 수 있다.

그는 이런 방식으로 종잣돈을 불려 나갔고, 자금의 규모가 1억 원을 넘기고부터는 상가주택을 매입하기 시작하여 매월 월세 400만 원을 받게 되었다. 그 역시 마음 맞는 사람들과의 공동투자도 병행하였으며, 그의 경우 임대수익 400만 원을 받기까지는 3년이 채 걸리지 않았다.

두 젊은 친구들이 해내는 모습을 보면서 최소 5,000만 원에서 1억 정도의 종잣돈이 있어야 한다는 나의 생각이 차츰 바뀌기 시작했고, 이제는 그보다 더 적은 2,000~3,000만 원으로 투자를 시작하는 것도 가능하다고 말해주고 있다. 이들의 사례를 계기로 하여 이후부터는 이처럼 종잣돈이 적은 젊은 친구들의 성공 사례가 급격히 늘기 시작했다.

종잣돈이 많으면 처음부터 큰 수익을 낼 수 있는 부동산에 투자해 자산을 더 빨리 증식시킬 수 있지만, 여건이 되지 않는다면 소액 투자로 시작하여 점차 종잣돈을 불려가면서 수익 단위를 조금씩 늘려가는 투자를 하는 것도 방법이다.

부동산 투자를 할 때는 아래 2가지 원칙을 지켜야 하는데, 종잣돈이 적은 사람일수록 더욱 유념해야 할 원칙이다(이는 우리나라뿐 아니라 자본주의 시장 어디서든 활용할 수 있는 원칙이다. 참고로, 현재는 대출 규제가 있어서 주거용 물건의 경우 레버리지를 이용해 한 채를 매입한 후에 또다시 레버리지를 사용하기가 어려울 수 있다. 하지만 오피스텔이나 상가와 같은 업무용 물건의 경우에는 대출 규제가 없기 때문에 한 채 이상을 매입할 수 있다. 정부의 정책은 집권 정당이 교체되거나 경제 여건에 따라 언제든 바뀔 수 있는 것이므로 투자의 원칙은 알고 있어야 한다).

첫 번째, 시세보다 싸게 매입할 것
두 번째, 그 부동산에 최소한의 자금이 묶이게 할 것

부동산을 최대한 저렴하게 매입하는 것을 최우선으로 고려하고, 매입을 결정했다면 레버리지를 활용하여 그 부동산에 최소한의 자금만 묶이도록 해야 한다. 이는 내가 지금도 지키고 있는 투자 원칙이기도 하며, 종잣돈이 적은 사람에게만 해당되는 원칙이 아닌 월세를 늘려갈 투자자라면 가장 먼저 고려해야 할 원칙이다(단, 현금 여유가 많은 경우에는 예외다).

공부를 완성하면 시세보다 저렴한 매물을 골라낼 수 있는 능력을 갖출 수 있게 된다. 계속해서 강조하지만, 부동산을 골라내는 능력을 갖추기 전까지는 투자를 시작하면 안 된다. 그리고 시세보다 저렴한 매물을 골라냈다면 레버리지를 최대한 활용하여 본인 자금이 최소한으로 투입되도록 하면 되는 것이다. 이러한 방법으로 나는 겨우 262만 원으로 빌라를 매입하였으며, 약 800만 원만을 투자하여 오피스텔을 매입할 수 있었다.

부동산을 매입하면서 활용할 수 있는 레버리지는 크게 '대출'과 임대를 놓았을 때 받는 임차인의 '보증금'이다. 대출을 그렇게 많이 받아서 투자하는 건 위험한 것이 아니냐고 생각할 수 있으나, 대출이자보다 월세가 훨씬 더 많이 나오는 부동산을 골라내면 되는 것이므로 전혀 위험하지 않다. 부동산을 골라내는 능력을 갖춘다면 자신의 돈이 아닌 은행의 돈을 이용해서 충분히 수익을 낼 수 있게 되는 것이다.

이처럼 투자를 하는 데 있어 대출은 정말 중요하고 필수적인 요소이다. 그런데 간혹 이 분야의 수익만 보고 전업 투자를 하겠다며 무턱대고 다니던 직장을 그만두는 경우가 종종 있는데, 그렇게 되면 오히려 직장이 없어 대출을 제대로 받지 못해 고생하는 경우가 많다. 따라서 직장인이라면 대출이 매우 용이한 장점이 있으므로 목표한 월세를 받기 전까지는 직장인의 신분을 최대한 활용할 것을 추천한다. 어떤 일이든 탑을 완성시키는 데는 순서가 있는 법이다.

> **EXIT 노트 [20]**
>
> 열정적이지만 돈이 부족한 사람에겐 공동투자도 한 방법이다.
> 부동산을 살 때의 2가지 원칙은 '싸게 살 것' 그리고 그 부동산에 '최소한의 자금이 묶이게 할 것'.

부자가 되는 투자법은
따로 있다

과거에는 긴 세월 돈을 모아 빚 없이 집 한 채 장만하는 것이 많은 이들의 목표이자 꿈이었다. 평생을 아끼며 모아온 재산 전부를 투자하여 아파트 한 채를 사고 나면, 주변 사람들에게 큰 축하를 받는 선망의 대상이 되곤 했다. 이런 모습은 지금도 역시 주변만 돌아봐도 쉽게 찾아볼 수 있다.

많은 이들이 이렇게 집을 한 채 장만하면 부동산 가격이 올라 재산을 늘릴 수 있을 것이라 생각하는데, 이는 잘못된 생각이다. 내 집 마련을 한 것은 축하할 일이 맞지만, 자신의 자본 대부분을 집 한 채에 투입했다는 것은 투자의 측면에서 봤을 때는 많이 아쉬운 부분이다.

그들은 가진 돈 거의 전부를 자신이 거주할 집에 투입했으므로 앞으로 쓸 여유 자금이 부족하기 때문에 집 장만 이후 빠듯한 생활을 해나갈 수밖에 없다. 또한, 집값이 오른다고 해도 오직 한 채만 갖고 있는 경우라면, 집이 필요가 없어져 팔지 않는 이상 오른 가격만큼의 수익을 내 손에 쥘 수 있는 것도 아니다. 편안한 노후를 꿈꾸며 돈을 모으고 집을 장만했겠지만 이런 방법으로는 경제적으로 여유 있는 노후를 보낼 수 없다. 더군다나 지금은 부동산을 보유하는 동안 부담해야 할 세금(보유세)도 적지 않기 때문에 집 장만 이후에도 수입원이 있어야만 마음 편한 노후생활이 가능하다.

만약 거주할 집을 장만하는 데 본인의 모든 현금을 사용하고도 자금이 부족하여 대출까지 받은 경우에는 상황이 더욱 나쁘다. 자신의 능력치를 훌쩍 넘어선 집을 산 격인데, 이 경우에는 이후 사용할 수 있는 본인의 돈도 충분치 않을뿐더러 평생 대출을 갚는 데 월급의 대부분을 사용해야 하므로 일상적인 소비도 제대로 할 수 없게 된다.

대출이자가 많은 집에 거주하는 것은 비싼 월세를 내고 사는 것과 크게 다르지 않다. 본인이 거주하는 집이므로 월세가 나오는 것도 아니기에 매월 모든 대출이자를 오롯이 감당해야 하기 때문이다. 따라서 이때부터는 그야말로 팍팍한 인생이 시작된다. 집을 소유하고는 있지만 가난하게 사는 사람을 일컫는, 이른바 '하우스 푸어(house poor)'가 되는 것이다.

이처럼 본인이 거주할 집에 모든 자본을 올인해서는 안 된다. 자본이 넉넉지 않다면 자신이 거주할 집에는 최소한의 자금이 투입되도록 해야 하고, 본인은 조금 부족한 집에 살면서 남은 자금으로는 월세가 나오는 부동산을 매입하여 매월 현금흐름을 늘려가야 한다. 처음에는 조금 불편하겠지만 매달 들어오는 월세 수익이 어느 정도 확보될 때까지는 견뎌내야 한다.

내 경우에는 조그만 오피스텔에 거주하며 주거비용을 최소화한 후, 나머지 금액은 월세가 나오는 부동산에 투자하는 데 사용했다. 1억 2천만 원의 종잣돈이 수억 원으로 늘어났을 때도 마찬가지였다. 내 주거비용에는 1,000만 원도 들이지 않았고 남은 금액은 투자에 활용했다(참고로, 이 당시 거주했던 곳은 '레버리지'에 대해 설명하면서 매입 시 1,000만 원 미만의 투자금이 들어갔다고 잠깐 소개했던 3,920만 원의 오피스텔이었다. 이때 들어간 실제 투자금은 약 800만 원 정도였다).

시간이 흘러 처음 목표했던 월세가 나오기 시작하고, 내가 거주할 부동산에 대출이 있더라도 충분히 감당할 수 있는 수준이 되었을 때 원했던 곳으로 이사를 했다. 이렇게 월세 수익이 점차 늘어나 대출이자를 부담하고도 충분한 수익이 남는 정도가 되었을 때는 언제든 본인 마음에 드는 집을 매입하면 된다.

순서만 살짝 바꾼 것이지만, 거주할 집에 먼저 투자하는 것과는 완전히 다른 결과가 나타나게 된다. 이것이 바로 동일한 자본을 가지고 있더라도 어떤 이는 풍족하게 살고, 어떤 이는 빈곤하게 살아가는 이유이다. 잠깐의 불편함을 견디며 먼저 월세를 불려 나가는 것, 그것이 바로 부자의 길로 가는 투자의 방법인 것이다.

부자가 되겠다고 마음먹었다면 3년 안에 300만 원 정도의 월세를 받는 것을 목표로 하라. 목표한 월세를 받기 전까지 자신의 집에는 최소한의 비용을 지불하고, 계속해서 월세 받는 부동산을 하나씩 모아나가라.

이때 모아가는 부동산의 종류는 상관이 없다. 월세를 받을 수 있는 부동산이면 된다. 현재는 대출 규제와 세금 부담이 있으므로 주거용 부동산보다는 지식산업센터(구 아파트형공장), 상가 등과 같은 업무용 부동산이 좋다. 나 역시 처음 종잣돈이 많지 않을 때는 오피스텔을 통해 월세를 모아나갔고, 그 후에는 주로 상가를 통해 월세를 만들었다.

내가 이처럼 월세 받는 부동산을 강조하는 데는 이유가 있다. 부동산 투자를 하는 사람들은 많지만, 그들 모두가 부자가 되지는 못한 이유가 바로 여기에 있기 때문이다.

나의 첫 책인 〈경매의 기술〉을 출간하고 어느 날, 노신사 한 분이 나를 찾아왔다.

"송사무장님, 저는 사무장님의 저서를 읽고 큰 깨달음을 얻게 되어 직접 감사 인사를 드리고 싶어 이렇게 찾아왔습니다. 부끄럽지만, 사실 저는 송사무장님보다 부동산 투자 경력이 길어요. 긴 시간 투자를 해왔지만, 저의 자산 상태는 항상 제자리이고 아직도 부자가 되지 못했습니다. 그동안 사고팔기를 반복하며 수익을 냈던 부동산도 제법 있었는데 말이죠. 그동안 저는 그게 항상 의문이었습니다. 그런데 송사무장님의 책을 읽고 그 이유를 깨닫게 되었어요. 정말 뒤통수를 세게 얻어맞은 기분이었습니다. 제가 제자리인 이유는 바로 월세가 나오는 부동산이 하나도 없기 때문이더군요. 지금까지는 부동산을 사고팔기만 반복해왔는데, 팔고 남은 수익은 계속 생활비로 쓰이고 거기서 남은 금액은 또 다른 부동산을 사는 데 쓰이니 제 생활에는 항상 여유가 없었던 겁니다."

노신사가 부자가 되지 못한 이유를 알겠는가?

아무리 전업투자자라고 할지라도 부동산을 사고팔며 수익을 내는 것은 사람들이 직장에서 일하며 연봉을 받는 것과 크게 다르지 않다. 실력이 뛰어나고 자본력이 있어 정말 큰 수익을 거둘 수 있는 투자를 하지 않고서는, 보통은 단기투자를 위주로 하기 때문에 수익은 평범한 회사원 연봉 정도이다. 단기로는 얻을 수 있는 시세차익이 제한적이다.

그리고 이런 식의 투자를 하는 전업투자자에게는 고정 수입이 없다. 이들에게 수익은 단기로 투자한 부동산을 팔고 얻은 수익뿐이라 수익을 얻게 되는 시기와 금액은 불규칙적이다. 이 수익의 일부는 여느 가정에서처럼 소비에 쓰이게 되고, 이후 남은 금액은 또다시 다른 투자에 사용되어야 하므로 이들은 소비도 마음대로 할 수 없다. 바로 다른 투자를 하지 않으면 이들에게는 언제까지 수익이 없을지 모를 일이기 때문에 소비를 최대한 줄이며 다음 투자를 준비해야 할 수밖에 없는 것이다. 계속해서 이런 과정이 반복되므로 이들은 직장에 다니는 것과 마찬가지로 몸은 바쁘지만, 여유 있는 생활은 할 수가 없으며 자본에도 큰 변화가 없다(오히려 투자를 전업이 아닌 부업으로 했다면 자신의 연봉 외의 수익이 되었을 것이므로 괜찮았을 것이다).

이처럼 부동산 투자를 한다고 하여 모두 부자가 되는 것은 아니다. 진정한 부자는 시간과 돈을 모두 가진 사람이다. 따라서 부자가 되기 위해서는 일을 하지 않아도 매월 월세가 나오는 시스템을 갖춰가야 한다.

처음에는 월세 50만 원, 100만 원이 우습게 보일지 모른다. 실제로 내가 이렇게 해나갈 당시 주변에는 초기 100만 원 미만의 월세를 우습게 생각하는 이들이 많았다(그들 대부분은 이 시장에서 오래 살아남지 못하고 떠나갔다). 그러나 이것이 모여 300만 원이 되고, 500만 원이 되면 그 영향력은 상당해진다.

부동산은 중장기로 투자할 경우 훨씬 더 큰 수익을 거둘 수 있는데, 이 정도의 월세가 세팅되면 그때부터는 단기가 아닌 중장기 투자가 가능해진다. 예를 들어 재개발 부동산의 경우, 매입한 후 약간의 프리미엄을 받고 바로 파는 것보다 그 허름한 건물이 허물어지고 신축아파트가 새로 지어질 때까지 기다렸다가 이후에 팔게 되면 비교할 수 없는 큰 매매차익을 거둘 수 있게 된다. 고정적인 수입, 즉 일정 수준 이상의 월세가 세팅된 사람은 이 기간을 충분히 기다릴 수 있지만, 현금흐름을 확보하지 못했다면 추후 아무리 큰 수익이 예상되더라도 그 기간을 견뎌내지 못하는 것이다.

또한, 월세가 확보되면 내가 원하는 좋은 매물이 나올 때까지 느긋하게 기다릴 수 있게 된다. 고정적으로 들어오는 수익이 있으므로 급할 이유가 없는 것이다. 이처럼 월세가 확보된 사람은 더 좋은 물건을 매입할 수 있고, 그 물건의 가격이 목표치에 도달할 때까지 기다릴 수 있으므로 큰 수익을 내는 것이 수월해진다.

부동산 투자는 여유 있게 매입하고, 여유 있게 매도할 수 있어야 최대의 수익을 낼 수 있는 게임이다. 월세가 충분히 확보되었을 때는 이후 더 이상의 투자 활동을 하지 않더라도 계속해서 여유 있는 삶을 살 수 있게 된다.

여기서 잠깐!

앞에서 설명한 투자법은 우리나라뿐 아니라 자본주의 나라라면 어디서든 무난하게 적용할 수 있는 방법이다. 하지만 이는 다주택자에 대한 차별적 규제가 없는 일반적인 상황을 감안하여 작성한 것이다.

그런데 현재 우리나라 정부의 정책이 다주택자는 주택을 추가로 매입하지 못할 정도로 규제가 상당하다. 주택을 매입할 때 대출도 받지 못하도록 제한하고 있으며, 취득세 및 보유세도 차등으로 부과하도록 세법이 개정되었다. 또한, 법인이 주거용 물건에 투자하지 못할 정도로 법이 개정되었다.

따라서 만약 본인이 무주택자라면 상황이 달라진다. 무주택자라면, 현 시점에서는 수익형 부동산을 먼저 매입하지 말고 우선 주택 한 채를 확보하는 것이 훨씬 유리하다. 한 채를 마련하고 남은 잉여자금으로 월세 부동산을 모아갈 것을 추천한다.

향후 교통 및 편의시설이 좋아질 지역의 아파트를 매입하거나, 만약 본인의 자금이 넉넉하지 않다면 아파트가 아니라 분양권 내지 재개발 물건에 투자해도 좋다. 분양권의 경우 인근 아파트 시세보다 저렴하게 분양을 하고 있고, 재개발의 경우 기다려야 한다는 수고는 있지만, 아파트를 매입할 때보다 훨씬 적은 비용으로 투자가 가능하고 수익은 크기 때문이다. 단, 분양권 및 재개발에 관한 투자를 할 경우에는 최소한 책 또는 강의를 통해 기본적인 사항은 숙지한 상태에서 투자해야 함을 잊지 말아라.

중도에 포기하지 않고
완주하는 법

살다 보면 누구에게든 슬럼프는 찾아오기 마련이다. 부자가 되어가는 과정 속에서도 정도의 차이만 있을 뿐 누구나 한 번쯤은 슬럼프를 겪게 된다. 많은 사람들이 슬럼프가 오는 것을 두려워하는데, 그럴 필요가 전혀 없다. 슬럼프는 충분히 극복해낼 수 있는 것이다.

이 길에서 긍정적인 결과를 만들어낼 수 있을지 여부는 슬럼프를 얼마나 잘 극복해내느냐에 달려있다고 해도 과언이 아니다. 실제로 부자로 성공한 이들은 좋은 기회를 맞이해서라기보다 안 좋은 상황을 지혜롭게 극복했기 때문에 결과가 좋았던 것이다.

슬럼프는 어른이 되기 전에 겪는 '성장통'이라는 표현과 가장 잘 어울린다. 성장통을 겪고 나면 키가 훌쩍 자라듯, 슬럼프 역시 잘 극복해내면 오히려 고수의 단계로 진입할 수 있는 발판이 되기 때문이다.

  보통 사람들이 목표를 설정하고 가장 많이 포기하는 시점이 6개월에서 1년이 되는 시점이라고 했다. 다시 말하면, 그 시점에 한 번쯤은 슬럼프가 찾아온다는 말이기도 하다. 따라서 그 시간만 잘 견뎌낸다면 보통 사람 이상의 삶을 살 수 있게 되는 것이다.
  다음은 내가 제안하는 슬럼프 극복법이다.

  첫 번째, 그 분야의 선배나 고수에게 조언을 구하라.
  슬럼프를 극복하는 가장 쉽고 빠른 방법은 나보다 먼저 그 길을 걸어간 선배나 성과를 거둔 고수에게 자문을 구하는 것이다. 혼자서 고민할 때는 그렇게도 풀리지 않던 문제가 조언을 들으면 의외로 쉽게 해결되곤 한다.
  부자가 되어가는 과정에서 겪게 되는 고민과 슬럼프는 그 길을 먼저 걸어온 고수들도 대부분 겪었던 일이다. 지금은 고수이지만, 이들 역시 초보이던 시절이 있었고 몇 번의 난관을 극복하고 다음 단계로 올라섰기에 현재의 수준까지 오를 수 있었던 것이다. 그래서 이들은 후배가 벽에 부딪혔을 때 자신의 경험에 비추어 극복하는 방법을 알려줄 수 있는 것이다.

두 번째, 목표를 재설정하라.

목표 설정의 중요성에 대해서는 앞에서 이미 몇 차례 강조했다. 슬럼프가 찾아왔다면 목표 설정에 문제가 있을 확률이 가장 높다. 간혹 처음부터 너무 무리한 목표를 잡는 사람이 있는데, 목표가 너무 높으면 지금 충분히 잘해나가고 있음에도 불구하고 정작 본인은 그것을 느끼지 못한다. 성과를 하나씩 이뤄가는 성취감을 느끼지 못하면 흥미는 떨어지기 마련이고, 의욕이 사라져 중도에 포기할 가능성이 커진다.

그래서 본인에게 슬럼프가 찾아왔다고 느껴진다면, 너무 짧은 시간 내에 결과를 보려고 계획을 세운 것은 아닌지 또는 현실적으로 달성하기에 너무 높은 목표를 잡은 것은 아닌지 확인해보고 목표를 재수정해야 한다.

목표는 절대 수정해서는 안 되는 것, 한 번 목표한 것은 반드시 이뤄내야만 하는 것이라는 생각은 버렸으면 한다. 목표는 자신의 여건에 맞춰 계속 수정해 나갈 수 있는 것이다. 자신의 목표를 진지하게 생각하고 수정하는 행위는 오히려 새롭게 의지를 다지는 계기가 되고, 이 과정 속에서 슬럼프를 극복할 수 있는 힘이 생기게 된다.

세 번째, 내 자신에게 과감하게 보상하라.

옛날 어르신들은 돈을 벌고 나서도 근검절약하는 삶을 이어갔다. 아무리 큰돈을 벌었어도 좋은 옷 한 벌, 좋은 음식 한 끼, 좋은 곳으로의 여행 한 번 하지 않고, 계속해서 아끼는 삶을 살았다. 지금도 여전히 그런 것들은 사치라고 여기는 사람들이 많다.

하지만 내 생각은 다르다. 부자가 되어가는 과정에서 자신의 수입에 준하는 적절한 보상을 가끔씩은 해줘야 한다고 생각한다. 자신의 목표를 달성하고 성공하기 위해서는 자신을 잘 리드해야만 하는데, 내 자신이 행복하고 계속 열정 넘치는 상태를 유지하도록 하기 위해서는 적절한 보상과 휴식을 제공해야 한다.

우리는 행복하려고 더 열심히 사는 것이다. 행복은 정상에 올랐을 때만 느끼는 것이 아니라 정상에 오르는 과정에서도 느낄 수 있어야 한다. 나 역시 종잣돈을 모으며 공부하는 단계부터 현재에 이르기까지 내 자신을 즐겁게 리드하기 위해서 꾸준히 보상을 해왔다.

그리고 특히 힘든 상황이 발생했을 때는 그것을 수습하느라 고생한 나에게 더 과감한 보상을 해주고, 수습해야 할 일이 많다면 미리 괜찮은 코스의 여행을 예약해두기도 한다(여행을 생각하면서 일을 하면 더욱 힘이 난다).

꼭 슬럼프가 아니더라도 때로는 자기 자신에게 적절한 보상을 해주며 부자로 가는 과정을 즐기기 바란다. 과소비가 아닌 소비를 하는 것도 배워가는 일이다.

네 번째, 모든 것을 잊고 몰입할 수 있는 취미를 가져라.

살아가면서 스트레스를 전혀 받지 않을 수는 없다. 스트레스가 쌓이면 슬럼프가 오기 마련이므로, 평소 스트레스를 날려버릴 각자만의 방법이 필요하다.

내가 선택한 방법은 운동이다. 나는 매일 새벽 운동을 한다. 새벽 시간에 비 오듯 땀을 쏟으며 운동에 몰입하면 정신이 맑아지고 내가 다시 충전되고 있음이 느껴진다. 스트레스를 푸는 데에는 이렇게 취미활동을 하는 것이 가장 효과가 좋았다.

하지만 취미를 가지라고 말하면 꼭 바쁘다는 말이 되돌아온다. 바빠서 새로운 것을 배울 시간이 없고, 취미를 가질 시간이 없다고들 한다. 그러나 일단 취미에 시간을 할애하고 나면, 쪼개고 쪼개어서라도 어떻게든 시간은 만들어진다. 나 역시 많은 일들을 하면서 운동을 병행하고 있다.

많은 시간과 노력을 쏟아야 하는 거창한 활동을 하라는 것이 아니다. 자신을 기분 좋게 해줄 수 있는 것이면 족하다. 잠깐의 시간만 내면 얼마든지 가능한 산책이나 음악감상, 명상, 반신욕 등도 좋다.

나 역시 때로는 스트레스를 풀기 위해 음악을 듣기도 한다. 샤워를 할 때나 운전을 할 때 듣는 좋은 음악은 나를 더욱 기분 좋게 만들어준다.

마지막으로 기억할 것은 슬럼프를 포함하여 어떤 난관에 부딪히더라도 극복을 위해 가장 중요한 것은 마음가짐이라는 사실이다. 늘 어떤 순간에도 극복할 수 있다는 긍정의 생각을 가져야 한다. 그러면 그 상황을 피하지 않고 해결하려고 노력하게 된다. 스스로를 밝은 상태로 이끄는 것이 어떤 난관도 극복해낼 수 있는 힘임을 잊지 않길 바란다.

> ## EXIT 노트 22
>
> **슬럼프를 극복하는 법**
>
> 1. 그 분야의 선배나 고수에게 조언을 구하라.
> 2. 목표를 재설정하라.
> 3. 내 자신에게 꾸준히 보상하라.
> 4. 자신을 즐겁게 리드할 수 있는 취미를 가져라.
> 5. 어떤 순간에도 긍정의 생각을 가져라.

EXIT를 위한 필수 관문,
투자

---------------- **05** ----------------

원금보장이 가능하고
수익을 낼 수 있는 투자

　부동산이나 그 외 투자, 재테크 이야기는 중년들의 주제라고 생각되던 시절이 있었다. 하지만 지금은 20대 초반의 청년들이 모여 투자나 재테크에 관한 이야기를 나누는 모습이 자주 눈에 띈다. 요즘 내 강의를 들으러 오는 수강생들 중 청년층의 비율이 훨씬 늘어난 것만 봐도 사회 분위기가 변화하고 있음을 실감한다.

　그럼에도 '투자는 복잡하고 어려워', '투자는 위험해', '부동산에는 돈 많은 사람들만 투자할 수 있는 거야'와 같은 선입견을 갖고 있는 사람들이 훨씬 많은 것이 사실이다.

　공부해보지 않은 이들은 투자에는 변수가 많고 투자로 돈을 버는 것은 운이라고 생각하지만, 사실 투자는 생각보다 쉽다. 투자의 핵심 원리만 이해하면 간단하다.

부동산 투자는 크게 2가지 경우로 수익을 거두는데, 부동산을 시세보다 저렴하게 사는 방법과 매입한 부동산의 가치를 끌어올리는 방법이 있다.

처음 시작할 때는 주로 전자의 방법으로 투자를 한다. 어떻게 하면 부동산을 저렴하게 살 수 있느냐고? 시세보다 저렴한 급매물을 사거나 바로 뒤에 설명할 '경매'를 활용하면 된다.

나이트클럽에서 종잣돈을 모으며 공부하던 당시 내 머릿속에 가장 크게 자리 잡고 있던 생각은 '얼마나 힘들게 모은 돈인데, 이 돈은 절대 잃으면 안 된다'는 것이었다. 가만히 있으면 본전이라도 하지 괜히 이것저것 했다가 돈을 잃으면 그 상실감은 정말로 클 것이었다. 그래서 돈을 잃지 않을 수 있는, 즉 원금보장이 되는 투자를 해야만 했다(이는 지금도 가장 철저하게 지키는 투자 원칙이다). 이런 나의 성향과 가장 잘 맞는 투자가 바로 '부동산 경매'였고, 원금보장이 된다는 확신이 생겼기에 부동산 경매에 집중하기 시작했다.

경매는 가격이 시세보다 저렴하게 떨어진 물건을 매입하는 것이기에 원금보장이 가장 확실한 투자였다. 처음에는 나도 반신반의했었다. 시세보다 낮은 금액을 적어내어 그 가격으로 낙찰되는 것도 이해가 되지 않았으니까. 하지만 실제로 해보니 정말 저렴한 가격으로 매입하는 것이 가능했고, 또한 경매는 수많은 투자 방법 중에서 유일하게 원금보장이 되는 방법이라는 것을 깨닫게 되었다.

경매의 장점을 크게 4가지로 정리해보면 아래와 같다.

· 원금보장이 가능하다.

· 최대한의 레버리지를 활용할 수 있는 방법이다.

· 전국의 다양한 물건을 한 번에 검색할 수 있다.

· 한 번만 익혀두면 평생 활용할 수 있다.

경매 투자는 원금보장이 가능하다

지금은 예전보다 부동산 경매가 많이 알려져 있지만 모르는 이들을 위해 간략하게 설명하자면, 보통의 부동산 거래는 중개업소를 통해 성사되지만, 경매는 법원을 통해 성사되는 부동산 거래라고 생각하면 된다. 소유하고 있는 부동산을 담보로 돈을 빌린 사람이 그 돈을 갚지 못할 경우 돈을 빌려준 사람은 법원에 그 부동산의 경매를 신청할 수 있고, 법원에서 경매가 진행되면 입찰자중 가장 높은 가격을 적어낸 사람이 그 부동산을 낙찰받게 되는 방식이다.

경매는 참여하기 전에 부동산의 시세를 파악하고, 얼마의 수익을 낼 것인지 감안하여 입찰가를 적어내는 방식이므로 '원금보장'

이 가능하다. 만약 입찰했는데 나보다 높은 가격을 적어낸 사람이 있어 낙찰받지 못한다면 그것으로 그만이다. 경매에 참여하기 위해서는 입찰보증금이라는 것을 내야 하는데, 낙찰받지 못하면 제출했던 입찰보증금도 그대로 돌려받으므로 손해 볼 것이 전혀 없다. 그리고 만약 최고가격을 써서 낙찰을 받게 된다면, 자신이 예상했던 수익을 얻게 되는 게임이다.

경매는 최소한의 현금으로 투자가 가능하도록 해준다

경매를 통해 부동산을 사면 일반매매로 매입하는 것보다 대출 활용이 용이하다. 왜냐하면 시중에는 경매 물건만을 위한 '경락 잔금대출'이라는 별도의 대출상품이 나와 있기 때문이다. 일반매매를 할 경우에는 매매가격의 50~60% 정도를 대출받을 수 있는 반면, 경매를 통하면 낙찰가격(법원에서 부동산을 사 오는 가격)의 약 70~90%까지도 대출이 가능하다(낙찰자의 신용 및 물건의 종류에 따라 다를 수 있다). 낙찰자의 신용등급이 좋으면 더 좋은 조건으로 더 많은 금액을 대출받을 수 있는 것이다.

이처럼 여러 부동산 투자 방법 중 경매 투자는 최대한의 레버리지를 활용할 수 있는 방법이다. 레버리지 활용의 중요성은 이미 몇 차례나 언급했다. 종잣돈이 적은 사람일수록 대출 가능 비율은 더욱 중요해진다. 한정된 돈을 현명하게 굴리는 방법은 하나의 부동산에 묶이는 현금을 최소화하여, 여러 수익형 부동산에 투자를 하는 것이다.

부동산 투자에서 중요한 것은 '최대한 저렴하게 매입하고, 최소한의 현금을 투입하는 것'인데, 경매는 이 2가지 조건을 모두 충족하는 방법이다.

전국의 다양한 물건을 한 번에 쇼핑할 수 있다

부동산을 구입할 때는 보통 부동산 중개업소를 통한다. 그런데 부동산 중개업소는 사무실에서 가까운 거리에 있는 매물만을 갖고 있는 경우가 대부분이므로 중개업소에 가서 괜찮은 물건을 소개해달라고 하면 그 지역에 한정된 부동산만을 보여줄 뿐이다. 만약 그 지역을 벗어난 매물을 보고 싶다면 추가로 다른 지역에 있는 중개업소를 방문해야 하는 수고를 해야만 한다.

하지만 경매는 다르다. '법원경매정보' 사이트에 접속하기만 하면 전국의 물건을 검색할 수 있다. 중개업소 이곳저곳을 돌아다니는 수고를 들이지 않고도 투자가 가능한 물건을 선별할 수 있는 것이다.

또한, 다양한 매물을 접할 수 있다는 것도 장점이다. 아파트뿐 아니라 빌라, 오피스텔, 토지, 상가, 공장 등 다양한 부동산을 집에서 손쉽게 검색할 수 있다. 공부를 해 나갈수록 온라인 쇼핑을 하는 듯한 기분이 들 것이다.

경매는 한 번 익혀두면 평생 활용할 수 있는 투자법이다

사실 경매는 마음먹고 한 달 정도만 공부하면 안전하게 수익 낼 수 있는 물건을 찾아 투자할 수 있을 정도로 어렵지 않다. 물론 공부를 더 많이 하면 권리관계가 복잡하게 얽혀있어 수익이 더 큰, 특수한 부동산까지도 투자할 수 있게 된다. 하지만 군이 이렇게 어려운 단계까지 마스터하지 않더라도 자신의 수준에 맞는 물건만 골라서 투자해도 된다. 간단한 분석을 통해 매입할 수 있는 부동산의 비율이 약 80%나 되니까 말이다. 검토하면서 어렵거나 판단하기 애매한 물건은 그냥 패스하면 되는 것이고, 해결할 수 있는 물건이 보이면 수익을 계산해보고 입찰에 들어가면 된다.

그 후 경매에 대한 지식과 경험이 어느 정도 쌓이면, 한두 건만 처리해도 충분한 수익을 얻을 수 있는 부동산에 투자할 수 있게 된다.

내가 경매에 입문하기 전 '경매는 한 번만 익혀두면 할아버지가 되어서까지도 평생 써먹을 수 있을 투자 기술이겠다'는 생각을 한

적이 있는데, 실제 해보니 정말로 그러했다. 경매는 경험이 쌓이면 쌓일수록 더욱 원숙한 투자가 가능하고, 원한다면 언제까지든 할 수 있는 투자이다.

> **EXIT 노트 23**
>
> 경매는 원금보장이 되고, 한 번 익혀두면 평생 활용이 가능한 투자법이다. 또한, 경매 공부를 해 두면 자신의 재산도 안전하게 지킬 수 있다.

06

가난한 사람은 돈의 노예가 되지만, 부자는 돈의 주인이 된다

오래전 과거에는 신분 제도가 존재했다. 태어나자마자 누군가는 귀족(양반)이 되었고, 누군가는 노예가 되었다. 하지만 현대 사회로 오면서 모든 인간은 평등하다는 인식을 하게 되었고, 많은 사람들의 노력으로 신분 제도는 사라졌다.

그렇다면 신분 제도가 사라진 현대 사회는 평등한 세상일까?

만약 그렇게 생각한다면 크나큰 착각이다. 겉으로 보기엔 평등해 보일지 몰라도 지금의 우리는 '돈'을 기준으로 신분이 나뉘어있다. 누군가는 돈의 주인으로, 또다시 누군가는 노예가 되었다. 노예라는 표현에 기분이 나쁘다면 미안하지만, 이보다 적절한 표현이 없음을 이해해주기 바란다.

그러나 차이점이 있다면, 과거에서의 신분은 자신이 선택할 수 없는 것이었지만, 돈을 기준으로 나뉘는 지금의 신분은 당신의 선택에 따라 얼마든지 달라질 수 있다는 점이다.

그렇다면 돈의 노예는 대체 누구인가? 돈을 벌기 위해 노동을 하는 사람을 흔히 '돈의 노예'라고 표현한다. 아무리 연봉이 높은 대기업에 다니든 노후가 보장되는 안정적인 공무원이든 전문직에 종사하든 돈을 벌기 위해 노동을 해야만 한다면 그 역시 돈의 노예이다. 연봉의 높고 낮음으로 신분이 나뉘는 게 아니다. 자신의 노동력이 투입되어야만 돈을 벌 수 있는 구조로 생활하고 있다면 돈의 노예이고, 반면 노동을 하지 않아도 돈이 들어오는 시스템을 갖추고 있다면 돈의 주인인 것이다.

대부분의 사람들은 돈을 벌기 위해 하루하루를 견뎌내며 일하고, 그렇게 번 돈이 바닥날까 마음껏 쓰지 못하는 상황이니 돈의 노예임을 부정하기는 힘들 것이다. 만약 현재의 직업이 정말로 원해서 하고 있는 일이라 할지라도, 노동에 대한 대가인 월급을 받지 않고도 그 일을 계속할 수 있는 사람이 과연 몇이나 될까? 통계를 보면 현대인들의 고민 중 80% 이상은 돈과 연관된 것이라고 한다.

그러면 대체 돈의 주인은 누구일까? 많은 돈을 가지고 있으면 돈의 주인이라고 할 수 있을까? 아니, 아무리 돈이 많아도 돈에게 일을 시키지 않는다면 그는 그 돈을 잠시 보관해주는 임시 보호자일 뿐이다. 진정한 돈의 주인은 '돈에게 일을 시키는 사람'이다.

나는 항상 어떻게 하면 최소한의 돈에게 최대한의 일을 시킬 수 있을지를 고민해왔다(일반적인 표현으로 수익률이 높다고 한다). 수익률을 높이는 방법 중 하나는 부동산을 시세보다 싸게 매입하고, 레버리지를 최대한 활용하는 것이다.

현금 약 1,400만 원만 투입하여 매입했던 상가를 예로 들어보겠다.

1억 9,000만 원에 경매로 나온 25평의 2층 상가였고, 나는 9,870만 원에 그 상가를 매입했다. 상가를 매입하면서 6,900만 원을 대출받을 수 있었고, 그 후 새로운 임차인과는 보증금 2,000만 원에 월세 110만 원으로 계약을 하게 되었다.

그렇게 하여 나는 결국 970만 원(매입가 9,870만-대출금 6,900만-보증금 2,000만)에 취득세 약 395만 원을 더하여 총 1,365만 원의 현금만 들이고 상가를 갖게 되었다.

이제 내 돈에게 일을 시키기 위한 준비가 끝난 것이다. 임차인과 임대차계약이 되는 순간부터 월세 110만 원에서 대출이자를 제하고 약 80만 원이 넘는 금액이 매월 내 통장으로 들어오게 된다. 내가 일하지 않아도 1,365만 원의 내 돈이 매월 80만 원을 벌어오는 것이다. 1년이면 960만 원이 되고, 2년이면 1,920만 원이 된다.

나는 이 상가를 지금까지 10년째 보유 중이다. 따라서 약 1,400

만 원의 돈이 일을 하며 그동안 나에게 벌어다 준 돈은 총 9,600만 원 정도이다. 앞으로도 팔 생각은 없지만, 나중에 이 상가를 팔게 된다면 그간의 시세차익도 무시하지 못할 금액일 것임이 분명하다.

어떤가? 동일한 금액을 은행에만 저축해두는 사람의 수익(저축이자)과는 비교조차 되지 않을 것이다(참고로, 은행에 맡긴 돈은 일을 하는 것이 아니라 잠시 보관되는 수준이라 생각하면 된다. 저금리 기조가 계속될 것이기에 앞으로도 큰 의미가 없다). 나는 이런 식으로 부동산을 하나하나 늘려가며 돈에게 일을 시켜왔다.

또 다른 예로, 남들이 전혀 관심을 갖지 않던 다가구 주택 매입기를 소개해볼까 한다. 어느 날 겉보기에 무척 허름한 다가구 주택 하나가 눈에 띄었다. 옥상 지붕은 뜯겨져 나가 있었고, 건물 외벽은 크게 갈라져 있었으며, 각 세대 이곳저곳은 누수가 되고 있어 그 누구도 관심을 갖지 않는 물건이었다(바로 앞에 있는 공인중개사무소에서조차 매수하지 말라고 할 정도였다).

대부분의 사람들은 현재의 모습을 보고 투자를 하지만, 나는 수리가 완성된 모습을 감안하여 매입 여부를 결정한다(허름한 물건의 가격과 수리비를 모두 합해도 그것을 수리하여 팔 때의 가격보다 훨씬 저렴한 편이다). 결과적으로 나는 총 11가구의 고장 난(?) 그 다가구 주택을 약 8,000만 원의 현금만 투자하여 매입할 수 있었다.

약 2달에 걸쳐 건물 외부와 내부를 모두 수리했더니 과거의 허름한 모습은 전혀 찾아볼 수가 없었고, 오히려 그 주변에서 가장 좋아 보이는 물건으로 탈바꿈되었다. 건물 매입비용 3억 원과 수리비용 1억 원을 합하여 총 4억 원이 지출되었으나, 수리를 마친 후 1달 만에 임대가 다 채워졌다.

11가구를 모두 월세로 임대를 놓았더니, 임차인들의 보증금으로 3억 2,300만 원의 투자금이 회수되어 나의 실제 투자금은 약 8,000만 원(매입 및 수리비 4억－보증금 3억 2,300만)이 되었고, 이에 더하여 나에게는 매월 375만 원의 월세가 들어오게 되었다. 즉, 나는 8,000만 원의 돈에게 일을 시켜 내가 일을 하지 않더라도 매월 375만 원을 벌어오도록 한 것이다. 이 돈은 1년이면 4,500만 원이 되고, 2년이면 9,000만 원이 된다.

돈이 부족해서 투자할 수 없다는 생각은 하지 말아라. 만약 당신의 종잣돈이 8,000만 원이 안 될 경우 총 11가구 중 1~2채를 월세가 아닌 전세로 전환한다면, 보증금으로 더 많은 금액을 회수할 수 있으므로 더 적은 투자금으로도 매입할 수 있게 된다.

대부분 젊은 시절에는 돈이 많이 필요할 것이라는 편견으로 부동산에는 전혀 관심을 갖지 않다가, 나이가 들고 은퇴하는 시기쯤 되었을 때 은퇴자금으로 이런 부동산을 사려고 한다. 하지만 레버리지에 관한 이해만 한다면 젊어서도 얼마든지 이런 투자가 가능하다.

흔히들 직장인을 쳇바퀴 삶에 비유하곤 하는데, 주된 이유는 월급이라는 한계를 벗어나지 못하기 때문이다. 직장인들은 알겠지만 회사에서 연봉 천만 원, 2천만 원 올리기란 쉬운 일이 아니다. 일을 아무리 열심히 한다 하더라도 천만 원이 쉽게 인상될 수도 없지만, 만약 오른다 하더라도 얼마만큼의 자기 시간과 노동력을 맞바꾸어야 할지는 각자의 상상에 맡기겠다. 노동을 통해서 받는 100만 원과 일을 하지 않고도 받는 100만 원의 값어치는 비교조차 할 수 없다.

이처럼 나 대신 나의 돈이 일을 해서 벌어오는 수익이 있다면 평생 마르지 않는 통장을 하나 갖고 있는 것이나 다름이 없다. 한 번 세팅해두면 매월 돈이 들어오고 써도 써도 계속 채워지는 통장이 될 테니 말이다.

기억하라. 당신이 돈에게 일을 시키지 않고 은행에만 넣어두는 동안 부자들은 같은 돈에게 끊임없이 일을 시키며 빠른 속도로 부를 늘려가고 있다.

> **EXIT 노트 24**
>
> 노동을 통해 돈을 벌 수 있는 구조로 생활한다면 '돈의 노예'이고, 노동을 하지 않아도 돈이 들어오는 시스템을 갖춘 사람은 '돈의 주인'이다.

07

부자의 부동산을
모아야 한다

나는 효율성을 무척이나 중요하게 생각하는 사람이다. 어떻게 하면 동일한 시간을 투입하여 더 많은 업무를 처리할 수 있을지, 어떻게 하면 같은 투자금으로 더 큰 수익을 낼 수 있을지를 계속해서 연구하는 이유이다.

당신에게 충분한 종잣돈이 있다면, 규모가 작은 부동산과 큰 부동산 중 당신은 어떤 것을 택하겠는가? 생각보다 많은 사람들이 규모가 큰 부동산은 어려울 것이라 여겨 기피하는데, 나의 경험상 작은 부동산 하나를 처리할 때와 더 큰 규모의 부동산 하나를 처리할 때 소모되는 에너지는 크게 차이가 나지 않았다. 또한, 관리 측면에서도 작은 것을 여러 개 관리하는 것보다 큰 규모의 소수 부동산을 관리하는 편이 훨씬 신경이 덜 쓰인다. 그래서 나는 기왕이면 작은 것 여러 개보다는 큰 물건 하나를 보유하려고 한다.

  제자들에게도 "보유하면서 신경이 덜 쓰이는 부동산이 진정한 부자의 부동산이다"라는 말을 자주 하는데, 주거형 부동산보다는 상가와 같은 수익형 부동산이 부자의 부동산에 해당한다.

  주거형 물건은 임차인이 입주할 때 도배나 장판 등 챙겨줘야 할 것들이 많고, 입주 이후에도 보일러, 누수, 정전 등 건물에 하자가 생기면 모두 집주인이 직접 신경 써야 한다.

  반면에 상가는 임차인이 직접 상가에 영업 시설을 꾸미고 들어오기 때문에 입주할 때도 챙길 것이 덜하고, 하자가 발생하더라도 주인이 아닌 관리사무소로 연락을 하므로 입주 이후에도 크게 신경 쓸 일이 없다(여기서 상가는 꼬마빌딩이 아닌 구분상가[1]를 말한다). 그리고 상가에 영업 시설 인테리어를 마친 임차인은 다른 곳으로 쉽게 이사를 갈 수가 없기 때문에 주거용 물건에 비해 월세를 연체하는 경우가 현저히 낮은 편이다. 이렇듯 상가에서 월세를 받으면 신경 쓸 것이 크게 없으므로 월세뿐 아니라 시간적 자유까지 얻을 수 있게 되는 것이다.

---

1) 구분상가는 층이나 호와 같이 구분등기가 가능한 상가이다. 쉽게, 큰 건물에 있는 각 호수의 상점을 생각하면 된다.

또한, 아파트나 주택은 한 집에서 월세 200만 원 이상을 내고 거주하는 경우가 매우 드물지만, 상가는 한 채에서 월세 200만 원 그 이상을 내는 경우가 상당히 많다. 즉, 상가 한 채만 잘 매입해도 200만 원, 300만 원의 월세를 받을 수 있는 것이다.

주택 10채에서 총 월세 300만 원을 받는 사람과 1채의 상가에서 300만 원을 받는 사람이 들이는 노동의 차이는 비교가 되지 않는다. 주인이 직접 모든 업무를 처리해야만 하는 부동산이라면 아무리 많이 갖고 있어도 진정한 부자라 할 수 없다. 계속해서 이야기하지만, 진정한 부자는 돈뿐만 아니라 시간까지도 모두 가진 사람이다.

어린 시절 즐겨하던 부루마블 게임을 기억하는가? 이 부루마블 게임의 방식은 현실에서도 그대로 적용된다. 실제로도 게임에서와 마찬가지로, 처음에는 적은 돈으로 살 수 있는 작은 것들을 여러 개 모으면서 자산을 불리다가 나중에는 이것들을 큰 것 하나로 바꾸는 게 유리하다.

그래서 난 처음에는 소액으로 투자할 수 있는 부동산을 모으며 차츰차츰 월세를 100만 원, 200만 원, 300만 원으로 만들어 나갔고, 그다음부터는 하나에서 월세가 300만 원 이상씩 나오는 상가 부동산을 위주로 매입해 갔다.

월세가 300만 원 이상씩 나오는 상가를 매입할 때면 마지 직업

하나를 사는 것 같기도 했다. 상가 한 채만 사두면 일을 하지 않아도 매월 급여만큼의 돈이 들어오니 말이다.

어떤 이에게 200만 원, 300만 원은 아침 9시부터 저녁 6시까지 꼬박 한 달을 일해야만 받을 수 있는 금액이다. 그런데 어떤 이는 일하지 않고도 직업을 3~4개 이상을 가진 것만큼의 돈을 번다. 그래서 가끔은 이런 생각도 해 본다. 자본주의 시장에서는 상가 한 채 살 수 있을 정도의 종잣돈만 모아놓고 괜찮은 상가를 골라낼 수 있는 법만 배워도, 오랜 교육 기간을 거친 후 직업을 갖게 된 웬만한 직장인들보다 훨씬 여유로운 삶을 살 수 있는 것 아닌가 하는 생각 말이다.

> **EXIT 노트 25**
> 부자의 부동산을 보유해야 돈과 시간을 모두 갖추게 된다.
> 부루마블 게임의 법칙은 현실에서도 그대로 적용된다.

08

대중과 반대편에
서야 한다

　자본주의 시장에서 투자를 하다가 보면 상승장뿐 아니라 하락장 역시 마주할 수밖에 없다. 대중들은 상승장에서 앞으로 더 큰 수익을 낼 수 있을 것이라는 기대감으로 들뜨며, 반대로 불황이 계속 이어지는 하락장에서는 앞으로 더 하락할 것이라는 불안감으로 가득찬다. 그래서 대중들은 상승장에서는 추가 상승을 기대하며 투자를 하고, 하락장에서는 더욱 손실이 날 것을 염려하여 투자를 하지 못한다.

　자본주의 시장에서는 과거부터 지금까지 이런 투자 패턴이 계속해서 반복되었다. 하지만 희한하게도 대중들은 늘 답을 맞추지 못했다. 그렇기 때문에 이렇게 대중들의 생각이 한쪽으로 쏠리는 시기에 본인만의 투자관이 정립되어 있다면 큰 기회를 맞이할 수 있게 된다. 이것이 큰 흐름을 맞이할 때는 대중과 반대편에 서야 한다고 말하는 이유다.

2015년, '제주도 한 달 살기' 열풍이 불기 시작하며 많은 사람들이 제주도로 몰려왔다. 이때 외부에서 인구가 유입된 데는 2가지 요인이 있었다.

첫 번째, 제주도에 '부동산 투자이민 제도'가 도입되면서 중국의 투자자본이 대거 들어와 제주도의 땅과 건물을 매입하기 시작했고, 이와 더불어 중국인 관광객들까지 물밀 듯 들어온 것이다. 그 당시 제주도 숙박 예약은 굉장히 힘들었고, 추가로 펜션이나 호텔이 신축되어 오픈을 해도 몇 달 동안 예약이 꽉 찰 정도로 만실 행진을 이어나갔다. 이 시기에 중국인의 제주도 부동산 매입을 금지해야 한다는 기사가 계속해서 등장할 정도였으니 제주도의 투자 열기를 짐작할 만하다.

두 번째 요인은 그 당시 방영되었던 '효리네 민박'이라는 프로그램이었다. 최고의 인기 연예인이 화려한 삶을 뒤로하고 제주도로 가 남편 그리고 반려견들과 함께 행복하게 살고 있는 모습이 방영되었던 것이다. 그 모습은 국내 대중들에게 제주도 삶에 대한 로망을 불러일으키기에 충분했고, 그 이후로 제주도 한 달 살기의 인기는 더욱 거세졌다. 실제 제주도로 이사하는 인구수가 급증하기도 했다.

나는 이 시기를 주목했다. 중국인뿐 아니라 국내 타지역의 수많은 사람들이 제주도로 향하고 있었으나, 제주도 내의 숙박업소는 물론이고 기존 주택 역시도 한정적이었다. 너무 많은 인구가 갑자기 유입된 터라 주택 공급이 부족해질 수밖에 없는 상황이었다.

하지만 이 당시 빌라를 지을 수 있는 제주도의 토지 가격은 너무 저렴한 수준이었다. 경기도에서는 평당 800~1,000만 원에 토지를 매입하여 신축하면 2억 원 초중반 정도의 금액으로 분양할 수 있었는데, 제주도에서는 토지를 평당 100만 원에 매입한 후 신축해도 비슷한 가격으로 분양이 가능했다. 정말 이른바 '대박'이 발견되는 순간이었다.

아파트로 주거를 공급하기 위해서는 완공까지 최소 3년이 필요하지만, 빌라는 6~8개월 정도면 건축할 수 있었기 때문에 짧은 기간에 큰 수익을 기대할 수 있었다. 인구증가에 관한 데이터를 확인한 후, 나는 곧바로 제주도로 가서 빌라 건축이 가능한 토지를 찾아내어 매입하기 시작했다.

내가 준비한 투자금으로 토지 매입을 마치고 나니, 예상대로 토지 가격이 무섭게 치솟기 시작했다. 30~50만 원 수준이던 토지가 금세 100만 원이 되었고, 또 며칠이 지나니 150만 원이 되었다. 그 전까지 제주도에서는 경험해보지 못했던 토지 상승장이 펼쳐진 것이다. 시장에 나와 있던 토지 매물들은 순식간에 사라졌고, 경매로 나온 토지도 기본적으로 최저 입찰가의 100%를 넘기고 200%를 넘겨 낙찰되었다. 그러고도 상승세는 멈추지 않았고, 토지 가격은 200만 원을 넘어서며 거침없이 올라갔다.

그 후 나는 매입한 토지에 신축을 진행하였는데, 빌라의 골조를 세우기도 전에 분양이 완료되어 끝나버리고 말았다(보통 분양은 건물이 모두 완공되고 시작하는데, 건축하는 도중에 서로 팔라고 하여 분양이 완료된 것이다). 내 예상이 맞았을 때의 그 쾌감이란 정말 짜릿하다.

이런 수익은 나만 거둔 것이 아니었다. 인구 유입이 폭발적으로 늘어나는 것에 비해 주택 공급량이 얼마나 부족했으면, 이 당시에는 정말 말도 안 되는 입지에 있는 빌라도 지어지는 족족 완판이었다. 토지를 갖고 있는 사람이든 빌라를 지은 사람이든, 어떤 부동산이든 갖고 있는 사람이라면 누구나 대박을 내는 시장이었다.

이런 시장의 분위기가 대중들을 어떻게 만들었을까?

제주도 여기저기에서 부동산으로 큰돈을 벌었다는 이야기가 울려 퍼지기 시작했고, 이때는 제주도 어느 카페에서든 손에 건축도면을 들고 있는 사람들을 쉽게 찾아볼 수 있을 정도였다. 땅을 가진 사람들은 토지를 팔지 않고 직접 건축을 하는 분위기가 형성되었다.

이들은 다른 사람들의 성공적인 흐름이 본인에게도 이어질 거라 생각했을 것이다. 하지만 이때는 이미 너무 많은 사람들이 주택을 공급하고 난 후였다. 내가 토지를 매입하고 불과 2년 만에 상승장은 끝을 보이고 있었다. 또한 제주도로의 인구 유입도 정체기로 접어들고 있었지만, 그럼에도 불구하고 많은 이들은 이런 데이터를 무시한 채 오직 다른 이들의 성공스토리만 듣고 성공만을 상상하며 계속해서 건물을 짓고 있었다.

나는 이런 분위기를 감지하고 즉시 제주도의 모든 부동산을 정리하기 시작했다. 추가로 건축하기 위해 매입했던 토지도 그냥 그대로의 토지로 매도했다. 이로써 나의 2년간의 제주도 투자기가 종료되었다.

그 이후, 시장은 어떻게 변했을까?

제주도의 인구는 다시 줄기 시작했고, 분양이 되지 않은 미분양 빌라가 쌓이기 시작했다. 그러자 빌라 가격은 거침없이 떨어졌고, 덩달아 땅값도 폭락했다. 이후 하락은 계속해서 이어졌다. 수요에 비해 한순간 너무 많은 주택과 숙박시설이 공급되었기 때문이었다. 호황이 화려하면 불황의 골도 깊다는 말이 현실에서 그대로 적용되는 순간이었다.

투자를 할 때는 철저히 팩트에 근거하여 결정해야 하는 것이지, 누군가 돈 벌었다는 얘기가 들려올 때는 이미 끝물일 가능성이 크다. 그래서 나는 투자를 할 때는 늘 대중과 반대편에 서려고 한다. 하지만 대중들은 자신과 같은 생각을 하는 사람이 많은 것을 확인했을 때 안심하는 경향이 있다.

2008년에는 서브프라임 모기지 사태로 촉발된 금융위기가 있었다. 많은 사람들에게는 위기의 시기였지만, 나에게는 투자로 꽤나 큰 수익을 거둔 시기였다. 당시는 투자에는 아무도 관심을 갖지 않는 시기, 아니 더 깊은 불황이 이어져 부동산이 폭락할 것이라는 폭락론만이 가득하여 모두가 투자를 꺼리는 시기였다. 신문, 뉴스, 언론에서는 연일 세계 경제가 동반 침체 되어 앞으로 더 큰 위기가 올 것이라는 보도를 했다. 연일 이어진 보도로 인해 부동산 시장의 매수세는 종적을 감춰버렸다. 언론은 대중의 심리를 더욱 부추기는 경향이 있다. 이후 가격은 더욱 떨어졌고, 매수자는 나타나지 않으니 그야말로 패닉 상태였다.

이 당시 모든 전문가가 입을 모아 지금은 부동산을 매입해서는 안 된다는 의견을 냈다. 앞으로 부동산 대폭락의 시대가 올 것이라는 제목의 책을 출간한 저자가 최고의 전문가로 인정받아 그 책이 엄청난 베스트셀러가 되기도 했으며, 그러한 분위기는 대중들을 얼어붙게 만들었다. 이렇게 암흑 같은 시기에 과감하게 부동산을 매입하기란 쉬운 일이 아니다. 언론, 전문가들이 모두 나서 부동산 가격이 떨어질 것이라고 단언하는데 그 분위기에서 감히 누가 마음 편히 매수를 할 수 있겠는가.

하지만 언론에서 보도되는 것처럼 부동산 매물들이 정말 폭락하고 있는지 확인이 필요했다. 나는 우선 현장에 방문하여 매물을 확인해본 후, 오피스텔과 상가 등 월세를 받을 수 있는 부동산과 매매차익을 거둘 수 있는 아파트에 투자할 계획이었다. 참고로, 언론은 어떤 현상만을 보도하는 것이어서 뉴스나 신문은 대중의 심리를 파악하기 위한 목적으로만 참고하는 것이지, 투자 판단을 위한 자료는 아니다. 투자는 철저하게 팩트를 바탕으로 이루어져야 한다.

　먼저 상가와 오피스텔에 대한 시세 확인을 해보기로 했다. 각 지역의 여러 공인중개사무소를 다니며 조사를 했다. 조사 결과, 상가나 오피스텔의 월세에는 변동이 없었고 대출 실행도 무난하게 가능했다. 하지만 오피스텔 매매가격은 하락해 있었는데, 자세히 알아보니 전체 시세가 하락한 것이 아니었다. 이는 집주인 중에서 폭락에 대한 두려움으로 급하게 매물을 내놓은 물건이 한두 건 거래되었기 때문이었다. 그런 매물만 보고 언론에서는 마치 부동산 가격이 폭락한 것처럼 보도를 했던 것이다. 이렇게 현장에 나가서 팩트를 체크해 보면 근거 없는 소문에 의한 두려움을 이겨낼 수 있게 된다.
　나는 저렴하게 나온 오피스텔과 상가를 사들이기 시작했다. 임대가 잘 되어 공실 염려가 전혀 없는 매물만 추렸는데도 거의 절반 가격으로 살 수 있었다. 이런 하락장에서 게임의 법칙은 간단하다. 물건을 싸게 매입해 임대수익을 받다가 가격이 회복되면 매도하는 것이다.

아파트도 마찬가지였다. 가격 하락이 과연 어느 정도까지 진행된 상태인지 몰랐다. 이럴 때는 가장 괜찮은 지역의 매물부터 확인해보는 것이 방법이다. 나는 당장 분당지역으로 달려갔다. 그런데 언론에서 호들갑 떠는 것처럼 시장에 그렇게 많은 매물이 나와 있지도 않았다. 급매물은 나오는 대로 바로바로 거래되어 소진되고 있었고, 전세 가격은 그대로 유지되고 있었다. 이 사실을 확인한 후 경매나 공매로 나온 부동산 매물들을 검색하기 시작했다. 경매를 통한 반값 쇼핑이 시작된 것이다.

이 시기에 내가 매입했던 부동산들이 본래 시세대로 회복하는 것은 1년도 채 걸리지 않았다. 대중들의 심리가 하락에 대한 두려움에서 금세 상승에 대한 기대감으로 바뀌게 된 것이다. 이때부터 급매물은 빠른 속도로 소진돼 버렸고, 폭락은커녕 오히려 상승장으로 전환되었다. 이 모든 과정을 지켜보면서 참 재미있기도, 씁쓸하기도 했다. '이게 바로 자본주의 시장의 모습이구나'를 새삼 느끼며 말이다.

앞으로도 대중들의 이런 모습은 계속해서 반복될 것이다. 그래서 어떤 위기가 닥쳤을 때 언론에 휘둘리지 않고 팩트를 체크하여 투자 여부를 판단한다면 큰 수익을 낼 수가 있는 것이다.

이 방법을 모두가 알게 되면 모든 사람이 언론에, 분위기에 휘둘리지 않게 되니까 의미가 없어지는 것 아니냐고? 자본주의 시장이 이렇게 오랜 기간 지속되었지만 아직도 대중을 바꾸지는 못했다. 다행히(?) 좋은 책이나 강의가 나와 이 방법이 알려지더라도 그것을 확신하고 실행하는 이들의 비율은 극히 적을 것이다. 따라서 자본주의 시장에서는 대중과 반대편에 서야 한다는 것은 지금까지도 그러했지만, 앞으로도 정답일 것이다.

❝

EXIT 노트 ㉖

투자의 정답은 늘 대중과 거꾸로 가는 길에 있다.

상승장에 대한 기대감과 하락장에 대한 공포를 생각하는 것보다 팩트를 체크하는 것이 우선이다.

시장에 나와 있는 매물만 확인해도 언론의 분위기에 휘둘리지 않는 투자가 가능하다.

❞

Chapter 4

사업으로
10배 빨리 부자되기

더욱 빠르게 EXIT를 할 수 있는,
사업

사업으로 부자되기

대한민국에서 부자가 될 수 있는 방법은 크게 2가지로, 첫 번째는 부동산이고, 두 번째는 사업이다. 언제부턴가 나는 사람들에게 부동산 투자가가 아닌 성공한 사업가로 불리고 있는데, 이는 내 투자 인생의 전반부는 부동산이었고, 후반부는 사업이었기 때문이다. 본래 종잣돈을 모았을 때부터 사업에 관심을 갖고 있었지만 (앞의 송사무장 이야기에서 종잣돈을 모으기 시작했을 당시에는 원래 사업으로 승부를 보려고 했었다는 사실을 언급한 바 있다), 부동산 투자로 어느 정도의 자산을 쌓고 난 뒤 다시 사업에 관심을 두게 된 것이다.

부동산 투자를 하다가 다시 사업에 관심을 갖게 된 것은 월세 부동산을 모아가는 과정에서였다. 매월 들어오는 월세를 세팅하기 위해 초반에는 주거형 및 오피스텔 등의 부동산을 모아가다가 나중에는 주로 상가, 근린시설 등 업무용 물건을 매입하게 되었는데, 이때 다양한 업종의 임차인들에게 상가를 임대 놓으면서 자연스레 여러 사업에 관심을 갖게 된 것이다.

사실 내가 본격적으로 사업을 시작하기 전까지만 하더라도 나역시 사업은 특별한 분야라고 생각했고, 큰돈을 벌 수도 있지만 반대로 변수가 많아 실패할 수도 있기에 안정적으로 운영할 수 있을지에 대해서는 확신이 없었다. 하지만 막상 여러 사업체를 직접 운영해보니 준비만 잘 한다면 충분히 안정적이고, 가장 빠르게 큰 수익을 얻을 수 있는 분야가 바로 사업이라는 것을 깨닫게 되었다. 한 상가를 임대만 할 경우 최대 수익은 월세이고, 시세가 정해져 있기 때문에 최대 수익은 정해져 있다. 하지만 그 상가에서 자신의 사업을 한다면 월세의 한계를 훌쩍 뛰어넘는 큰 수익을 거둘 수 있게 된다.

보통 상가의 임차인은 영세하다는 인식을 갖고 있지만, 이런 편견을 깨버리는 이들이 있다. 괜찮은 아이템과 영업력으로, 상가의 임대료를 내면서도 상가 건물주가 받는 임대료보다 훨씬 더 높은 수익을 올리는 이른바 '슈퍼 임차인'들이다.

나는 상가 투자를 해오면서 그런 슈퍼 임차인이 될 수 있는 아이템이 무엇인지를 분석했고, 그러다 보니 어느 순간부터는 사업을 통한 수익구조가 눈에 들어오기 시작했다. 그때부터는 상가를 볼 때 임대수익만이 아니라 이 상가에서 벌어들일 수 있는 영업이익은 얼마일지에 초점을 맞추기 시작했다. 즉, '이 상가를 매입하면 얼마에 임대를 놓을 수 있지?'의 계산이 아니라 '이 상가에 적합한 사업장을 운영하게 되면 얼마의 영업이익을 거둘 수 있을까?'를 생각하게 되면서 수익 계산법이 완전히 달라진 것이다.

그래서 지금은 상가를 매입하면 그 상가를 그냥 임대만 주는 것이 아니라 여기에 '사업'이라는 아이템 하나를 더 추가하여 월세 이상의 현금흐름이 나오도록 하고 있다.

상가에 사업을 추가하는 간단한 원리를 소개한다. 상가에서 임대료보다 더 많은 수익을 내기 위한 방법 중 하나는 '공간 쪼개기'이다. 다시 말해, 하나의 공간을 여러 개의 작은 공간으로 나누는 것이다.

예를 들어, 통으로 임대할 경우 월 100만 원을 받을 수 있는 A라는 상가가 있다면, A 상가를 반으로 나눠 A-1, A-2라는 2개의 독립 공간으로 만들어 각각에서 월 60만 원씩 총 120만 원의 월세를 받는 방식이다. 하나의 공간을 둘로 나누니 추가로 20만 원의 수익이 늘어나는 것이다. 이처럼 공간을 쪼개는 방식을 활용하면, 상가를 임대할 때는 물론 상가에서 사업을 운영할 때 역시도 더 큰 수익을 거둘 수 있게 된다(단, 무작정 쪼개서는 안 되고 그런 수요가 풍부한 곳이어야 한다). 50평대의 상가 하나를 통으로 임대하지 않고, 10~15곳으로 나누어서 소호사무실로 세팅하면 시설비가 추가로 소요되더라도 2배 이상의 현금흐름을 만들 수 있게 되는 것이다.

150평 상가를 매입한 적이 있다. 학원가에 있던 이 상가는 위치가 좋았기에 임대수요가 넘쳐 공백기 없이 바로 학원으로도 임대가 가능했다. 만약 하나의 학원에 임대를 했다면 월세 500만 원 정도는 받을 수 있는 곳이었다.

하지만 나는 이 150평 상가를 독서실로 만들었다. 독서실은 책상 수만큼 공간을 쪼개는 사업이었다. 독서실 시설이 완료되니 총 200석이 넘는 좌석이 설치되었는데, 이로써 하나의 공간을 200개로 나눈 셈이었다. 그렇게 하여 나는 200개의 작은 공간에서 월세를 받게 되었으며, 상가를 통으로 임대할 때보다 몇 배 이상의 더 큰 수익을 낼 수 있게 되었다.

하나의 상가에서 최대한의 수익을 내기 위한 다른 방법으로는 '시간 쪼개기'가 있다. 시간을 쪼갠다는 의미를 눈치챘는가? 나의 사례를 보면 바로 이해할 수 있을 것이다.

보통은 1명의 임차인에게 상가를 1~2년 단위로 임대하고 매월 월세를 받는 구조이다. 하지만 나는 상가에 사람들이 필요로 하는 것을 시설하고 시간 단위로 쪼개어 임대를 놓았다.

내가 앞에서 소개한 독서실의 경우에는 한 자리를 한 고객에게 1개월 단위로 임대하는 것인데, '스터디카페'의 경우는 한 좌석을 한 사람에게 지정하는 것이 아닌, 여러 사람이 시간제로 사용할 수 있도록 하는 방식이다. 그렇게 하면 한 자리에서 얻는 수익이 한 사람에게 지정하여 임대하는 것보다 훨씬 높아지게 된다. 이처럼 동일한 공간을 시간으로 쪼개어 수익을 내는 업종은 쉽게 찾아볼 수 있다.

사람들이 사진 촬영을 할 수 있도록 상가나 주택에 인테리어를 해놓은 렌탈 스튜디오는 시간 단위로 임대가 가능하다. 파티룸, 에어비앤비 역시도 빈 공간에 파티 내지 숙박을 할 수 있는 시설을 하고 동일한 공간을 시간 단위로 임대하는 사업이다.

나는 급매로 매입한 35평의 상가를 어떻게 활용하면 좋을지 고민했던 적이 있다. 매입할 당시 미술학원으로 사용 중이었고 매월 100만 원의 월세를 받고 있는 상가였는데, 공간을 쪼개어 사용하기엔 면적이 애매했다.

고민 끝에 나는 이 상가를 대형 강의장으로 만들었다. 상가에 빔 프로젝터, 음향 장비, 책상, 의자 등 강의를 할 수 있는 시설을 세팅한 것이다. 이곳은 지하철역에서 가깝고 주차장도 잘 갖춰져 있어서 많은 인원이 모임을 하기에 최적이라고 생각했다. 내가 이 강의장을 만들기 전까지 주변에는 소형 강의장만 있었고, 큰 곳이라고 해봐야 수용인원이 20~50명 정도였다. 그래서 이곳에 80~90명까지 수용이 가능한 강의장을 만들면 수요가 있을 것이라 생각했던 것이다. 내 예상은 적중했다. 이 상가를 강의장으로 세팅하니 여러 업체에 시간 단위로 임대가 가능하였고, 본래 한 곳에만 임대를 주었을 때보다 최대 3~4배 이상의 수익을 거두는 달도 있었다.

이처럼 부동산 투자를 할 때 사업이라는 시스템을 하나 더 추가하면 부동산을 임대만 했을 때보다 훨씬 더 높은 수익을 얻을 수 있고, 이때 사업 아이템이 공간과 시간을 쪼갤 수 있는 것이라면 더욱 그러하다.

부동산에 사업을 접목시키는 투자는 부동산 투자의 최고봉이라 할 수 있다. 내가 경험해보니 그렇다. 하지만 여기까지 글을 읽어온 사람이라면 아마 깨달았을 것이다. 투자에도 순서가 있다는 사실을 말이다. 짐작하겠지만, 부동산에 사업을 접목한 투자는 더 큰 수익을 빨리 얻을 수는 있으나 조금 더 많은 투자금이 필요한 방법이다. 그래서 어느 정도의 현금흐름이 확보될 때까지는 월세 받는 부동산을 하나씩 늘려가는 방법으로 투자를 하고, 이후 충분한 투자금이 모이면 사업까지 접목시키는 최종 투자로 눈을 돌릴 수 있게 되는 것이다.

사업 능력을 갖추게 되면 공실인 상가도 과감하게 매입할 수 있게 된다. 그 상가에서 내가 직접 사업을 하면 되니 공실을 걱정할 필요가 없는 것이다. 지금까지 내가 매입했던 급매물 상가는 대부분 공실이거나 영업이 저조하여 임차인이 나가기로 예정된 물건들이었다.

취업 준비를 하던 시절에는 故 김우중 전 대우그룹 회장의 "세상은 넓고 할 일은 많다"는 말을 믿지 못했었다. 수많은 회사가 있었지만 나에게 취업의 문을 열어주는 회사는 단 한 곳도 없었으니까. 그래서 이 말은 과거에나 통했던 말이라고 치부해버렸었다.

하지만 사업을 시작하고 이러한 시스템을 이해하고부터는 이 말의 진정한 의미를 깨닫고 절실히 공감하게 되었다. '취직도 힘든 세상'이라는 초라한 생각에서 '세상에는 정말 할 게 많고, 돈 벌 수 있는 것들이 왜 이리 많지?'라는 자신감 넘치는 생각으로 바뀌게 된 것이다.

이 말은 이제 내가 주변 지인들, 내 강의를 듣는 수강생들에게 항상 하는 말이 되었다.

"이 세상에는 정말 돈 벌 수 있는 것들이 수도 없이 많다."

생각을 바꾸고 실력을 쌓아간다면, 당신도 언젠가는 이 말을 100%, 200% 공감하는 날을 맞이할 수 있을 것이다.

" —

EXIT 노트 27

사업도 준비만 잘한다면 안정적으로 할 수 있는 분야다.

부동산을 그대로 한 곳에 임대하는 것보다 '공간 쪼개기'와 '시간 쪼개기'를 활용한다면 몇 배의 수익을 거둘 수 있다.

언젠가는 깨닫게 될 것이다. 세상은 넓고 할 수 있는 일은 정말 많다는 것을.

"

부자의 셈을 익혀라

대부분의 사람들은 본인의 수입과 지출을 계산하는 것에는 익숙하다. 매달 '월급이 들어오려면 아직 멀었네', '이번 달에는 월급에서 카드값과 집세, 보험료 그리고 각종 생활비가 나가고 나면, 과연 얼마의 금액이 남을까?', '여기서 뭘 더 아껴야 더 많은 저축을 할 수 있지?'를 생각한다. 이들에게 수입은 오직 '월급'으로 한정되어 있기 때문이다.

하지만 이제 당신은 저축만으로는 결코 부자가 될 수 없고, 월급 외의 현금흐름을 추가로 만들어야 한다는 사실을 깨달았다. 따라서 부자가 되고 싶다면 이제부터는 절약에 관한 고민보다, 수입의 종류를 늘리는 것에 몰두해야 한다.

수입의 종류를 늘리려면 우선, 부동산을 매입하거나 사업을 할 경우 어느 정도의 수익을 가져다줄지를 미리 계산해볼 줄 알아야하는데, 나는 이 계산을 일명 '부자의 셈'이라고 말한다(참고로, '부자의 셈'이라는 용어는 내가 가장 먼저 사용한 말이다). 나는 항상 "셈을 잘하는 사람이 부자가 된다"고 말하곤 하는데, 실제로 셈을 잘하면, 즉 부자의 셈을 할 줄 알면 부를 늘려가는 것이 훨씬 수월하다.

나에게는 사람들이 붐비는 곳에 가면 그곳이 어디든, 그곳은 어떻게 얼마의 수익을 얻고 있는지 계산해보는 습관이 있다. 이 점포가 무엇을 갖췄기에 고객이 붐비는지, 만약 손님이 없다면 무엇이 부족해서인지도 파악해보고 그곳의 매출 및 영업이익까지 계산해본다.

만약 줄이 길게 늘어선 카페에 와 있다고 가정해보자. 당신이라면 어떤 생각을 할 것 같은가?

'대체 커피에 어떤 비법이 숨어있길래 이렇게 맛있지?'라는 생각을 한다면 평범한 사람이다. 부자는 맛에 대한 평가 외에 먼저 '어느 정도의 금액이 있어야 이 가게를 차릴 수 있고, 이런 가게를 차리면 얼마의 영업이익을 거둘 수 있을지'를 계산해본다. 이것이 바로 '부자의 셈'이다. 부동산을 볼 때도 마찬가지다. '이 부동산을 사면 얼마의 현금이 투입되고, 얼마의 임대수익과 매매차익을 거둘 수 있을지'를 계산해본다.

부자가 되기 위해서는 평소에 다양한 환경에서 이와 같은 '수익 계산'이 습관화되어 있어야 한다. 부자의 셈이 복잡할 것 같다고? 걱정할 필요 없다. 초등학생도 아는 사칙연산만 할 수 있다면 누구나 가능하니까.

예를 들어, 성업 중인 카페나 음식점에 가면 음식 가격에 테이블 수와 자리 로테이션 정도를 고려해 대략 추산한 하루 손님 수를 곱하여 하루 매출을 역산해보는 것이다. 이 하루 매출에 30을 곱하면 한 달 총 매출이 나온다. 이에 더하여 해당 가게에 있는 직원 수를 체크하여 인건비와 월세, 관리비 등과 같은 기본적인 고정 지출 비용을 계산하면 셈이 완료된다. 추산한 총 매출에서 지출 비용을 빼보면 그 가게에서 매월 어느 정도의 수익을 내고 있는지 추정이 가능하다.

하루 매출 = 음식 가격 × 손님 수

월 매출 = 하루 매출 × 30 (또는 영업일 수)

월 지출 = 인건비 + 월세 + 관리비 + 재료비 + …

∴ 월 순수익 = 월 매출 − 월 지출

처음에는 계산이 오래 걸릴 수는 있으나 계속하다 보면 점점 익숙해지고 빨라진다. 이런 능력을 갖추고 있다면, 성업하는 사업장마다 한 달에 대략 어느 정도의 수익을 거두고 있는지를 가늠할 수 있게 된다.

　다음으로, 이런 가게를 차리려면 어느 정도의 자금이 필요한지 시설비를 계산해볼 차례다. 가게를 차릴 때 보통 가장 많은 비중을 차지하는 것은 인테리어 비용이고, 그다음이 인건비, 월세 등이다.

　인테리어 비용은 본인이 인테리어를 해본 경험이 쌓이면 대략적인 추산이 가능하겠지만, 감을 잡을 수 없을 때는 인터넷 검색을 통해 프랜차이즈 본사 홈페이지에서 인테리어 비용을 찾아내거나, 더 정확한 비용을 알기 위해서는 본사에 전화 혹은 방문 상담을 해보는 것도 방법이다(처음에는 감을 잡기 위해서 최소한 이 정도의 노력은 해야 한다). 이외에 인건비는 대략 최저임금 기준으로 생각해보면 되고, 월세는 시세 파악에 아직 익숙하지 않은 경우라면 근처 부동산에 문의해보면 된다.

　이렇게 계산하다 보면, 가끔 시설비도 적고 유지비도 많지 않은데 큰 수익을 거두고 있는 대박 아이템을 발견하기도 한다. 그렇기 때문에 평소 부자의 셈을 습관화하면 유망 아이템을 금세 캐치할 수 있는 능력까지 생기게 되는 것이다.

　평소 부자의 셈을 하는 습관을 갖고 있다면, 어떤 부동산이 좋은지 어떤 사업 아이템이 흥할지 등을 구분할 수 있는 눈이 자연스레 생기게 된다. 그래서 이런 연습을 꾸준히 해온 사람은 새로운 아이템을 접하게 되더라도 평소에 셈을 해보지 않았던 이들보다 명쾌한 결정을 내릴 수 있게 되는 것이다.

이처럼 다른 사람이 어떻게 얼마의 수익을 내고 있는지 꾸준히 관심을 갖는다면 더욱 수월하게 부자가 될 수 있음을 잊지 않길 바란다.

> **EXIT 노트 28**
>
> '부자의 셈'이란 부동산과 사업에 관하여 대략의 이익을 추산해 보는 것이다.
>
> 이런 셈을 습관화하면 투자 감각이 좋아지고, 유망 아이템도 골라낼 수 있게 된다.

기술자가 아닌
기획자가 되어라

기술자가 되어야 한다는 말은 들어봤어도 기획자가 되라니? 대부분 기획이라는 말은 연극이나 공연에서 들어봤지, 인생에서 '기획자'가 되라는 말은 들어보지 못했을 것이다.

나는 해당 분야의 기술이 없음에도 불구하고 지금까지 다양한 사업들을 모두 성공적으로 이끌었다. 어떻게 제대로 된 기술이 없는데도 불구하고 그 분야에서 좋은 결과를 낼 수 있었던 것일까? 자본이 많아서 가능했던 것 아니냐고? 절대 아니다. 그것은 바로 내가 기획자의 사고를 가졌기 때문이다.

사람들은 대부분 기술자의 삶을 살고 있다. 곰곰이 생각해보면 우리는 그런 삶을 살 수밖에 없게 되어있다. 초중고에서는 좋은 대학에 가기 위해 공부를 하고, 대학에서는 원하는 직장을 갖기 위해 공부하며, 회사에 취직하면 그 사람은 회사에서 필요한 한 가지 기술을 갖게 된다. 이후에는 퇴직할 때까지 그 기술로 월급을 받는 구조다. 회사원이 아니라 의사, 변호사처럼 전문직에 종사한다 할지라도 그들은 한 가지 고급 기술을 가진 것에 불과하고, 그 기술만을 통해 평생 수입을 만들어내야 하는 것은 마찬가지이다.

기술자는 자신이 배웠던 것에서 벗어나지 못하는 경향이 있다. '생활의 달인'이라는 TV프로를 보면 종종 연세 드신 분들이 도자기를 굽거나, 돗자리, 맷돌 등을 만드는 모습이 나온다. 그분들은 어린 시절부터 평생 그것만을 해왔기에 보통 사람들이 봤을 때 신기에 가까운 손기술로 일을 한다. PD가 달인에게 이 나이까지 어떻게 일을 했는지 물으면, 이들 대부분은 같은 대본을 읽는 것마냥 "배운 게 도둑질이니~"라는 우스갯소리를 공통적으로 한다. 하나의 기술을 배웠으면 그것으로 평생을 먹고사는 것이 당연하다고 생각하는 것이다.

하지만 기술은 기본적으로 노동이 투입되어야 하는 것이므로 기술만으로는 수익을 확장하는 데 한계가 있다. 수익을 늘리기 위해서는 더 오랜 시간 일하는 방법밖에는 없기 때문이다.

대부분 기술자의 삶을 살아와서일까? 신규 사업을 해보라고 말하면 누구든 우선 그 분야의 기술을 배울 생각부터 한다.

예를 들어, 앞으로는 웰빙 중국 음식점이 유망하니 그 사업을 해보라고 한다면 많은 이들은 어떤 준비를 할까? 보통은 음식을 만드는 기술부터 배우려고 한다. 몇 년에 걸쳐 음식을 맛있게 만들 수 있는 기술을 완성한 후에야 비로소 창업을 한다. 그리고 그가 오픈한 점포는 주방에 사장이 직접 들어가서 일을 하는 형태다. 이렇게 음식 만드는 기술까지 갖추고 창업을 하게 되면 가게 오픈까지 몇 년씩 소요되기도 한다.

반면, 기획을 하는 사람에게 중식당을 해보라고 하면 어떨까? 그는 음식 만드는 기술을 배우지 않는다. 대신, 여러 자료를 분석하여 최근 소비자들이 좋아하는 음식이 무엇인지 파악한 후 판매할 음식 메뉴를 정리하고, 지금의 트렌드에 맞춘 인테리어도 살펴볼 것이다. 요리는 당장이라도 중국 음식을 잘 만드는 요리사, 즉 기술자를 고용하면 되기 때문이다. 이런 코스대로 준비하면 충분히 1년 이내에도 가게를 오픈할 수 있다.

후자는 자본이 많이 들 것 같다고? 간단히 비교해보면, 주방장 월급 정도만 차이가 날 뿐 큰 차이는 없다. 반면, 후자의 경우는 주방장 급여를 부담하는 대신 본인이 가게에 머물러있지 않아도 되기에 또 다른 업무까지 멀티로 할 수 있게 된다. 따라서 기술자는 점포를 1개밖에 운영하지 못할 때 기획자는 2개, 3개 이상의 점포를 운영할 수 있게 되는 것이다. 결과적으로 보면 기획자는 기술자보다 훨씬 더 큰 수익을 얻게 된다.

이렇듯 기획자가 보는 눈과 기술자가 보는 눈은 확연하게 다르다. 어떤 사업을 준비할 때 기술자가 오랜 기간 공들여 요리 기술한 가지를 배우는 동안 기획자는 소비자와 수요를 분석하는 데 초점을 맞춘다. 소비자가 어떤 음식을 좋아하고 어떤 인테리어를 선호하는지 등을 분석하고, 상가 입지, 마케팅, 직원 관리 방법 등을 끊임없이 연구한다. 그 후 숙련된 기술자를 고용하는 것, 이것이 기획자의 마인드이다.

이는 사업할 때만으로 국한되는 것은 아니다. 어느 분야든 마찬가지이고, 부동산 공부를 할 때 역시 기획자의 마인드로 접근해야 한다.

예를 들어, 토지 투자가 유망하니 공부를 시작해보라고 할 경우 대부분의 사람들은 겁부터 낸다. 토지에 관한 공법을 하나씩 소화해내는 것이 만만치 않기 때문이다. 그래서 많은 이들이 토지 투자에 도전하기를 주저한다.

하지만 이 역시 기술자의 마인드로 접근했기 때문이다. 토지 투자의 기본은 수많은 토지 중에서 건물을 지을 수 있는 토지를 골라내는 것이다. 이것만 기억하고 여기에 초점을 맞춰 익히면 되는데, 많은 이들이 너무 공법에 치중을 하고 이것을 모두 알아야 한다고 생각하기 때문에 어렵다고 느끼는 것이다.

기획자의 사고로 접근하면 토지 투자를 수월하게 할 수 있다. 기획자는 토지를 보는 눈은 기르되, 토지에 관한 공법 사항을 전부 다 알려고 하지는 않는다. 이 부분은 기술자들 즉, 토목설계사무소, 건축사사무소 등 이 분야의 전문가들을 활용하면 되기 때문이다(사실 비전문가가 공부를 한다고 해도 그 분야의 전문가보다 더 나은 실력을 갖추기는 힘들다).

내가 제주도 투자를 결정하고 토지를 매입했을 때에도 나는 토지에 대한 공부를 한 것이 아니라 바로 숙련된 기술자를 고용했다. 공인중개사에게 중개 수수료를 넉넉하게 챙겨주며 토지를 소개받았고, 그 매물을 바로 건축사에게 전달하여 건축 가능한 토지인지 검토하게 하였다. 그러면 건축사는 그 토지를 분석하여 건축이 가능한지, 빌라를 지을 경우 총 몇 가구가 나올 것인지에 대한 보고서를 보내온다.

내가 할 일은 이 보고서를 참고하여 토지를 매입한 후 건물을 지었을 때 분양이 잘 될 수 있는 지역인지를 파악하고, 분양가격을 얼마로 책정할지를 결정하는 것이었다. 즉, 나는 수요에 대한 파악만 확실하게 하면 되는 것이다.

이때는 타이밍이 생명이었기 때문에 바로 시행할 수 있는 기획이 필요했다. 그래서 나는 토지를 매입한 후 건축, 분양을 하기까지 각 단계마다 기술자(공인중개사, 건축사, 시공사)를 고용하였고, 결과는 짧은 기간에 큰 수익을 거둔 대성공이었다.

이처럼 나는 새로운 무언가를 하기로 결심하더라도 그 프로젝트를 실행에 옮기기까지 정말 짧은 시간이 소요된다(내가 만약 토지 공법부터 하나씩 공부했다면 좋은 타이밍을 놓쳤을 것이다). 신규 사업에 관해 트렌드나 소비자의 만족도를 분석해보고 괜찮겠다고 판단되면 나는 그 분야의 전문 기술자를 고용하기만 하면 되기 때문이다.

기획자의 사고를 갖게 되면 본인이 기술을 갖고 있지 않더라도 어떤 분야에서든 도전이 가능해진다. 따라서 기획자는 자신이 상상한 것은 무엇이든 이뤄낼 수 있는 무궁무진한 기회를 갖게 된다.

> ## EXIT 노트 29
>
> 자본주의 시장에서 기술자는 부자가 되기 힘들고, 기획을 할 줄 아는 사람이 부자가 된다.
>
> 기술자는 자신의 기술을 닦는 것에 집중하지만, 기획자는 소비자를 이해하는 것에 집중한다.

출근하지 않아도 되는
사업이어야 한다

사업을 해보라고 하면 어떤 이들은 "장사를 하라고요?"라며 반문하기도 한다. 이렇게 많은 이들이 장사와 사업의 차이에 크게 의미를 두지 않고 말하곤 한다. 그러나 장사와 사업은 엄연히 다른 것이고, 이 책에서 내가 말하고자 하는 것은 장사가 아닌 '사업'이다. 우선, 사업과 장사의 개념부터 이해해야 한다. 한마디로 말하면 장사는 단순히 이윤을 남기는 것이고, 사업은 가치를 창출하는 것이라 생각하면 된다. 편의점, 카페, 식당… 동일한 아이템일지라도 어떤 이는 장사를 하고, 어떤 이는 사업을 한다.

예를 들어, 한 곳의 카페를 운영하면서 사장이 직접 가게에서 커피를 만들며 일을 한다면 그는 장사를 하는 것이고, 반면 사장이 직접 출근하지 않고 직원을 두며 2곳 이상의 점포를 운영한다면 그는 사업을 하는 것이다.

차이를 알겠는가? 장사는 자신의 기술과 노동력을 투입하여 이윤을 남기는 것이고, 사업은 필요한 인력을 배치하고 자신이 직접 일하지 않더라도 수익을 얻을 수 있는 시스템을 만들어 가치를 창출하는 것이다. 그래서 장사를 하는 사람은 점포 1개를 운영하는 것도 버겁지만, 사업을 하는 사람은 3호점, 4호점, 5호점 등 점포를 계속해서 늘려갈 수 있는 것이다. 점포 1곳만 비교해본다면, 사장이 직접 일하는 곳은 상대적으로 인건비가 덜 들기 때문에 수익이 높을 수는 있지만, 일할 수 있는 시간은 한정적이므로 수익의 한계가 있다. 그러나 사업의 경우는 점포 수를 계속적으로 늘려나갈 수 있으므로 수익은 무한대이다.

내가 가끔씩 들르는 맛집이 있다. 노부부가 운영하는 칼국수 집인데, 내 입맛으로는 대한민국 1등이라고 해도 과언이 아닐 정도로 요리 실력이 뛰어나다. 푸짐한 양의 바지락에서 돌 하나 씹히지 않을 정도로 해감도 잘 되어있고 국물 역시 기막히게 시원하다. 또한, 매일 담그는 김치 맛 역시 일품이다. 이들 노부부는 좁은 식당에 테이블 6개만 놓아두고, 한 곳에서 20년째 운영 중이다. 오전 11시부터 오후 4시까지 영업을 하는데(5시간밖에 일을 안 한다고 생각할 수 있지만, 식당 영업을 하려면 오픈 전 준비 시간도 상당하다), 손님이 많아 항상 줄을 서서 먹는 곳이다.

하지만 아무리 항상 줄을 서서 먹는 곳이라 할지라도 하루 동안 판매할 수 있는 최대의 양은 정해져 있다. 내가 얼핏 계산을 해보니 아무리 장사가 잘되어도 매월 500만 원 정도의 수입이 한계였다. 그래서 이분들은 오랜 기간 잘되는 장사를 했어도 부자가 아니다(물론 이들 노부부는 부자가 되기 위해 장사를 하는 분들은 아니다. 다만, 나는 쉬운 이해를 위해 이분들처럼 실력이 좋아 장사가 잘되는 경우를 예로 들고 싶었을 뿐이다). 이렇게 좋은 실력과 기술을 가졌지만 부자가 되지 못한 이유는 사업이 아닌 장사를 했기 때문이다.

만약 노부부가 칼국수 판매에 사업적으로 접근했다면, 육체노동은 훨씬 덜하면서도 더 큰 수익을 벌 수 있었을 것이다. 본인이 본사를 설립하여 조리법을 여러 체인점에 전수해주고 점포를 점차 확대해가면서 그곳에 재료 및 양념을 제공하는 시스템을 갖춘다면, 본인이 직접 조리하지 않더라도 10곳, 20곳 이상에서 동일한 맛을 내는 칼국수를 만들어낼 수 있다. 이렇게 하면 점포 1곳이 아니라 10곳, 20곳 이상의 점포에서 발생하는 수익을 추가로 취할 수 있게 된다(솔직히 이보다 못한 요리 기술이지만 체인 사업을 통해 큰돈을 벌고 있는 경우가 대부분이다). 아무리 좋은 기술을 가졌다 할지라도 사업 머리를 써야만 큰돈을 벌 수 있는 것이다.

다음은 내 강의를 들은 후 성공적으로 창업한 수강생의 이야기인데, 이는 사업과 장사의 차이를 잘 이해한 좋은 예다.

그는 세 아들의 아빠다. 첫째 아이가 3살이 되었을 때 둘째 아이를 계획했는데 쌍둥이가 태어나게 되면서 순식간에 세 자녀의 가장이 된 것이다. 아이가 셋이 되니 외벌이였던 그는 직장 월급만으로는 도저히 생활이 힘들어 깊은 고민에 빠졌다. 하지만 어린 아들 셋의 육아를 아내에게 오롯이 떠맡기고 주말이나 저녁 시간을 활용하여 투잡을 하기에도 어려운 상황이었다.

힘겨운 현실을 맞이하며 앞으로의 미래에 대해 진지하게 고민하던 중에 그는 마침 내 블로그 글을 발견했고, 그때부터 사업에 관심을 갖게 되어 그 후 강의를 들으면서 도전을 결심하게 되었다고 한다.

결과적으로 그는 해당 강의 과정이 채 끝나기도 전에 스터디카페 창업에 성공하였다. 스터디카페를 창업하기 전 그는 여러 고민을 했는데, 그중 가장 우선적으로 생각한 것은 본인이 직접 상주하지 않고도 운영이 가능한 아이템이어야 한다는 점이었다. 그는 장사가 아닌 사업을 하기 위해 많은 고민을 했던 것이다.

그는 이에 가장 알맞은 아이템이 스터디카페라 판단하고 창업을 준비했다. 스터디카페는 오픈을 하고 난 후에는 하루에 한두 시간 정도만 보고 오면 될 정도로 관리가 크게 필요하지 않은 업종이라 충분히 부업으로 운영이 가능했던 것이다. 좌석 배정은 키오스크를 통해 고객들이 직접 등록하여 이용하는 시스템이었고, 청소 및 비품을 챙기는 일은 파트 타임으로 아르바이트생을 고용했기 때문에 그가 할 일은 사람이 붐비는 시간대에 가서 비품이 잘 채워져 있는지, 청소가 제대로 되었는지 확인하고 오는 것뿐이었다. 즉, 스터디카페는 자신이 직접 출근하지 않더라도 충분히 운영할 수 있는 아이템이었던 것이다. 그는 점포 일을 챙길 시간에 고객들에게 시설을 이용한 후기를 청취하고, 부족한 부분을 개선해가면서 단골을 꾸준히 확보해갔다.

'사업'을 한 덕분에 그는 그 전처럼 회사를 다니면서 육아를 함께 할 수도 있었고, 창업 3개월 만에 월 순수익 800만 원을 추가로 얻게 되면서 훨씬 여유 있는 생활을 할 수 있게 되었다. 그는 얼마 뒤 스터디카페 2호점도 오픈했으며, 2호점 역시 성공적인 결과를 내고 있다는 말을 전해왔다.

이 수강생의 사례는 장사가 아닌 '사업'이 무엇인지를 잘 알려줄 뿐 아니라 무인화 시스템을 잘 활용한 좋은 예이기도 하다. 앞으로는 무인화 속도가 급격히 빨라질 것이다. 이미 우리는 셀프 주유소, 셀프 빨래방, 무인 주차장, 무인 카페와 같은 무인점포에 익숙해져 있고, 대형 마트에서는 셀프 계산대의 개수가 점차 늘어나고 있다. 언제부터인지 식당에 가서 먹고 싶은 메뉴를 키오스크에서 골라 주문하는 것이 더 이상 낯설지 않은 것만 보더라도 알 수 있지 않은가?

지금까지는 사업을 할 때 수익에 큰 영향을 주는 부분이 직원의 인건비였다. 그리고 인건비를 감당한다 하더라도 직원 한 명을 오랜 기간 고용하는 것이 쉽지 않았기에 힘든 점도 많았던 것이 사실이다. 그러나 이제는 자동화 기계의 발달로 인하여 이러한 고민을 덜 수 있게 된 것이다.

또한, 지금까지는 기술을 가진 임차인이 건물을 임대하여 사업을 하는 형태가 주를 이뤘었지만 앞으로는 대부분의 임대인, 즉 건물주가 자신의 부동산에서 직접 사업까지 운영하는 것이 대세인 시대가 올 것이다.

그동안 건물주는 임차인에게 월세만 받으면 그만이었다. 그런데 이제는 자신의 상가에서 무인 편의점, 음식점, 세탁소 등 무인화 시스템을 이용할 수 있는 점포를 차린다면, 특별한 기술이 없더라도 추가 노동력을 투입하지 않고도 임대수익보다 더 큰 수익을 거둘 수 있게 되었으니, 직접 사업을 하지 않을 이유가 없어진 것이다.

이처럼 사업하기 좋은 시기가 점점 더 빠르게 다가오고 있기 때문에 앞으로 사업 분야는 지금보다 더욱 각광 받게 될 것이다. 시대가 빠르게 변화하고 있다. 앞으로는 장사가 아닌 사업을 잘 이해하고 있고, 이를 부동산과 접목시킬 계획을 갖고 있는 사람이 기회를 잡아 더욱 빠르게 부자가 될 수 있다는 사실을 잊지 않았으면 한다.

EXIT 노트 30

장사는 이윤을 남기는 것이고, 사업은 가치를 창출하는 것이다.

장사와 사업의 차이를 이해하고, 출근하지 않고도 점포를 운영할 수 있는 '사업가'가 되어야 한다.

유행타지 않는
사업 아이템을 택하라

지금껏 살아오면서 누군가에게 이런 말 한 번 정도는 들어봤을 것이다. "내가 예전에는 돈을 엄청 벌었는데 ○○이 갑자기 잘못되는 바람에", "나도 한때는 정말 잘 나갔어"와 같은 멘트 말이다. 부모님 세대에도 그랬고, 여전히 우리 주변에서는 이런 말을 심심 찮게 들을 수 있다.

사실 나는 이런 말을 정말 싫어한다. 그리고 이런 말을 하는 이들이 돈에 있어서는 하수라고 생각한다. 자신에게 찾아온 기회와 돈을 지켜내지 못했고 지금도 역시 나아진 것이 없다면, 단지 돈을 벌었던 그 시기에 잠깐 운이 좋았던 것이지 그만한 실력을 갖춘 것은 아니라는 말이다. 복권 당첨자가 당첨금으로 이것저것 손을 대다가 다시 원상태 또는 이전보다 더 안 좋은 상태로 돌아가는 것 역시 이러한 이유 때문이다. 하지만 이들은 운이 나빴을 뿐이라고 치부하며, 자신의 부족함을 돌아보고 바뀌려는 노력 따위는 하지 않는다.

돈을 다룰 수 있는 능력을 갖추면, 돈이 들어오게 만들 수도 있지만 자신의 품에 들어온 돈 역시 절대 놓치지 않게 된다. 그래서 돈을 능숙하게 다룰 줄 아는 부자들의 돈은 절대 새지 않는 것이다.

사업을 할 때도 마찬가지다. 보통은 황금빛 수익만을 상상하며 사업을 시작하는 경우가 많다. 초심자들이 흔히 하는 실수인데, 본인만 열심히 하고 잘하면 좋은 수익을 얻을 수 있을 것이라는 야심 찬 생각은 금물이다. 그동안 아껴 쓰면서 차곡차곡 모아둔 퇴직금을 한 번에 날려버리는 이들이 많은 것도 이 때문이다. 시장이 늘 좋을 수만은 없다. 부자들은 수익뿐만 아니라 불황기도 감안하여 최악의 상황까지 고려해본 후, 그래도 안전하다고 판단되면 그제야 사업을 진행한다.

나는 사업을 할 때 역시도 최우선으로 생각하는 것이 원금보장이다. 어떤 투자든 큰 수익을 내는 것도 물론 중요하지만, 돈을 잃지 않는 것이 가장 중요하다. 사업에서도 원금보장이 가능하냐고? 물론이다. 사업에서의 원금보장이라면, 사업을 시작하면서 투자한 시설비 등의 비용을 모두 회수한다는 것을 의미한다. 그래서 나는 사업을 검토할 때 투자된 자금을 2~3년 내에 모두 회수할 수 있는 아이템인지를 가장 먼저 확인한다.

아이템을 신중히 선정하라

아이템 선정은 사업에 있어 가장 중요한 요소다. 기왕이면 경쟁을 하지 않고 오랜 기간 독점적으로 운영할 수 있는 아이템이면 가장 좋다. 또한 현재 경쟁이 없는 것도 중요하지만, 향후 새로운 경쟁자가 등장한다 할지라도 경쟁에서 밀리지 않고 우위를 점할 수 있는 것이어야 한다.

그리고, 지속적으로 수요가 있는 것. 이것이 바로 내가 가장 선호하는 사업 아이템의 요건이다. 나는 유행을 타지 않고 5년 이상 지속적으로 고객들의 재구매가 이뤄질 수 있는 아이템을 좋아한다. 그래야만 안정적으로 원금을 회수하고, 수익을 낼 수 있으니까.

그리고 사업을 해보면, 큰돈을 버는 것도 중요하지만 관리가 수월한 것이 얼마나 중요한지를 깨닫게 될 것이다. 아무리 많은 돈을 벌더라도 관리를 하는 데 시간과 신경이 많이 쓰인다면 오랫동안 유지하기가 힘들어진다. 그래서 나는 무엇보다 소수의 인원으로도 관리가 수월한 것을 선호한다. 많은 인원이 투입될수록 말도 많고, 탈도 많은 법이다.

아이템 선정은 사업을 하는 데 있어 가장 중요한 과정이라고 해도 과언이 아니다. 그만큼 그 어느 때보다 더욱 신중해야 하는 단계인데, 다른 사람들의 말만 듣고 아이템을 선택하거나 별 고민 없이 지금 유행하고 있는 업종을 선택하는 등 생각보다 많은 이들이 이 과정을 쉽게 넘겨버리고 만다.

대부분은 손쉽게 시작할 수 있고 단기간 내에 결과가 나오는 아이템을 좋아한다. 편하고 쉽고 빠른 길을 선호하는 것은 지극히 당연한 일이지만, 이런 아이템은 결과가 좋지 않은 경우가 더 많다.

주변에 우르르 생겼다 사라지는 가게들만 봐도 알 수 있을 것이다. 벌집 아이스크림, 대만 카스테라, 핫도그, 인형 뽑기 등 반짝하며 우후죽순 생겨났던 가게들이 지금은 찾아보기 힘들어지지 않았는가.

평소에 구경하지 못하던 생소한 점포가 등장하고 나면, 초반에는 항상 길게 늘어져 있는 대기 줄이 우리의 눈길을 끈다. 하지만 이렇게 줄 서 있는 소비자들의 모습에 현혹되어서는 안 된다. 창업 초반에는 줄 서 있는 사람들 중 절반 이상은 호기심이 생겨 그냥 한번 줄 서 본 사람들일 테니 말이다.

따라서 사업 아이템을 선정할 때는 그렇게 일시적인 모습만 보고 판단할 게 아니라, 그런 행렬이 얼마나 오래도록 계속되며 수요가 지속될지를 체크해야 한다.

진입장벽이 낮은 아이템치고 롱런하는 아이템은 매우 드물다. 진입이 쉬우면 비슷한 유형의 점포가 빠른 속도로 증가하므로 경쟁이 그만큼 치열해지기 때문이다. 즉, 쉬운 것을 택하면 수익을 꾸준하게 거두기는 어려워진다.

경쟁하지 않는 지역을 선점한다

고수는 다른 사람과 치열하게 경쟁하면서 수익 내는 것을 좋아하지 않는다. 이들은 경쟁에서 이겨 성과를 거두는 것보다는 경쟁하지 않고 이익 낼 수 있는 것을 선호한다. 따라서 어떤 분야의 고수가 된다는 것은 남들과 경쟁하지 않는 것이 무엇인지, 어떻게 하면 경쟁하지 않을지에 대한 해법을 완성해가는 과정이라고 할 수도 있겠다.

사업도 마찬가지다. 경쟁에서 우위를 점하는 것보다는 기왕이면 경쟁하지 않을 수 있는 것이 훨씬 좋다. 앞에서는 그에 대한 방법으로 경쟁하지 않고 독점할 수 있는 아이템을 고르는 것이 좋다고 설명했으나, 꼭 그와 같은 아이템이 아니더라도 경쟁하지 않을 수 있는 방법이 있다. 그것은 바로 경쟁이 덜한 지역을 고르는 것이다.

예를 들어, 학군 좋고 아파트 가격이 높은 서울 목동에 최초로 프리미엄 독서실이 생긴다면 어떠한 현상이 나타날까? 예상대로 실제 이 지역에 최초로 생긴 프리미엄 독서실은 금세 만석이 되었고, 대기자들까지 줄을 서야 하는 상황이었다. 그러자 주변에 다른 프리미엄 독서실들이 빠른 속도로 들어서기 시작했고, 그 지역의 수요를 감안했을 때 적정 독서실 수치를 넘겼음에도 불구하고 계속해서 신규사업장이 들어섰다. 이 지역은 공부하는 학생들의 수요가 풍부하다고 판단했기 때문에 기존에 있던 사업장을 무시한 채 끊임없이 새로운 경쟁업체가 생겨났던 것이다.

공급이 계속 늘어나도 수요가 많으니 괜찮은 것 아니냐고? 아무리 수요가 많더라도 공급이 많아지면 제대로 된 시장가격이 형성되기 힘들다. 수요자들의 선택권이 많아지면 고객을 모셔야 할 정도로 서비스를 해줘야만 하기 때문이다.

또한, 이렇게 공급이 많아지는 곳에는 특징이 있는데, 나중에 들어선 업체일수록 시설이 우세하다는 점이다. 기존에 동일 업종이 있음을 확인하고도 진입하는 후발주자는 기존 업체와의 경쟁에서 이길 자신이 있기 때문에 들어오는 것이다. 그래서 후발주자일수록 규모와 시설이 더욱 크고 고급스럽다. 그렇기에 소비자들은 자연히 신규점포로 옮겨가게 된다.

그러면 결국에는 나중에 들어온 신규업체가 승리하게 되는 것일까? 아니, 그것도 장담할 수는 없다. 손님이 빠져나가는 기존 점포에서는 가격 할인을 시작할 것이기 때문이다. 시설로는 경쟁이 안 되니 저가 공세를 펴는 것이다. 그러면 영업이 잘되던 독서실도 덩달아 손님을 빼앗기지 않기 위해 가격을 내리게 된다. 이렇게 되면 시장가격이 제대로 형성되지 못해 이 지역의 독서실은 전체적으로 수익성이 떨어질 수밖에 없는 것이다.

이는 실제 목동 독서실들의 현재 상황이다. 이처럼 경쟁이 치열한 지역에서는 1등을 해서 이기더라도 그 수익이 크지 않다. 이런 이유로 나는 애초에 경쟁이 치열할 것이라 예상되는 곳에서는 사업을 하지 않는다.

그렇다면 주변에 회사와 술집, 단란주점이 즐비한 동네에 독서실을 차리면 어떻게 될까? 밤이 되면 화려한 간판이 반짝이고 술집들이 즐비하여 누가 보더라도 이런 곳에 과연 공부하는 사람이 있을지 의구심이 드는 동네다.

그런데 이곳에 프리미엄 독서실이 생겼다. 결과는 어땠을까? 놀랍게도 금세 만석이 되었다. 이 지역에도 공부할 장소가 필요한 사람들은 있었으나 그동안은 독서실이 없었던 것이다. 하지만 이곳은 목동과 차이점이 있다. 여기는 한 곳의 독서실이 만석이 되었다고 해서 추가로 다른 경쟁자가 들어오기에는 상권이 애매하다는 점이다. 추가 수요가 얼마나 있을지 예상하기가 어려운 지역이기 때문이다. 이런 곳이 바로 경쟁 없이 안정적으로 수익을 낼 수 있는 지역인 것이다. 이는 내 제자의 실제 사례이고, 그는 지금도 이곳에서 안정적으로 수익을 내고 있다.

이처럼 사업에서는 아이템뿐 아니라 경쟁하지 않을 지역을 찾아 내는 것도 정말 중요하다. 위 두 가지만 잘 고려하여 사업을 시작 해도 안정적인 운영이 가능하다.

> **EXIT 노트 31**
>
> 사업에서 원금보장이 가능하다는 것은 2~3년 내에 시설비를 회수할 수 있음을 의미한다.
>
> 사업을 할 때는 독점적으로 또는 경쟁에서 우위를 점할 수 있는 아이템인지를 확인해야 한다. 그리고 경쟁하지 않을 지역을 택하는 것도 아이템 못지않게 중요하다.

06

어려운 것을 택해야
게임이 쉬워진다

앞서 소개한 것처럼 대중들은 쉽고, 빠른 시간 내에 결과를 낼 수 있는 것을 선호한다. 어떤 일이든 마찬가지이지만, 이러한 성향은 투자나 사업을 할 때도 고스란히 드러난다. 하지만 쉬운 것일수록 오히려 결과는 좋지 않을 확률이 높다.

생각해보라. 본인이 시작하기 쉬운 것이라면 다른 사람들에게도 쉬울 것이 아닌가. 자본주의 시장은 늘 상대평가라는 사실을 염두에 두어야 한다. 내가 생각했을 때 쉽고 빠르게 수익을 낼 수 있는 아이템이라면 다른 사람들에게도 그러하니 자연히 경쟁자들은 많아질 수밖에 없다. 그러니 쉬운 것을 택하는 것은 사실상 가장 어려운 길을 택하는 것이다.

사례를 하나 소개해보겠다.

아이폰이 우리나라에 처음 출시되었던 때이다. 우리나라에서는 물건이 고장 나면 A/S를 받는 것에 익숙한데, 그 당시 아이폰의 A/S 정책은 우리와 맞지 않아 소비자들의 불만이 많았다. 1년의 보증기간이 경과한 후에는 리퍼폰으로 교환을 해주거나, 수리를 요청하는 경우에는 아무리 가벼운 고장이라도 비용이 너무 비쌌다. 그래서 그 틈새를 노리고 사설 아이폰 A/S 센터가 생겨나기 시작한 것이다.

아이폰 사설 A/S 센터는 수리가 필요한 사람이 알아서 찾아오는 곳이기에, 비싼 임대료를 부담해야 하는 1층 상가가 아닌 저렴한 오피스텔에서도 충분히 가능한 사업이었다. 더군다나 부품만 교체해주는 일이었기 때문에 직원 한 명에게 부품교체에 관한 간단한 교육을 받게 하면 운영할 수 있는, 정말 쉬운 사업이었다. 부품도 정품이 아닌 중국산으로 저렴하게 조달받아 사용하여 마진율도 높았다. 고객의 입장에서도 정식으로 교환하는 것보다 훨씬 저렴하게 수리할 수 있어 이득이었으므로, 아이폰 A/S 점포는 점차 입소문이 나기 시작했다. 오피스텔 보증금과 초기 부품만 갖추면 되니 창업비용은 천만 원도 되지 않지만, 매월 최소 500만 원에서 많게는 1,000만 원까지도 벌 수 있는 사업이었다.

어느 날, 지인이 멀쩡히 다니던 회사를 그만두고 아이폰 수리점을 차리겠다며 찾아왔다.

"제 수중에 2천만 원이 있는데, 이 돈으로 점포 2곳을 구하려고 합니다. 괜찮을까요? 한 달 수입이 몇 배 이상 늘어날 것 같습니다."

"글쎄요. 제가 볼 때 지금 당장은 좋겠지만 그리 오래가지 않을 것 같은데요. 소액으로 창업이 가능하니 앞으로 이런 곳이 금세 많아질 것입니다. 만약 정히 하고 싶다면 직장 다니면서 한 개 정도만 운영해보는 것이 괜찮을 것 같습니다."

"그러기엔 너무 아쉬워요. 저는 이것이 인생 최대의 기회라고 생각합니다."

"……"

자신의 생각에 매료되어 너무 흥분해있던 그에게 나의 조언은 제대로 들리지 않는 듯했다. 얼마 뒤 그는 결국 회사를 그만두고 점포 2곳을 오픈했다는 소식을 들려왔다. 결과는 어땠을까?

오픈 이후 1년 동안 그의 점포 주변에는 아이폰 수리점이 4개나 더 생겨났고, 심지어 이 시장에 자본가들이 들어오면서 1층 상가에 더욱 멋진 수리점들이 들어섰다. 그러자 허름한 곳들의 경쟁력은 금세 약해졌다. 경쟁이 심해지니 본래 받을 수 있었던 수리가격에서 점차 더 할인된 가격으로의 가격경쟁이 시작되었고, 마케팅 경쟁도 치열해져 큰 수익을 거두기 힘든 시장이 되어버린 것이다. 직장까지 그만두고 창업했던 지인의 점포는 2년도 채 되지 않아 폐업했다는 소식이 들려왔다.

지인뿐만 아니라 많은 사람들이 현재의 조건만을 보고 사업을 결심한다. 하지만 자신에게 쉬운 조건이면 다른 사람도 그렇게 느낄 것이기에 곧 경쟁자가 늘어날 것이라는 사실을 알아야 한다. 초보일 때는 진입장벽이 낮은 것이 마냥 좋겠지만, 진정 오래도록 돈을 벌고 싶다면 오히려 진입장벽이 있는 것을 택해야 하는 것이다. 복잡한 것을 택하라는 말이 아니다. 경쟁을 적게 할 수 있는 방법이 무엇인지를 고민하라는 것이다.

그래서인지 나는 새로운 사업을 시작할 때마다 퀴즈를 푸는 듯한 느낌이 든다. 남들이 쉽게 도전하지 못하는 물건을 발견해 사업을 진행하다 보면 마치 곳곳에 숨어있는 정답을 찾아가는 것 같다.

부동산도 사업도 마찬가지였다. 그러다 보니 한번은 공인중개사 분에게 이런 말을 들은 적도 있다.

"송대표님은 왜 이상한 물건만 사세요?"
"음… 멀쩡한 것은 싸게 못 사잖아요."
"제가 볼 땐 고생스러운 물건들만 매입하시는데, 힘들지 않으세요?"

"허름하면 수리하면 되고, 하자가 있으면 해결하면 되고, 영업이 안 되면 잘되게 하면 되죠. 부동산은 누굴 만나느냐에 따라 그 가치가 달라지잖아요. 또 이런 물건을 사야 남들과 경쟁하지 않을 수 있습니다."

"그러면 매입 전부터 그런 것들을 다 해결할 수 있다고 생각하고 매입하시는 건가요?"

"네, 그 전에 어떻게 할 것인지 충분히 고민한 후 답을 얻으면 매입을 진행합니다."

자신이 어렵다고 느낀다면 분명 다른 사람들에게도 어렵다. 그러니 끊임없이 고민하여 답을 얻는다면 그것이 바로 기회가 되는 것이다. 답을 얻기까지는 힘들 수 있으나 답을 얻은 후부터는 더욱 수월하게 많은 돈을 벌 수 있게 된다. 이것이 바로 쉬운 것을 택하면 어렵고, 어려운 것을 택하면 쉬워진다고 말하는 이유이다. 이런 생각을 갖고 있다면 언제 어디서든 현명한 판단을 내릴 수 있을 것이다.

단, 어려운 것에 도전하라고 하는 것은 절대 무리하라는 뜻은 아니다. 어떤 때이든 무리는 하지 않아야 한다. 이미 여러 차례 말했지만, 진정한 고수는 자신의 품에 들어온 돈은 절대 잃지 않는다. 고수는 돈이 많은 사람이 아니라 자신의 돈을 지킬 줄 아는 사람이다. 한때 사업으로 운 좋게 돈을 벌었더라도 그 돈을 지켜내지 못한다면 그는 하수다. 돈을 지켜내지 못한 이유는 자신이 잘 모르는 것에 투자를 했기 때문이다.

나는 내가 모르는 것에는 아무리 수익이 많다 하더라도 투자하지 않는다. 이런 원칙을 갖고 있으면, 조금 느릴 수는 있겠지만 안정감 있게 자산을 운용할 수 있다. 무리하지 않는다는 원칙을 지키는 것은 평생 부자로 살아가는 방법이기도 하다. 모를 때에는 투자를 하지 않는 것도 방법임을 잊지 않길 바란다.

> **EXIT 노트 32**
>
> 쉬운 것은 금세 소문이 나고 경쟁이 치열해지기 마련이다.
> 사업을 시작할 때는 현재의 경쟁자뿐 아니라 미래에 등장할 경쟁자도 감안하라.
> 또한, 어떤 일이 있어도 무리하진 말아야 한다.

07

평소에 고민했던 사람이
유레카를 외친다

살아가는 동안 인생의 기회는 3번 찾아온다는 말이 있다. 널리 퍼져있는 이 말 때문인지 많은 이들이 "나한테는 대체 3번의 기회가 언제 오는 거야?", "인생의 기회라는 게 정말 오기는 하는 걸까?", "나에게는 아직 한 번의 기회도 안 온 것 같은데… 왔었는데 내가 알아차리지 못했던 건가?"라는 말을 하곤 한다.

그들에게 되묻고 싶다. 왜 인생의 기회가 3번밖에 오지 않을 거라 생각하는가? 그리고 왜 무조건 3번의 기회는 와야만 하는 것이라고 생각하는가?

인생에 3번의 기회가 온다는 말은 틀린 말이다! 살아가는 동안 인생의 기회를 30번 이상 맞이하는 사람도 있고, 한 번도 맞이하지 못하는 사람도 있다. 그것은 자신이 어떻게 살아가느냐에 달려 있는 것이다. 운도 노력하는 사람에게 더 많이 따르는 법이다.

　나의 투자 성과물을 본 사람들은 나에게 머리가 좋다, 센스를 타고났다는 말을 자주 하곤 한다. 남들이 모두 꺼리는 부동산을 매입하여 새로운 결과물로 탄생시켜 큰 성과를 거두는 모습 때문인데, 그러나 그것은 100% 틀린 말이고 결과만 본 사람들이 하는 말이다.

　평소에 아무 생각 없이 지내다가 갑자기 번쩍하고 떠오른 아이디어로 이른바 대박을 낸 것이라면 '머리가 좋아서', '좋은 센스를 타고나서'라고 할 수 있겠지만, 나는 그런 케이스가 아니다.

　좋은 해법을 찾는 것은 평소의 고민에서 비롯된 것이다. 난 평소에도 끊임없이 고민을 하고 주변을 꼼꼼히 챙겨본다. 이제는 고민하는 것이 습관으로 굳어진 탓에 정신 차려 보면 나도 모르는 새 고민에 잠겨있는 나를 발견하기도 한다.

　부동산, 그중에서도 특히 누구에게도 주목받지 못하는 허름한 부동산을 접하면 '이 물건을 어떤 모습으로 바꿔야 할지, 어떤 모습으로 바꿔야 그 가치를 끌어올릴 수 있을지'에 대해 계속해서 고민을 한다.

　부동산 투자를 시작한 후 주목받지 못하는 부동산에 관해 어떻게 활용하면 좋을지 깊은 고민을 했던 적이 몇 번 있는데, 결국 그 활용 방법을 찾아 큰 수익을 내곤 했다.

동일한 장소라 할지라도 누가 주인이 되느냐에 따라 그 상가의 운명은 달라진다. 한번은 아무도 관심을 두지 않는 부동산을 접하고부터 깊은 고민에 빠진 적이 있었는데, 그 부동산은 바로 지하에 있는 상가였다. 영화 기생충에 등장하는 반지하 빌라처럼 상가도 마찬가지로 지하에 있으면 환기, 채광 등의 하자 때문에 주목을 받지 못한다. 그래서 싸게 매입할 수 있다는 장점은 있으나, 문제는 활용 방안이었다.

　'지하에 있는 상가를 어떻게 활용하면 좋을까? 그 가치를 최상으로 올릴 방법이 분명 있을 텐데……'

　그때부터 나의 모든 관심사는 지하 공간을 활용할 수 있는 아이템을 찾는 것에 쏠렸다.

　그러던 어느 날 뉴스를 보던 중 우리나라 비보이팀이 세계 대회에서 당당히 1위를 수상했으며, 전 세계적으로 K-Pop 열풍이 일고 있다는 소식이 눈에 들어왔다. 그 당시는 K-Pop 열풍에 힘입어 우리나라 여러 대학에서는 실용음악과를 새롭게 개설하고 확장해가는 중이기도 했다. 하지만 학과가 신설되어도 실습을 위한 시설까지 제대로 갖춘 곳은 많지 않았다.

　'앞으로 댄스 연습실이나 보컬 연습실이 더 많이 필요하겠어. 그렇다면 연습실로는 지하가 제격인데.'

　댄스 연습실이나 보컬 연습실은 음악을 크게 틀어놓는 곳이기에 무엇보다 방음이 가장 중요하고, 특히 댄스 연습실은 움직임이 격

하기 때문에 층간소음을 방지하는 추가 설비가 필요하다. 지상층에 아무리 이런 설비를 잘한다고 해도 층간소음을 완벽히 차단하기란 불가능했다.

하지만 연습실이 지하에 있다면? 아래층을 신경 쓰지 않아도 되고 음악을 크게 틀어놓고 마음껏 연습할 수 있을 것이었다. 또한, 임대료가 상대적으로 저렴하므로 더 넓은 공간을 이용할 수 있는 장점도 있을 터였다.

이를 바탕으로 지하상가에 관한 이런저런 구상을 하고 있을 무렵, 아침에 신문을 보던 중 앞으로 초등학교 4학년생까지 수영 교육 의무화 방안을 추진하겠다는 기사가 눈에 띄었다.

바로 이거다! 수영장!

그 순간 그간의 고민이 싹 풀리며 나의 머릿속이 맑아졌다. 이전에 생각했던 댄스 연습실이나 보컬 연습실도 지하에 있는 상가를 활용하기에 좋은 아이템이긴 했으나 '대박' 정도의 수준은 아니었다. 왜냐하면 수요 측면에서 보면 연습실을 이용할 수요층은 일반인이 아니라 연예인 지망생이나 실용음악과 학생에 불과하고, 연습실의 위치도 대학가 근처나 지하철역 근처로 한정될 것이었다. 또한 꾸준한 수요가 이어질지도 의문이었다. 한 번 이용했던 사람들에게 지속적으로 재구매가 일어나고, 그것이 신규 수요로도 이어져야만 좋은 아이템이라 할 수 있는데 연습실은 이런 지속적인 반복 사용에는 한계가 있을 것이라 판단되었다.

물론 기존에도 지하에 위치한 수영장은 많았다. 그러나 그때까지의 수영장은 주로 성인들이 이용하고, 강습을 받지 않는 사람들도 이용할 수 있는 구조였기에 수익이 그리 크지 않았다. 또한 성인들에게 수영은 필수가 아닌 그저 여러 취미 생활 중 하나일 뿐이므로 단가도 높을 수가 없었고, 재등록률도 좋지 않았다.

그래서 구상한 것이 일반 수영장이 아닌, 어린이 전용 수영장이었다. '교육'이라는 프로그램을 넣어 강습받는 아이들만을 대상으로 운영하는 레슨 전용 수영장을 만들 생각이었다. 또한 강습 시간에 맞춰 셔틀버스를 운행하면 되므로, 수영장의 위치는 목 좋은 A급 상권이 아니더라도 어디가 되든 크게 문제되지 않을 터였다. 앞으로 수영 교육이 의무화되면 수영 강습은 필수 코스가 될 것이고, 수준별로 여러 교육 과정을 넣으면 수영을 처음 배우기 시작해 최종 레벨까지 마스터하는 것을 목표로 하는 아이들이 많을 것이기 때문에 재등록도 계속해서 이뤄질 것이었다.

참고로, 실제 운영을 해보니 6살부터 초등학생들이 대거 등록하였고, 내 예상대로 수영은 생존에 관련된 것이어서 한번 시작하면 태권도처럼 중도에 그만두지 않고 영법을 완성할 때까지 2~3년이 넘도록 다니는 경우가 대부분이었다.

좋은 아이템을 발견했으니 이제는 상가를 찾을 차례였다. 지하의 상가 매물에 관심을 보이는 이들은 드물었기에 매물 찾는 것은 어렵지 않았고, 무엇보다 저렴하게 매입할 수 있었다.

상가를 수영장으로 활용하기 위해서는 대략 150평 정도가 필요하다. 이 정도 규모로 지상의 상가를 매입하기 위해선 경기도를 기준으로 하면 대략 10~20억 원 정도의 금액이 필요한데, 내가 매입한 지하상가는 150평임에도 불구하고, 5억 원대, 3억 원대, 심지어는 1.7억 원에 매입한 곳도 있었다(나는 어린이 전용 수영장 4곳을 운영 중이다). 단지 상가가 지하에 있다는 이유만으로 가격이 무척이나 저렴했던 것이다.

허름했던 지하상가가 수영장으로 변신했을 때에는 그 가치가 2배에서 많게는 3배까지 상승을 한다. 상가의 가치가 어떻게 그리 많이 오를 수 있냐고? 상가는 수익을 많이 낼수록 가격이 상승한다. 찾는 이들의 발길이 잦아질수록 그 가치가 오르는 것이다. 찾는 이가 없어 퀴퀴한 냄새로 가득했던 지하의 상가가 수많은 어린이들과 학부모들이 찾는 생기 넘치는 상가로 변신했으니 당연히 그 가치는 오를 수밖에 없다.

평소에 주목받지 못하는 부동산과 사업에 대해 끊임없이 고민을 해왔기 때문에 일상에서 예기치 못한 힌트를 얻어 새로운 결과물을 탄생시킬 수 있었던 것이다. 단순히 머리가 좋고, 센스가 좋아서 갑자기 어느 순간 좋은 아이디어가 생기는 게 아니라 평소에 고민을 해 온 사람이 해답을 얻는다는 말이다.

지금까지 내 경험상 정답은 늘 주변 가까이에 있었다. 그래서 항상 고민을 품고 있는 사람에게는 계속해서 새로운 아이디어와 해결책이 나오는 것이다.

독일의 화학자 케쿨레가 꿈에서 힌트를 얻어 벤젠의 구조를 알아낸 일화는 유명하다. 어느 날 벽난로 앞에서 깜박 잠이 든 그는 뱀 한 마리가 자신의 꼬리를 물고 돌고 있는 꿈을 꾸고는 깜짝 놀라 깨어났는데, 그날 꿈에 나온 뱀에게서 힌트를 얻어 그동안 풀리지 않았던 벤젠 고리 구조를 밝혀냈다는 이야기다.

분명 평소 케쿨레의 머릿속은 온통 그 문제에 대한 고민으로 가득했을 것이고, 계속된 고민 덕분에 꿈에서마저도 해답을 얻으려는 두뇌의 각성이 일어났던 것은 아닐까. 여운이 많이 남는 영화를 보고 잠들었을 때 종종 영화 내용이 꿈속에 나왔던 경험을 생각해보면 이해가 쉬울 것이다.

목욕을 하던 중 "유레카!"를 외친 아르키메데스의 일화 역시 마찬가지다. 왕의 명령으로 새로 제작된 왕관의 형태를 망가뜨리지 않고 순금으로 만들어진 것인지 아닌지를 알아내야만 했던 그는, 오랜 고민을 하다가 어느 날 목욕을 하기 위해 물속으로 들어간 순간 욕조의 물이 넘쳐흐르는 것을 보고 해답을 얻었다. 그의 머릿속은 항상 왕관에 대한 고민으로 가득했기에 물이 넘치는 모습까지도 그것과 연관 지어 생각해낼 수 있었던 것이다.

자신의 삶에서 유레카를 외치고 싶다면 주위 환경을 더욱 눈여겨보길 바란다. 사람들에게 주목받지 못하는 것은 무엇인지, 반면에 어떤 요건이 추가로 충족되면 사람들이 모이는지를 평소에도 항상 생각하고 있다면 평범해 보이는 환경 속에서도 해답을 얻을 수 있을 것이다.

머리가 좋고, 센스가 좋아서 새로운 아이디어로 큰 성과를 내는 것이 아니다. 항상 관심을 갖고 고민하는 사람이 결국 최종 승자가 되는 것임을 기억하기 바란다.

EXIT 노트 33

부동산 투자와 사업을 해보니 평소의 고민이 큰 수익을 안겨주는 경우가 많았다.

당신도 부자가 되려면 이러한 고민 한두 개쯤은 품고 있어야 한다.

08

소비자에게 보이지 않는
셈을 하라

사업을 할 때는 최종 소비자에게 보이지 않는 셈을 해야 한다. 보이지 않는 셈이라니? 아마 들어본 적 없는 생소한 표현일 것이다. 간단히 말해, 소비자가 본전을 뽑았다고 느끼도록 하라는 말이다. "나 오늘 본전 뽑았어~"라는 말은 어떤 상품을 구매하고 지불한 금액보다 그 이상의 만족감을 느꼈을 때 하는 말이다.

사업을 할 때는 소비자와의 거래에서 겉으로는 남는 것이 없어 보여도 수익을 낼 수 있도록 세팅을 하여 소비자가 이겼다는 생각이 들게끔 만들어야 한다.

만약 어떤 이가 가게에 방문하여 본인이 본전을 뽑았다(이겼다)는 생각을 하게 된다면, 그는 분명 다시 방문할 것이고 주변 사람들에게도 이 소식을 전할 것이다. 그렇게 되면 한 번 온 손님은 절대 놓치지 않게 되고, 저절로 한 사람이 열 사람을 데려오게 만드는 마케팅을 하게 되는 것이다. 가게 앞에서 들어오라고 소리치며 호객행위를 하는 삐끼보다 한 손님이 더 효과적인 최고의 마케터가 되는 셈이다.

본전을 뽑았다는 느낌이 들도록 하는 예를 들어보겠다.

줄이 끊기지 않는 대박 음식점, 즉 맛집이라 소문이 나는 경우는 크게 3가지 유형으로 나뉜다.

첫 번째, 가격에 비해 음식의 양이 푸짐하거나 다양한 서비스 음식을 주는 경우이다. 박리다매 전략이다.

두 번째, 가격에 비해 훨씬 맛있는 음식을 먹었다고 느끼게 하는 경우이다. 긴 시간 줄을 선 후 먹었지만 자신의 차례가 돌아왔을 때는 정말 맛있는 음식 덕분에 기다렸던 시간도 잊은 채 먹게 되는 곳이다.

세 번째, 이곳이 아니면 절대 맛볼 수 없는 독특한 음식이나 특별한 장소를 제공하는 경우다. 다른 사람들과 차별화된 경험을 갖게 된다는 것만으로도 소비자에게 만족을 주는 곳이다.

소비자가 다시 찾고 입소문을 내는 맛집은 이 3가지 유형으로 압축된다. 모두 손님이 본전을 뽑았다는 생각에 기분을 좋게 만드는 곳이다.

이처럼 소비자에게 이기게 했다는 생각이 들도록 하는 방법은 맛집뿐 아니라 여러 사업에도 적용할 수 있다. 좋은 책이라 함은 지불한 가격보다 더 많은 깨달음을 얻을 수 있도록 하는 책이고, 좋은 강의 역시도 가격 대비 많은 것을 얻어갈 수 있는 강의이다.

고객들은 항상 무엇을 구입하고 이용을 하든지 지불한 가격과 그것을 통해 자신에게 얻어지는 보상을 비교해보기 때문에 고객이 이겼다는 생각이 들도록 하는 것이 중요하다. 그래야만 입소문이 나고 꾸준히 재구매가 이뤄지는 것이다.

재래시장에서 잘되는 점포를 보면 제품 하나를 사더라도 고객에게 늘 덤으로 무언가를 추가 제공하는 것을 엿볼 수 있다. 덤을 제공받아 본 고객은 덤을 주지 않는 곳에서 소비를 할 수 없는 법이다. 나는 이 생각을 늘 머릿속에 두고 여러 사업을 확장해간다. 그래서 직접 하고 있는 고시텔, 독서실 사업 등에서도 마찬가지로 경쟁업소보다 서비스를 하나라도 더 제공하려 한다.

고객과 소비자가 이득을 봤다는 생각이 들게 하면서 사업주도 수익을 낼 수 있다면, 서로가 만족하는 이상적인 관계가 될 것이고 그보다 더 좋은 사업은 없을 것이다.

성공은 기다리는 누군가에게 갑자기 찾아오는 것이 아니다. 항상 고민하고 연구하며 철저히 준비하는 사람에게만 찾아오는 것이 바로 부와 성공임을 잊지 않길 바란다.

EXIT 노트 **34**

사업은 곧 고객을 이해하는 것이다.

이윤을 남기려 하지 말고, 사람을 남길 수 있도록 하라.

첫 방문에 고객을 감동시킬 수 있어야 한다.

Chapter 5

인생 필살기

나를 성공으로
리드하라

01

협상의 기술을
갖춰라

살다 보면 우리는 다른 사람과 반대 상황에 놓여 서로의 의견을 조율해야 하는 경우가 발생한다. 어떤 물건을 사고팔 때를 생각하면 쉽다. 구매자는 그 물건을 최대한 싸게 사고 싶어 하고, 판매자는 그 물건을 최대한 비싸게 팔아 더 많은 이익을 남기고 싶어 한다. 점포 주인과 손님 간의 관계뿐 아니라, 부동산의 매도인과 매수인, 임대인과 임차인 등 삶에서는 이처럼 서로 상반된 입장에 놓이게 되는 여러 상황을 맞이하게 된다.

살아가면서 이런 상황은 수시로 발생하기 때문에 삶을 조금 더 지혜롭게 살아가기 위해서는 상대방을 잘 설득시킬 수 있는 협상의 기술이 필요하다.

대학 시절 우연한 기회에 '심리학'이라는 교양과목을 청강하게 되었는데, 당시 수업을 들으면서 그동안 나도 모르는 사이에 상대방에게 너무 쉽게 설득당한 적이 많았음을 깨닫게 된 적이 있다. 그것도 나는 손해를 보고 상대방에게만 득이 되는 쪽으로 말이다! 그 후부터는 협상과 설득에 관한 책을 즐겨보게 되었고, 책을 통해 알게 된 부분을 실제 생활에 적용하여 이익을 보는 재미도 나름 쏠쏠했다.

우리의 생활은 끊임없는 협상과 설득의 연속으로 이뤄진다. 그 중 우리가 가장 쉽게 접할 수 있는 상황은 물건을 구매할 때이다.

솔직히 나는 물건을 살 때 가격을 잘 깎는 편이다. 심지어 백화점에서 물건을 살 때도 가격흥정을 한다(백화점에서도 가격흥정이 가능하다는 사실을 모르는 이들이 많다). 사실 싸게 사겠다는 마음보다는 협상을 즐긴다는 표현이 더 적합할 듯하다.

"부자가 가격을 깎는다니!?"라며 의아해할 수도 있겠다. 그럼 돈이 많고 부자라고 해서 가격도 따져 보지 않고 살 줄 알았는가? 천만의 말씀이다. 물론 필요한 물건이 있거나 갖고 싶은 물건이 생기면 고민하지 않고 바로바로 살 수 있다는 것이 부자가 되어 좋은 점 중 하나다. 하지만 그렇다고 해서 물건을 살 때 판매자가 일방적으로 매겨놓은 가격이 합리적인 금액인지 따져 보지도 않고 구매하진 않는다. 부자라고 모두가 낭비하는 삶을 사는 것은 아니다. 오히려 부자들은 불필요한 낭비를 하지 않는다.

언젠가 집 거실장이 필요해서 가구점에 간 적이 있다. 그곳은 여러 가구점들이 밀집해 있는 가구단지 내에 있는 점포였다. 가구단지는 점포가 많아서 원하는 스타일의 가구가 있을 가능성이 크고, 점포들끼리 가격경쟁을 치열하게 하기 때문에 가격 역시 조금 더 저렴한 편이다.

가구단지에 도착해 주차를 한 후 눈에 익은 메이커의 가구점에 들어갔다. 만약 내게 쇼핑할 시간이 충분히 있었다면 가구점을 몇 군데 둘러본 후 가장 마음에 드는 스타일과 저렴한 가격을 제시하는 곳에서 샀겠지만, 그날은 뒤에 곧바로 다른 일정이 있어 한 군데밖에 들를 수 없는 상황이었다.

가구점에 들어가니 가장 먼저 '30~50% 세일'이라는 현수막이 눈에 띄었다. 본래 협상을 잘하기 위해서는 상대방을 잘 파악하는 것이 중요하다. 시간적으로 여유가 있었다면 거실장의 대략적인 시세라도 파악을 하고 왔을 것인데, 준비를 제대로 하지 못한 부분이 조금은 아쉬웠다(참고로 스마트폰이 출시되지 않았던 시기다).

가구점 안을 돌아보던 중 마음에 쏙 드는 거실장을 발견했다. 이제는 가격 협상을 할 차례였다. 붙어있는 가격표에는 '264만 원 → 154만 원'이라고 적혀 있었다.

언제부턴가 상점이나 백화점에서는 마케팅의 한 방법으로 본래보다 높게 책정된 소비자가에서 할인된 금액으로 적혀 있는 가격표를 사용하고 있다. 고객에게 제시하는 최종 금액은 같지만 소비자가를 높게 책정할수록 훨씬 더 저렴하게 팔고 있다는 인식을 심어줄 수 있으니 이를 이용하는 것이다. 그리고 대부분의 사람들이 가격표에 기재된 할인 가격은 협상의 여지가 없는 금액이라고 여기는데, 나는 이 금액에서 추가 할인이 가능하다는 사실을 알고 있었다.

"사장님, 여기 가격표에 기재된 가격 말고 저에게 줄 수 있는 현실적인 금액을 제시해주시겠습니까? 입구에 세일 현수막도 걸려 있던데요."

"네, 세일 행사를 하고 있기 때문에 264만 원짜리를 154만 원에 드리는 겁니다."

가구단지 안에는 여러 가게가 몰려있어 가격만 물어보고 다른 곳으로 발길을 돌리는 사람들이 많다. 가구점 사장은 나 역시도 가격만 물어보고 갈 사람일지도 모른다는 생각 때문에 여느 때와 동일하게 형식적인 답변을 하는 듯했다.

"제가 바빠서 다른 가게를 들를 시간이 없습니다. 여기에서 바로 정할 생각이니 조금 더 저렴하게 주시죠."

"음… 그러면 오늘 첫 손님이시니까…."

나는 그와 정식으로 협상에 돌입하기 위해 가격만 잘 맞춰준다면 다른 곳에 가지 않을 것이라는 확신을 주었고, 그제서야 사장은 나에게 어떤 적정 가격을 제시할지를 고민하기 시작했다. 본격적으로 가격에 대한 협상이 시작된 것이다. 한참을 고민하던 그가 말을 이어갔다.

"140만 원까지 해드릴게요. 오늘 첫 손님이셔서 제가 많이 양보하는 겁니다."

"사장님, 지금 카드 결제 금액으로 말씀하신 거죠? 저는 현금으로 결제할 거니까 조금 더 빼주세요."

"아니에요. 방금 말씀드린 금액이 현금가예요."

"에이, 그런 게 어딨습니까? 그럼 처음 금액에서 카드 수수료만 뺀 금액을 제시하신 거지, 깎아주신 게 아니잖아요."

"알겠습니다. 그러면 제가 126만 원까지 드릴게요. 더 이상은 힘들어요."

거실장의 시세를 전혀 모르는 상황이었지만, 지금까지 협상한 가격은 어차피 내가 아니었어도 일반 소비자들에게도 제시했을 금액이라는 생각이 들었다. 가구점 사장과 대화를 이어가며 그의 표정을 살폈을 때 인상을 찌푸리거나 언짢아하는 느낌이 전혀 없었기 때문이다. 그래서 나는 추가로 가격 협상의 여지가 남아 있음을 감지했다.

"사장님, 그러면 이게 원래는 200만 원이 넘는 거실장이니까 사면 유리도 좋은 것으로 끼워주시는 거죠?"

"당연하죠. 코팅이 아주 잘된 최고급 유리로 깔아드리겠습니다."

"이 거실장 길이가 3미터 이상이니까 유리값도 꽤 나오겠어요."

"그렇죠. 적어도 15만 원은 해요."

"그리고 서울까지 배달이 될까요? 배송비는 어떻게 되나요?"

"당연히 서울까지 배달해드려야죠. 배송비는 가구 가격에 포함되어 있어서 추가 비용은 따로 없습니다."

사람은 본인이 한 말을 쉽게 번복하지 못한다. 최고급 유리를 넣어준다고 했고, 먼 곳까지 배송도 된다고 했으니.

"사장님, 저는 유리가 필요 없습니다. 그리고 저희 집은 서울이 아니고 바로 근처라서 가까워요. 그러니 배송비와 유리값 빼고 100만 원에 주세요."

"에이, 그건 안 됩니다. 100만 원이라니 말도 안 되는 가격이에요!"

그가 펄쩍 뛰는 것을 보니 이 수준의 금액이면 잘 구입하는 것이라 느껴졌고, 가격 굳히기에 들어갔다.

"사장님, 솔직히 거실장은 급해서 빨리 사러 온 겁니다. 제가 최근에 집을 넓혀 이사를 해서 추가로 살 가구가 아직 많아요."

"그래도 안 됩니다."

"그리고 100만 원은 사장님이 말씀하신 유리값과 배송비만 뺀 금액이잖아요."

"……"

그는 반박할 핑곗거리를 찾지 못했고, 결국 나는 원했던 가격으로 마음에 드는 가구를 구입할 수 있었다. 참고로, 나중에 인터넷으로 확인해보니 동일한 거실장의 가격은 최저 126만 원 밑으로는 찾아볼 수가 없었다. 물론 유리도 포함되어 있지 않았다. 하지만 가구점 사장 입장에서도 분명 마진은 충분히 남았을 것이다. 처음 제시한 가격으로 팔았을 때보다는 마진이 조금 적겠지만, 결국에는 파는 것이 더 이득이었기에 그는 팔기로 결정한 것이다.

만약 할인된 가격표만 보고 가격흥정을 해볼 생각도 하지 않았더라면 어땠을까? 누군가는 100만 원에 사는 물건을, 또 다른 누군가는 154만 원에 구입하고 있는 것이다.

또 다른 에피소드를 이야기해볼까 한다.

내가 나이트클럽에서 일하던 시절, 지방 소재의 나이트를 오가며 일해야 했기 때문에 차가 필요했다. 서울의 중고차매매시장에서 3년이 경과한 가성비 좋은 280만 원짜리 중고 티코를 발견했고, 흥정 후 230만 원을 주고 구매한 이 티코로 6년 반 동안 전국을 누비며 다녔다. 그래서였을까. 어느 순간부터 신호대기 중에 시동이 꺼지는 등 고장이 너무 잦아져 더 이상은 이 차를 타고 다닐 수가 없었다.

신차를 계약하려 마음먹고 딜러에게 갖고 있던 중고 티코를 어떻게 처분하면 좋겠냐고 물었더니, 그 딜러는 70만 원이면 상태를 보지도 않고 무조건 매입하겠다고 제안했다. 그리고 그 가격에 본인의 마진은 전혀 없다는 말을 반복하였다(강한 긍정은 의심?). 사실 내가 매입한 가격이 230만 원이었고, 6년 반 동안을 타고 다닌 데다 고장까지 잦았으니 그 금액에 파는 것도 괜찮은 조건이었다. 하지만 왠지 딜러가 제시한 70만 원보다는 조금 더 높은 가격에 팔 수 있을 것 같았다. 그래서 벼룩시장(요즘은 많이 사라졌지만, 예전에는 구인공고나 중고 자동차 매물 등을 찾아보기 위해서 가장 많이 보았던 것이 벼룩시장 신문이다)에 1만 원의 광고비를 내고 내 티코를 120만 원으로 올려놓았다. 만 원으로는 광고가 딱 하루만 실릴 수 있었기 때문에 나는 월요일에 실릴 수 있도록 신청했다(주말에는 발행하지 않기 때문에 월요일에 실리는 것이 효과가 좋다). 광고가 실린 당일에 3명의 중고차 딜러에게 연락을 받게 되었고 나는 이들과 약속을 잡았다. 약속 시간은 같은 날 각각 오후 3시, 3시 5분, 3시 10분으로 정했고, 그들에게 약속 시간을 말하면서 다른 일정이 있으니 시간을 정확히 지켜줄 것을 재차 당부했다.

오후 3시 약속 시간이 되어, 첫 번째 딜러가 약속 장소에 나타났다.

"안녕하세요. 티코 차주분이시죠? 차 상태 확인 좀 하겠습니다."

"네, 그러세요."

티코의 기스난 부분, 와이퍼, 타이어 등 이곳저곳을 살피던 딜러가 말한다.

"차주님, 차가 오래되기도 했고 상태가 별로 좋지 않아서 120만 원은 무리예요. 80만 원이면……."

그는 차를 세심하게 살피기 전에 가격흥정을 먼저 시작했다. 그런데 첫 번째 딜러의 말이 채 끝나기도 전에 3시 5분으로 약속했던 두 번째 딜러가 도착했다.

"안녕하세요. 차 보러 왔습니다."

그 순간, 차를 살피던 첫 번째 딜러의 표정이 굳어지기 시작했다. 예상치 못한 경쟁자가 생겼다는 사실에 불편함을 느낀 것이다. 두 번째 딜러도 다른 딜러가 이미 와 있는 것을 인지하고 흠칫 놀라는 눈치였다. 내가 첫 번째 딜러에 다가가서 "다른 분도 차를 보러 오셨으니 다 보셨으면 말씀해주세요. 만약에 사장님이 사지 않겠다고 하시면 기다리고 계신 사장님께 보여드리겠습니다."라고 말을 했다.

그 말을 듣고 첫 번째 딜러가 굳은 표정으로 차를 살피는 도중 3시 10분에 약속한 또 한 명의 딜러가 등장했다. 첫 번째 딜러뿐 아니라 뒤에 합류한 두 명의 딜러까지 당황한 표정이 역력했다. 매물은 하나인데 매수를 할 경쟁자가 순식간에 셋이 된 것이다. 본인 외에 경쟁자가 2명이나 더 생기니 마음이 조급해진 듯했다.

이런 상황에서는 첫 번째 딜러의 마음이 가장 많이 흔들릴 수밖에 없다. 처음 도착했을 때는 여느 때처럼 다른 경쟁자들이 없었기 때문에 차의 상태를 천천히 살피며 가격 협상에 들어가 결국엔 차주를 설득시켜 본인이 원하는 가격으로 차를 가져갈 것이라 확신했을 것이다.

그런데 차의 상태를 다 살피기도 전에 예기치 못한 경쟁자 둘이 나타났다. 이 경쟁에서 밀린다면 그는 허탕을 치고 갈 상황에 몰린 것이다.

뒤에 도착한 다른 두 명은 자신이 도착했을 때 이미 다른 경쟁자가 있다는 사실을 인지하고 시작하기 때문에 그들에게는 이 물건이 더 좋게 보일 것이고, 그들 역시 기다리는 상황이 초조할 것이었다(매물이 부족한데 매수자가 많으면 매도자가 협상에서 우위를 점하게 된다).

어색하고도 불편한 기운이 흐르고 있는데 차의 상태가 눈에 잘 들어올 리 없었고, 차량 상태보다는 어떻게 하면 본인이 이 차를 가져갈 수 있을까에 초점이 더 맞춰져 있을 터였다. 만약 딜러가 한 명이었다면 사소한 것 하나하나까지 흠집 잡으며 가격을 깎았을 테지만 경쟁자들이 있어 그것도 하지 못하는 상황이었다. 마침내 첫 번째 딜러가 입을 열었다.

"차주님, 제가 이 차를 100만 원에 가져가겠습니다. 어떠신가요?"

처음에는 80만 원을 제안하려던 그였다. 이 말을 듣고 고개를 돌려 다른 두 명의 표정을 살폈다. 그 이상의 금액을 부를 사람은 없어 보였고, 100만 원은 내가 목표한 금액이었다. 분명히 깎을 것을 예상했기 때문에 120만 원으로 올려둔 것일 뿐이었다.

"알겠습니다. 100만 원에 가져가세요. 마음 같아선 더 받고 싶지만, 딜러님이 여기까지 와주시는 수고도 해주셨으니까요."

이렇게 나는 가격에 대한 말 한마디 하지 않고도 성공적으로 가격흥정을 마칠 수 있었다. 이것은 경쟁자를 늘려 매물의 가치를 높게 만드는 간단한 협상의 법칙이다.

이처럼 추가로 경쟁자를 만드는 방법은 어느 분야에서든 활용할 수 있는 아주 유용한 협상 기술이다. 이 방법은 이렇게도 활용해볼 수 있다.

다른 곳으로 이사를 가야 해서 현재 살고 있는 집을 팔아야 하는 상황이라고 가정해보자. 내가 올려놓은 매물을 보고 예비 매수자 또는 부동산중개인이 전화를 걸어온 경우, 보통의 대화는 이러할 것이다.

"여보세요?"

"안녕하세요. 매물 보고 전화 드렸는데요. 좀 보러 가도 될까요?"

"네, 언제든지 가능하죠. 괜찮으신 날짜와 시간 알려주시면 제가 맞추겠습니다."

하지만 나의 대화는 조금 다르다.

"여보세요?"

"안녕하세요. 매물보고 전화 드렸는데요. 좀 보러 가도 될까요?"

"예, 안녕하세요. 혹시 어제 전화 주셨던 분이신가요?"

"아닌데요."

"아, 그럼 조금 아까 통화했던 분이시군요!"

"아… 아니에요. 저는 처음 전화 드리는 건데…….."

이렇게 가상의 경쟁자를 만드는 것이다. 저 말 한마디로 나는 상대방에게 '현재 이 사람은 매물로 인해 많은 연락을 받고 있구나'라고 생각하도록 한 것이다. 그러면 일반 매수자든 중개인이든 이 매물은 인기가 좋고 경쟁자가 많은 부동산이라 느끼게 되고, 상대방은 긴장을 하거나 조급한 상태가 되기 때문에 내가 원하는 방향으로의 합의가 수월해진다. 경쟁 구도를 만들면 상대방은 자연스럽게 '오래 고민하다가는 다른 사람에게 뺏기고 말겠어'라는 생각을 하기 마련이므로.

이와 같은 협상의 기술은 인생을 지혜롭게 살아가기 위해 갖춰 놓아야 할 필수 능력이다. 무언가를 사고팔 때 나에게 유리한 결론을 도출하기 위해서도 필요하지만, 이 기술은 어떤 분야에서든 굉장히 유용하게 활용이 가능한 기술이다. 그리고 이런 기술을 알고 있다면 상대방에게만 유리한 합의에 쉽게 넘어가는 것도 미리 방지할 수 있다. 알고 있으면 정말 유용하고, 모르고 있으면 손해 볼 이 기술은 반드시 자기 것으로 익혀놓길 바란다.

> **EXIT 노트 35**
>
> 협상의 기술을 갖추면 자신이 원하는 방향으로 상대를 설득하는 것이 수월해진다.
>
> 어렵게 생각하지 않아도 된다. 살아가면서 몇 가지 방법만 활용해도 충분하다.

02

좋은 인맥을
꾸준히 쌓아가라

부동산 투자를 막 시작했을 때에는 겉보기에 너무 허름해서 아무도 관심을 갖지 않는 물건을 매입하여 깨끗하고 고급스럽게 리모델링한 뒤 정상 시세로 매도하여 수익을 내곤 했다. 심한 것들은 거의 쓰러질 수준이거나 뼈대만 남아 있는 경우도 있었다.

그런 물건을 공사할 때마다 나중에는 허름한 건물만 고치는 것이 아니라 토지를 매입해서 처음부터 건물을 짓는, 신축을 해보리라 마음먹곤 했다.

하지만 그런 마음만 있었을 뿐, 신축은 새로 도전해야 하는 분야였기 때문에 준비를 하려면 상당한 시간이 필요했다. 또 신축이라는 것은 잘되면 큰 수익을 거두지만, 반대로 잘못되면 상당히 큰 손실을 입을 수 있는 분야이기 때문에 더욱 신중해야 했다.

이러한 이유 등으로 선뜻 시작하지 못하고 있던 중 우연한 기회에 한 건축사와 인연이 닿게 되었는데, 건축사는 각각의 토지에는 어떤 종류의 건물을 몇 가구나 지을 수 있는지에 대한 자문에 금세 답을 해주었다. 그 분야의 전문가였기에 그에게는 너무도 당연한 일이었던 것이다.

이렇게 한 사람의 전문가와 인연이 되니 내가 투자할 수 있는 부동산의 범위가 정말 빠른 속도로 확장되었다. 어떤 토지를 접하더라도 꼼꼼한 검토와 빠른 판단이 가능해진 것이다. 그래서 앞에서 언급한 제주도 신축에서 타이밍을 놓치지 않고 성공적인 수익을 거둘 수 있었다. 만약 내가 이 분야를 따로 공부하려 했다면 훨씬 오랜 시간이 걸렸을 것이고, 그만큼의 수익도 내지 못했을 것이다.

그리고 나는 대부분의 투자자들이 꺼리는 허름하고 애매한 부동산을 주로 매입하는 편이다 보니 매번 가장 신경 쓰이는 것은 대출 부분이었다. 은행에서는 물건의 가치를 파악한 후에만 대출 승인을 해주는데, 매번 은행 담당자에게 이 허름한 물건의 숨겨진 가치를 설득시키는 것은 보통 일이 아니었다. 하지만 좋은 기회로 나의 투자 방식을 잘 이해하는 대출 담당자와 인연이 된 후부터는 아무리 애매한 물건을 매입하더라도 까다로운 심사를 거치지 않고 좋은 조건의 대출을 받을 수 있게 되어 나의 투자 성과는 더욱 좋아질 수 있었다.

이외에도 어떤 허름한 물건도 꼼꼼하게 잘 수리해주는 인테리어

업체, 내가 원하는 매물을 끝까지 찾아주고 협상까지 해주는 공인중개사, 복잡한 세금도 미리 절세할 수 있도록 설계해주는 세무사 등 각 분야의 전문가들과 신뢰 있는 관계가 되어갈수록 나의 투자는 훨씬 수월해졌다.

이처럼 좋은 인맥이 잘 형성되어 있으면 일 처리가 수월해질 뿐만 아니라, 특히나 새로운 분야로 확장할 때는 수월함을 넘어 속도 역시 빨라지고 무엇보다 더욱 정확한 판단이 가능해진다.

각각 한 사람만의 능력은 대단한 것이 아닐 수 있다. 그러나 이런 한 사람 한 사람이 모여 여러 사람의 능력이 합쳐지면, 큰 시너지를 내어 대단한 능력이 된다.

인맥의 중요성은 아무리 강조해도 지나치지 않는다. 사람과의 인연을 잘 쌓아가면 더욱 수월하게 부자가 될 수 있고, 부자가 되어서도 더 탄탄하게 일 처리를 할 수 있게 된다.

하지만 생각보다 많은 이들이 인맥 쌓는 것을 어려워한다. 특히나 지금처럼 개인이 중시되는 사회에서는 더욱 그러하다. 이들을 위해 좋은 인맥을 쌓기 위한 몇 가지 조언을 하려 한다.

첫 번째, 늘 밝은 모습을 유지해라.

모든 관계의 시작은 첫인상이다. 사람은 누구에게나 각자만의 첫인상이 있는데, 어떤 이를 보면 다가서고 싶은 마음이 드는 반면, 어떤 이를 보면 당장이라도 그 자리를 벗어나고 싶다는 생각이 들기도 한다.

이는 돈의 많고 적음이나 행색이 아닌, 그에게서 느껴지는 분위기 때문이다. 아무리 높은 지위에 있더라도 거만하거나 자주 인상을 쓰는 사람이라면 돈은 있을지 모르나 그의 주변에는 사람이 없다. 반면, 가진 것이 없더라도 밝은 이에게는 오히려 사람들이 먼저 다가가고 싶어 한다. 그러므로 좋은 인맥을 쌓기 전에 먼저 해야 할 일은 자신을 밝게 만드는 것이다. 성공은 자기 자신을 바꾸는 것에서부터 시작한다.

두 번째, 선물은 평소에 하라.

사람들은 자신에게 어떤 일이 발생했을 때, 즉 용건이 있을 때만 필요한 사람을 찾는다. 누군가의 도움이 필요한 타이밍에 손에 무언가를 들고 찾아가면 오히려 상대방은 그 모습에 더욱 부담을 느낄 수 있다. 그래서 용건이 생겼을 때만 하는 선물은 환영받기보다 오히려 역효과를 줄 수도 있는 것이다.

지금까지 수많은 일의 결과를 봐왔지만, 누군가가 자신의 일처럼 해주는 것과 그렇지 않은 경우의 차이는 엄청났다.

도움을 줄 이가 자신의 일처럼 해 줄 수 있도록 하려면 그와 평소에 친분을 쌓아두는 것이 중요하다. 용건이 있을 때만 나타나는 사람은 용건이 끝나면 다시 사라질 사람이라고 생각하는 것은 당연하다. 그런 사람에게는 발 벗고 나서서 도움을 주고 싶은 마음이 생길 수가 없다.

앞으로도 꾸준히 볼 사람이라고 느끼도록 하려면 어떻게 해야할까? 평소에도 관심을 보내면 되는데, 관심을 보여주는 가장 쉬운 방법은 바로 선물을 하는 것이다. 선물이라는 말에 부담 갖지 않아도 된다. 정성이 들어간 것이라면 어떤 것이든 상관없으니까. 직접 담근 김치나 직접 재배한 야채를 보내도 좋고, 정성껏 작성한 편지도 좋다. 오히려 이런 작은 선물에 감동이 더 큰 법이다. 평소의 작은 선물은 상대에게 호감을 얻기도 수월하고, 그와 절친한 관계로 발전하는 데 도움이 될 것이다.

세 번째, 계산하지 말고 사람을 진심으로 대하라.

경조사에 참석할 때는 진심으로 축하해주고 위로해주어야 한다. 특히 기쁠 때보다 힘들 때 곁에 있어 주는 사람이 기억에 오래 남는 법이다. 이때는 나중에 돌려받을 것을 계산하지 말고 베푸는 것이 중요하다. 흔히들 결혼식이나 장례식, 돌잔치 등에 참석하면서 나중에 얼마를 돌려받을 수 있을지를 계산하곤 하는데, 사람과의 관계에서는 경우의 수를 놓고 계산하지 말고 베풀거나 양보하는 것이 좋다. 지금 당장은 베푸는 것이 손해인 것 같겠지만, 실제로 나중에는 더 많은 것을 얻게 될 테니 말이다.

나 역시 그러했다. 그 사람의 능력이나 어떤 보상을 염두에 두고 베풀었던 것은 아니었으나, 예기치 않게 그의 도움을 받아 정말 큰일들을 해낼 수 있었던 경험이 몇 차례나 있었다. 더 많이 베푸는 사람이 더 큰 성공을 이뤄내는 것임을 명심하기 바란다.

네 번째, 화를 다스릴 줄 알아야 한다.

인생을 살다 보면 공든 탑이 무너지는 경우도 있다. 그것은 바로 자신의 화를 다스리지 못했을 때다. 성공을 위해 열심히 살았고 정상에 올랐는데, 감정을 추스르지 못해 하루아침에 망가지는 경우가 너무도 많다. 대기업 회장이 직원에게 폭력을 행사하여 구속된 사건, 항공사 회장 딸의 땅콩회항 사건, 식품회사 회장이 경비원 뺨을 때린 사건 등이 그 예이다. 아무리 돈이 많고 사회적 지위가 높더라도 하루아침에 범죄자로 전락해버리는 사건은 종종 발생한다.

시간이 조금 흐른 후 다시 생각해보면 충분히 이해할 수 있는 일도 그 순간의 감정을 누르지 못해 큰 사건으로 번져 버리는 것이다.

어떤 상황에서도 늘 이성을 잃지 않아야 한다. 사소한 다툼에 목소리를 키우지 말고, 언제 어디서든 폭력은 절대 사용해선 안 된다. 상대방과의 대화에서 목소리가 커지고 화를 제어할 수 없다면 그는 하수다. 화를 내지 않더라도 내가 원하는 방향으로 설득할 수 있는 방법은 충분히 많다. 폭력과 욕은 어떤 상황에서도 정당화될 수 없는 것임을 명심하기 바란다.

당신이 아직 젊고 혈기 왕성한 20~30대라면, 40~50대가 되고 난 후에는 지금 정답이라고 여겼던 행동들이 어느 순간 틀린 것이었음을 깨닫게 되는 순간이 있을 것이다.

다섯 번째, 남을 헐뜯지 마라.

남을 쉽게 헐뜯고 뒷말을 잘하는 사람은 지금 가깝게 지내고 있는 사람에게도 언젠가는 그렇게 할 것이고, 가깝게 지내던 사람역시도 어느 순간 그것을 눈치채고 그를 떠나게 될 것이다. 남을 욕하는 것은 그 말을 듣는 이에게 처음에는 '당신은 내 편이니 이런 말도 하는 것이다'라는 느낌을 줄 수도 있지만, 반대로 '아, 이사람은 어디 가면 내 욕도 이렇게 할 사람이구나'라고 느끼게 하며거리를 두게 만든다.

여섯 번째, 마지막에도 상대를 배려하며 매너 있는 모습을 갖춰라.

하수는 첫 만남에 신경을 쓰고, 진정한 인생 고수는 오히려 처음보다 마지막을 더욱 신경 쓴다. 나는 사람을 볼 때 술자리에서보는 모습과 마지막에 내게 보여주는 모습으로 그의 진면목을 평가한다. 첫 모습은 꾸밀 수 있지만, 술자리의 모습이나 마지막 헤어질 때의 모습에서는 그의 인성이 그대로 드러나기 때문이다. 사람은 마지막 모습만을 기억하게 되고 그 이미지를 평생 갖고 간다. 그래서 직장을 옮길 때도 마지막까지 마무리를 잘해야 하는 것이고, 다른 사람과의 인연을 정리할 때에도 마지막까지 매너 있는 모습을 지켜야 하는 것이다.

가끔 보면, 앞으로의 용건이 없어졌을 때 속 보이는 행동을 하는 사람들이 있다. 하지만 그런 행동을 해버리고 나면, 혹시 나중에 그 사람이 정말로 필요한 순간이 와도 아쉬운 소리를 할 수 없거니와 그로 인해 더 큰 피해를 입기도 한다.

마지막으로, 항상 겸손하고 남을 무시하지 말아라. 상대가 누구이든 존중해야 한다. 누구든 자신보다 잘하는 부분을 갖추고 있다는 것을 인정하고, 나에게 부족한 부분을 가지고 있는 사람에게는 배우려고 노력해야만 발전할 수 있는 것이다. 다른 사람의 단점보다는 장점을 보려고 노력하라. 사람을 소중히 여기는 사람이 되어야 다른 사람도 당신을 귀히 여길 것이다.

> **EXIT 노트 36**
> 행복한 인생을 만드는 데 가장 중요한 부분은 인맥이다.
> 누구든 진심으로 대하고 베풀면 절로 좋은 인맥이 쌓여갈 것이다.

프로처럼 살아야
성공한다

인생을 살아가면서 최소한 자신이 몸담고 있는 분야에서는 어떻게 하면 성공할 수 있는지 정도는 알고 있어야 한다. 신기한 것은 자신의 분야에서 인정받아 성공한 사람은 다른 분야에서도 성공한다는 사실이다. 반대로, 자신이 몸담고 있는 분야에서 환경 탓을 하며 불평불만이 많은 사람은 그곳을 나와 다른 분야로 가더라도 좋은 결과를 내지 못한다. '집에서 새는 바가지는 들에 가도 샌다'라는 말이 괜히 있겠는가.

이는 그 사람이 말하는 것만 봐도 쉽게 파악할 수 있는데, 실패하는 사람들은 항상 불만이 많다. 무엇을 하든 핑계부터 대고, 실패의 원인을 항상 남이나 외부 환경 탓으로 돌리기 바쁘다. 또한, 이런 사람들의 특징은 자신보다 잘난 사람을 보면 무작정 시기와 질투에 휩싸여 그 사람을 헐뜯을 거리부터 찾고, 근거 없는 험담을 해댄다.

반면에 성공한 사람은 핑계 대는 법이 없으며, 만약 어떤 일이 잘못되어도 절대 남을 탓하거나 그 원인을 외부에서 찾지 않는다. 실패의 이유를 자신에게서 찾으려고 하기 때문에 어떤 일에 실패했다 하더라도 그 경험을 바탕으로 자신의 부족한 부분을 채우고, 결국엔 성공을 이끌어 내는 것이다. 또한 이들은 자신보다 잘난 사람을 보면 시기와 질투를 하는 것이 아니라, 우선 그의 장점을 분석하고 적극적으로 배워 자신의 것으로 만들려고 노력한다.

부자가 되는 것도 마찬가지다. 주변 탓만 하며 불평불만이 많은 사람은 부자가 되기 힘들다. 그러나 자신의 분야에서, 그것이 아르바이트처럼 아무리 사소한 일일지라도, 인정받는 사람은 부자가 되는 것이 훨씬 수월하다.

예를 들어보겠다. 당신은 사장이고, A, B 두 명의 아르바이트생을 두고 가게를 운영하고 있다고 가정해보자.

직원 A는 손님에게 친절하고, 일도 열심히 한다. 당신이 보는 데서만 말이다! 하지만 당신이 없으면 손님들에게 친절은커녕 서빙도 제대로 하지 않고, 귀찮은 일은 동료에게 떠민다. 당연히 당신이 시키지 않은 일에 대해서는 결코 스스로 찾아서 하는 법도 없다.

반면, 직원 B는 당신이 보는 앞에서는 당연히 잘하지만, 당신이 없는 데서도 변함없이 성실하게 업무를 수행한다. 책임감이 있어 당신이 시키지 않은 일임에도 가게에 필요한 일이라 여겨지면 귀찮고 힘듦을 따지지 않고 바로 일 처리에 들어가며, 따로 요청하지 않아도 손님이 무엇을 필요로 할지 먼저 알아차리고는 바로 가져다준다.

당신이 사장이라면 이런 두 직원을 보고 어떻게 하겠는가?

별개의 이야기지만, 만약 여기서 '직원 A가 내 앞에서는 잘하지만 뒤에서는 그런 행동을 하는지 어떻게 알 수 있어?'라고 생각하는 사람이 있다면, 그런 걱정은 하지 않아도 된다. 그건 당신이 사장이 되어보지 않았기 때문이고, 직원에게 관심이 있는 사장이라면 그런 사실을 직접 전해 듣지 않더라도 인지할 수가 있다. 꼭 사장이 아니더라도 직장에서 제대로 된 관리자 역할을 해본 사람이라면 그건 모를 수가 없다는 사실을 잘 알 것이다. A 같은 직원은 자르면 되지 않느냐고? 그런 사유로 정리하다 보면 직원이 한 명도 남아 있지 않게 될 수도 있다. 여기서는 직원 A를 단순하게 표현해서 그렇지만, A와 같은 사람은 생각보다 굉장히 많다.

다시 주제로 돌아와서, 이런 경우 사장은 직원 B에게 더 많은 일을 위임하게 될 것이고 그에 따라 B의 연봉은 점차 오를 것이다. 그런 직원을 놓치고 싶은 사장은 없을 테니 말이다. 많은 일을 하다 보면 운영 노하우를 더 많이 알 수 있게 되고, 사장 역시 자기 일처럼 열심히 하는 직원에게 더 많은 것을 알려주고 싶을 것이므로 직원 B는 나중에 직원을 뛰어넘어 시행착오 없이 창업을 하는 것도 훨씬 수월해진다(이렇게 되면 이 직원에게는 사장이 좋은 인맥이 되는 것이다). 그렇게 B는 더 빨리, 더 쉽게 부자의 길로 진입할 수 있게 된다.

만약 B가 회사에 소속된 직원이라면, 직장 동료나 상사의 마음까지 헤아리며 일을 하기 때문에 빠른 기간 내에 회사에서 인정받아 회사의 요직을 맡게 되고, 그 자리에서도 사장이나 임원들의 입장을 헤아리며 일을 할 것이기에 원한다면 나중에는 경영까지도 할 수 있게 될 것이다. 당신이 사장이나 상사라면, 그런 직원을 더 잘되도록 이끌어주고 싶지 않겠는가?

B와 같은 사람을 흔히 '프로'라고 말한다. 어떤 일을 하든 프로처럼 임한다면 무엇을 하든 성공한다. 남들이 하찮게 여기거나 적은 보수의 일일지라도 그러하다(드라마에서 가난하고 인맥도 없지만 성실한 주인공이 성공을 이뤄내는 모습이 현실에서도 그대로 적용되는 것이다).

나는 프로를 이렇게 정의한다. 어떤 일을 하든 '책임감'을 가지고 임하며, 다른 사람과의 '약속'을 중요시하고, 타인에 대한 '배려'가 습관처럼 몸에 배어있는 사람이라고 말이다. 이 3가지를 기준으로 그가 프로인지 아닌지를 판단한다.

나는 어린이 축구장도 운영하고 있는데, 어린이 축구장을 처음 오픈했을 당시 축구장의 운영을 전반적으로 맡을 원장직에 축구 선수 출신의 직원을 채용했었다. 처음에는 '축구 선수 출신을 뽑으면 무엇이든 훨씬 잘하겠지'라는 생각이었다. 그러나 그것이 오판이었다는 사실을 깨닫는 데에는 그리 오랜 시간이 걸리지 않았다.

선수 출신의 원장을 채용하기 전까지 나는 마케팅을 통해 130명의 어린이 회원을 모집하였지만, 원장이 채용된 후에는 회원 관리가 제대로 되지 않아서 축구장 회원 어린이가 무려 60명까지 떨어졌다. 원장은 축구장에 오는 어린이들을 자신이 축구 선수가 되기 위해 받았던 방식으로 훈련을 시켰고, 회원이 줄어들 때면 학부모들이 축구를 잘 알지 못해 자신의 실력을 몰라보기 때문이라는 등 항상 외부 환경 탓만 했다. 축구장 위치가 좋지 않아서 그렇다느니, 시설을 추가로 좀 더 갖춰야 한다느니, 유니폼을 맞춰 주면 아이들이 더 재미를 붙일 수 있을 거라는 둥 핑계와 요구사항은 끝이 없었다. 결국 이 친구는 처음 130명이었던 회원을 60명으로, 그리고 40명 정도까지 떨어뜨린 후 책임감(?)인지 아니면 스트레스 때문인지는 모르겠으나, 이 길은 자신과 맞지 않는 것 같다며 떠나갔다.

하지만 그 직원이 떠난 후 원장 자리의 부재는 단 하루였다. 그 전부터 눈여겨보던 직원이 있었는데, 난 그 직원을 원장 자리에

앉혔다. 그를 원장으로 임명한 데에는 한 치의 망설임도 없었다. 얼마나 유능한 직원이었길래 그럴 수 있었느냐고? 그 직원은 정규직도 아닌, 한창 바쁠 시기에만 잠깐 와서 도와주고 50만 원 정도의 수당을 받던 아르바이트생이었다.

처음 이 친구를 눈여겨보게 된 것은 일을 하는 태도 때문이었다. 이 친구는 일하는 동안 항상 표정이 밝았다. 특히 아이들과 대화를 하거나 운동을 할 때는 늘 웃는 모습이었다. 학부모들을 대할 때 역시 그의 인성이 잘 드러났다.

그리고 나는 사업장에 자주 방문하는 편도 아니고, 가기 전에는 미리 알리지도 않는데 내가 갈 때마다 가장 마지막까지 남아서 뒷정리를 하고 있는 직원은 여러 직원들 중 매번 이 친구였다. 그것도 너무나 깔끔히 말이다.

한번은 그가 정리하는 모습을 유심히 지켜본 적이 있는데, 그냥 정리만 하는 것이 아니라 시설물의 위치도 이리저리 바꿔보면서 아이들의 동선에 무엇이 좋을지를 생각하며 정리를 하는 것이 아닌가. 마치 사장처럼 말이다! 그때 단번에 알아보았다. '이 친구는 무엇을 하든 잘하겠구나.'

그래서 그에게 주저 없이 원장 자리를 권할 수 있었던 것이다.

"원장이요? 사장님, 저는 선수 출신도 아니고 그저 축구를 좋아하는 사람일 뿐입니다. 그런데 제가 어떻게 원장을……."

"나는 자네가 선수 출신이 아니라서 더욱 마음에 들었어. 그래서 오히려 아이들이 원하는 것을 잘 맞춰줄 수 있을 것이라 생각하네."

그렇다. 이 친구는 축구 선수 출신도 아니었고 그저 축구를 좋아하는 평범한 청년이었다. 그래서 그에게 더욱 적극적으로 원장 자리를 권했던 것이다. 선수 출신은 자신이 배워온 대로 고강도의 체력 훈련이나 교육이 꼭 필요하다고 여기지만, 이곳 어린이 축구장에 오는 아이들은 축구 선수가 되겠다고 찾아오는 것이 아닌 대부분 취미로 배우려는 학생들이었다. 선수가 될 아이들은 이미 주니어 축구단이 있는 학교에 갔을 것이므로. 따라서 이곳 축구장에서는 선수로 만들기 위한 강도 높은 훈련은 필요가 없었던 것이다.

계속된 나의 설득에 그는 결국 그 자리를 받아들였다.

역시 내 예상은 적중했다. 알바생 시절의 그가 정리정돈 하던 모습은 그냥 어쩌다 한번 나온 것이 아니었다. 생각하며 일할 줄 아는 친구였다.

"사장님, 아이들 축구 실력은 친구들과 축구 시합을 했을 때 다른 친구들보다 조금 잘하는 정도로만 교육을 하면 어떨까요? 그 외의 시간에는 체력과 사회성을 길러주고 재미있게 경기하는 것에 중점을 둘 수 있도록 교육 과정을 다시 짜보면 좋을 것 같습니다."

이 말을 듣는 순간 나는 '앞으로 이 축구장에는 더 이상 와보지 않아도 되겠구나' 생각했다. 그는 가장 먼저 학부모들이 아이들을 축구장으로 보내는 이유는 무엇일까를 고민한 것이고, 그에 맞게끔 과감히 교육 과정을 수정한 것이다.

그는 매월 아이들의 키와 달리기 기록을 재어 학부모들에게 발송해주며 학부모들에게 아이의 성장 과정을 알 수 있도록 했다. 집에서는 할 수 없는 달리기 기록까지 측정하여 알려주니 학부모들은 당연히 감동할 수밖에 없었다.

그리고 그는 아이들을 가르치는 직원들, 즉 강사들의 교육법을 모니터링하며 잘 지켜지지 않는 강사가 있으면 수시로 교육을 시켰고, 자신이 직접 가르치는 아이들이 아닌데도 아이들의 이름을 하나하나 다 기억하려 노력했다.

그 결과, 그는 6개월 만에 40명이던 수강생을 300명 이상으로 늘렸다.

이처럼 어디서 어떤 일을 하더라도 프로처럼 임해야 한다. 실제로 은행 관료의 운전기사로 일을 하다가 성실함이 눈에 띄어 은행에 특채로 채용된 이가 지점장까지 올라갔던 사례도 있다.

프로가 되는 것은 성공의 지름길이며, 결과가 바로 나오지 않더라도 결국에는 자신을 성공으로 이끌 것이다. 무슨 일을 하든 책임감 있고 약속을 반드시 지키며 남을 배려할 줄 아는 것이 프로다운 행동임을 잊지 말아라. 누가 보지 않더라도 현재의 위치에서 프로처럼 생각하고 행동을 한다면 분명 좋은 결과를 맞이하게 될 것이다.

"

EXIT 노트 37

자신이 진정한 프로가 되어야만 프로를 만날 수 있다.

프로가 되는 것은 그리 어려운 일이 아닌데, 세상에는 프로가 많지 않다. 즉, 성공은 그리 어렵지 않다는 것이다.

"

---- **04** ----

직접 부딪치면
답이 보인다

성공은 좋은 기회를 여러 번 맞이한 사람이 이뤄내는 것이 아니라, 난관을 잘 극복한 사람이 이뤄내는 것이다. 이는 내가 늘 제자들에게 강조하는 말이고, 이 책의 서두에서 멘탈을 강조한 이유이기도 하다. 실제 나 역시도 어떤 목표를 직진으로 단번에 이뤄냈던 적은 거의 없었다. 항상 예상치 못했던 문제가 등장했고, 그런 변수를 하나씩 풀면서 해결해왔다.

어떤 문제가 발생했을 때 성공한 사람과 평범함에서 벗어나지 못하는 사람 사이에는 극명한 차이가 있다. 결론부터 얘기하면 성공한 사람들이 문제 해결을 더 잘하는데, 이는 과연 그들의 능력이 더 좋아서일까? 아니다. 그것은 문제를 대하는 자세에서 차이가 나기 때문이다. 성공하는 사람들은 문제가 생기면 망설이지 않고 직접 부딪치며 답을 찾으려 하지만, 보통의 사람들은 문제를 회피하려는 경향이 있다.

내 경험상 어떤 문제가 발생했을 때는 피하지 않고 오히려 적극적으로 부딪치면 해결이 더욱 수월했다. 문제를 서류상으로 판단하는 것보다 그 당사자들을 직접 만나서 이야기를 나눠보면 원인을 명확히 파악할 수가 있고, 원인을 찾으면 그에 대한 답을 구하는 것은 수월해질 수밖에 없다.

언젠가 관공서 근처에 있는 7층 꼬마빌딩이 경매로 나온 적이 있다. 위치가 괜찮음에도 불구하고 가격이 정말 저렴했다. 그 이유는 법원에서 작성한 물건 조사기록을 살펴보니 7층 건물임에도 주차대수는 겨우 3대뿐이었기 때문이다. 각 층마다 한 대씩 주차하기도 어려운 조건이었다. 상가에 주차공간이 절대적으로 부족하니 임차인은 물론이고, 각 매장을 찾는 손님들이 불편한 구조였으므로 이 건물에 들어오고 싶어 할 임차인이 있을 리 없었다.

주차장이 부족한 것 외에는 별다른 문제가 없는 건물이었다. 어떻게 하면 주차장 문제를 해결할 수 있는지 고민에 들어갔다. 좁은 땅 위로 더 많은 주차를 할 수 있도록 해주는 기계식 주차 건물을 올리기 위한 견적도 받아보았으나, 생각보다 금액이 커서 효율이 나오지 않을 뿐 아니라 면적도 부족했다. 서류상으로는 해결방법이 없는 듯 보였다.

나는 곧바로 현장으로 달려갔다. 현장을 돌아다니다 보니 이 빌딩 옆에 무척 허름한 건물이 공실로 방치되어 있는 것이 보였다. 그 허름한 건물은 조립식 판넬로 지어져 있었고, 공실로 오랫동안 방치되어 있었기에 건물로서의 가치가 거의 없는 수준이었다. 조립식 판넬 건물이 지어져 있는 땅은 대략 20평이 훨씬 넘어 보였는데, 꼬마빌딩에 붙어있는 조그마한 토지와 이 땅을 합하면 족히 15대 이상의 주차가 가능할 것 같았다. 주변을 수소문한 끝에 그 허름한 건물의 소유주를 찾을 수 있었고, 소유주의 주소로 직접 방문하였다.

"안녕하세요, 어르신! 소유하고 계신 주택 때문에 왔습니다."
"왜요? 내 건물에 무슨 문제가 있나요?"
"아니요. 제가 그것을 좀 사용하고 싶어서요."
"그렇게 허름한 건물로 뭐하시려고?"

나는 옆 빌딩 때문에 왔다는 말은 하지 않았다. 내가 이 건물을 꼭 필요로 한다는 것을 알게 되면 본래 시세 이상으로 무리한 금액을 요구하는 경우가 발생할 수도 있기 때문이다. 단도직입적으로 물었다.

"어르신, 혹시 그 주택을 파실 생각은 없으신지요? 지금 사용하시지도 않고 임대가 잘 되는 것도 아닌 것 같아서요."

"아니…. 그 건물은 안 팔고 아들에게 물려주려고 그냥 놔둔 거
야. 그러니 살 생각으로 왔다면 돌아가게나."

"지금 건물 관리도 잘 안 되고 있던데요. 저에게 좋은 가격으로
파시고 아드님께는 더 괜찮은 물건을 사서 물려주시는 게 낫지 않
을까요?"

"일없대도! 안 팔 거야."

"네, 어르신의 의중 잘 알겠습니다. 그러면 저 주택을 제게 임대
해 주십시오."

"저 허름한 것으로 뭐 하려고?"

"그것은 제가 알아서 해보겠습니다. 대신 10년간 계약해주세요.
지금까지 계속 공실인 채로 있었으니 어르신께도 정말 좋을 것 같
습니다."

"나야 좋지. 대신 고쳐 쓰든 어떻게 하든 그건 자네가 전부 알아
서 하게나."

그렇게 하여 보증금 500에 월세 30만 원의 조건으로 '건물을 철
거해도 좋다'는 특약을 넣어서 임대차 계약을 맺었고, 곧바로 건물
을 철거한 후 여기에 꼬마빌딩의 토지를 더하여 주차장을 만들었
다. 그리고 나니 전체가 마치 이 빌딩의 부속 토지인 것처럼 보여
서 꼬마빌딩도 훨씬 웅장해 보이는 효과가 있었다. 그렇게 주차장

을 꾸며놓자 임차인들이 관심을 보이기 시작했고, 3개월 만에 만실이 되었다. 결과적으로 주차장을 만들면서 추가로 투자금 500만 원을 지출했고 토지 임차료로 매월 30만 원을 지급해야 했지만, 임대도 수월해졌고 월세도 조금 더 올려 받을 수 있어 결과적으로는 훨씬 더 이득이 되었다.

아마도 내가 서류로만 판단하고 해결하려 했다면 결국 주차장 문제를 해결하지 못한 채 이 건물을 흘려보냈을 것이다. 하지만 현장에 나가서 직접 주위를 둘러보며 해결책을 찾아봤기 때문에 최상의 결과를 만들어낼 수 있었던 것이다.

이처럼 직접 부딪쳐보면 의외로 쉽게 답을 얻을 수 있는 것들이 많다. 포기하지 않고 직접 부딪쳐 해결하는 사람만이 기회를 잡는 것임을 꼭 기억하기 바란다.

> ## EXIT 노트 38
>
> 사람들이 불가능하다고 여기는 일들 중에는 해결할 수 있는 것들이 정말 많다.
>
> 문제가 발생하면 평범한 사람은 그 상황을 회피하려고 하지만, 성공한 사람은 직접 부딪치며 답을 찾아낸다.
>
> 어떤 문제든 그것을 대하는 자세가 가장 중요한 법이다.

자본주의 사용설명서를 이해하는 사람이 성공한다

우리는 자본주의 사회에 태어났지만, 정작 학교에서는 자본주의 시장에서 성공하는 방법에 대한 것은 배우지 못한다. 그래서 수많은 학생들이 단지 좋은 직업을 갖기 위한 방향으로만 살아가는 것이고, 이 때문에 학생 신분에서 취업을 할 때까지는 좁은 문을 위해 치열한 경쟁을 할 수밖에 없는 구조다. 어찌 보면 학교는 공부를 가장 잘하는 아이를 골라내는 곳이라 해도 과언이 아니다.

그러나 이미 강조했듯이 인생에서는 어떤 직업을 갖느냐에 따라 성공이 좌우되는 것은 아니다. 어떤 이는 공부를 잘하지 못하더라도 분명 남보다 잘할 수 있는 것이 많을 텐데, 그것을 찾으려 하지 않고 모두가 같은 트랙 속에 갇혀 경주를 하고 있는 현실이 안타깝다.

이렇게 같은 트랙에만 집착하는 현상은 트랙 속에 갇힌 학생과 그 트랙 위에 있는 선생님, 그리고 이 경기를 지켜보는 학부모 대부분이 자본주의에 대해 잘 이해하지 못하고 있기 때문이다.

나는 이 책을 쓰면서 내 인생에서 가장 힘들고 방황했던 시절을 떠올렸다. 나 역시 대학생 신분까지는 냉정한 현실을 체감하지 못했다. 그러나 취업준비생인 4학년이 되고 현실이 코앞에 닥치고부터는 내가 과연 제대로 된 미래를 맞이할 수 있을 것인지에 대한 불안이 엄습하기 시작했다. 부모님에게 더 이상 경제적으로 기댈 수 있는 형편도 못 되었고, 공부를 월등하게 잘하는 것도 아니었기에 대체 어떤 직업을 가져야 하는지, 아니 과연 어느 직장에라도 들어갈 수 있을 것인지가 걱정되었고 아무리 고민을 해봐도 여전히 나의 앞길은 어두컴컴할 뿐이었다(어찌 보면 공부를 중간 정도 하는 사람이 가장 애매한 삶을 사는 것 같다).

대학교 4학년 때까지 준비한 스펙으로 취업도 하지 못한 채 은둔하듯 지방의 나이트클럽으로 내려갔을 때는 솔직히 참담한 심정이었다. 취업을 준비하며 혹시나 모를 면접을 위해 처음으로 비싼 양복까지 장만해놓았는데, 그 양복은 한 번도 입어보지 못하고 나이트클럽 밤무대에서 일하게 되었으니 말이다. 이 사실을 친한 친구 몇 명에게만 알렸고, 다른 동기들에게 알려질까 창피하여 졸업식에는 가지 않았다. 이런 곳에서 일할 거였다면 비싼 등록금을 부담하며 긴 시간 대학에 다닐 것이 아니라 진작부터 돈을 모았으면 좋았겠다는 생각도 들었다.

어쨌든 그렇게 난 밤무대에서 돈을 벌기 시작했다. 내가 경제에 관심을 갖고 관련된 책들을 보면서 자본주의 사용설명서를 모두 이해하기 전까지는 내 인생의 방향을 도저히 찾을 수가 없었다. 그 시절, 혼자서 했던 가슴앓이가 아직도 생생하다. 도피하듯 취직한 나이트클럽에서 어떻게든 하루빨리 벗어나고 싶었다. 주변을 보면 다들 주어진 환경에 수긍하며 살아가는데 마치 나 혼자만 현실을 벗어나기 위해 발버둥을 치고 있는 듯한 느낌이었다.

인생 뭐 있나 돈을 못 버는 수준도 아닌데 그냥 남들처럼 젊음을 즐기면서 현실에 안주하며 살아가야 할까, 결혼하고 아이를 키우면서 평범하게 세상을 살아가는 것도 정말 힘든 것이었구나… 등. 그 당시 내가 늘어놓았던 혼잣말이지만 어쩌면 지금의 청년들도 같은 말을 하고 있지 않을까 생각한다.

이 책을 쓰면서 나는 나를 과거의 방황하던 청년으로 되돌려놓았다. 어떻게 인생을 살아가야 되는지 주변에 조언해 줄 수 있는 사람이 아무도 없을지라도 이 책을 통해 힘든 현실의 어두운 터널 속에서 나올 수 있게 해주고 싶었고, 이 세상을 성공적으로 살아갈 수 있는 자본주의 사용설명서를 제공하고 싶었다. 이것이 이 책을 집필하면서 가졌던 솔직한 내 심정이다.

단순히 책을 출간했다는 것에 그치지 않고, 이 책으로 인해 많은 이들이 변화된 삶을 맞이했다는 소식을 듣고 싶다. 지극히 평범했던, 아니 그보다 더 가난했던 내가 여러 책을 통해 부자의 인생을 살게 된 것처럼 이 책을 통해 많은 사람들이 자신의 현재 모습을 진지하게 돌아보고 평범한 삶을 바꾸는 계기가 되었으면 한다.

이 책을 읽으면서 '노력하면 정말 부자가 될 수 있구나', '부자가 되기 위해서는 현금흐름을 하나씩 만들어가면 되는 거구나' 등 내가 담은 큰 메시지를 깨우치는 정도만 되더라도 인생을 바꾸기에는 충분하다고 생각한다. 부자의 길에 대한 의구심을 확신으로 만들고, 앞으로 어떻게 방향을 설정하여 무엇을 준비해가면 될 것인지 큰 그림이 그려졌다면 이 책의 임무는 다한 것이다. 그만큼 독자들의 심장이 다시 뜨거워지도록 만들고 싶었고, 감동에만 그치는 것이 아닌 실천으로까지 이어지도록 하고 싶었다. 가장 중요한 것은 이 길에 대한 확신을 갖는 것이고, 굳은 마음을 먹고 3년의 도전을 시작하는 것이다.

원칙만 체득하면 성공은 수월하다

나는 부동산 투자로 크게 성공하였고, 여러 사업으로도 성공했다. 이 책에 부동산 투자나 사업에 관한 기술적인 부분이 상세하게 나와 있지 않다고 해서 실망할 이유는 없다. 원칙을 깨우치면 90% 이상을 깨우친 것이다.

만약 부동산 공부를 체계적으로 하고 싶다면, 우선 〈행복재테크〉 카페에서 전문가 칼럼뿐 아니라 수많은 회원들의 실제 경험담을 읽어보길 바란다. 이전부터 이 길을 걸어온 선배들과 현재 이 길을 걸어가고 있는 많은 회원들의 글을 통해 부자로 가는 길에 대한 더 큰 확신을 갖게 될 뿐 아니라, 공부 방법과 부를 늘려가는 방법까지 익힐 수 있을 것이다.

부동산 공부는 그리 어려운 것이 아니어서 마음먹고 공부한다면 1~2년 내에 안정적으로 수익을 낼 수 있는 수준이 될 것인데, 이때 경매 공부는 기본적으로 해둘 것을 적극 추천한다. 꼭 투자를 하지 않더라도 경매 공부를 해보면 소중한 내 자산을 지키는 법을 배우고 있다는 생각이 들 것이고, 이 지식은 평생 유용하게 활용할 수 있을 것이다.

또한, 사업에 관해서는 이 책에서 소개한 몇 가지 원칙만 이해하고, 이를 적용할 수 있는 사업인지 확인해볼 수 있으면 된다. 이 책에서 사업에 대한 여러 가지 구체적인 예를 들지 않은 이유는 독자들이 한계에 빠질 것이 염려되어서다. 코로나, 무인화 등으로 인하여 앞으로 세상은 빠른 템포로 변화할 것이고 사업할 수 있는 아이템도 넘쳐날 것인데, 내가 소개한 사례의 틀 속에 갇히게 하고 싶지 않았다. 수요에 관한 관찰을 꾸준히 해나간다면 사업의 기회는 충분히 잡을 수 있다.

나 역시 지금까지 해왔던 사업에만 머무르는 것이 아니라 앞으로도 계속 다른 사업을 하나씩 펼쳐갈 것이고, 새로운 사업을 끊임없이 구상할 것이다. 사업은 할수록 더욱 정교해지고 수익 역시 얼마든지 커질 수 있음을 느끼게 된다.

사업의 장점은 한 건으로도 큰 수익을 낼 수 있다는 점이다. 매월 안정적인 현금흐름이 창출되는 사업장을 갖게 되면 훨씬 빠르게 부를 쌓아갈 수 있다.

사업에서 가장 중요한 것은 사람을 이해하는 것에 성공이 있다는 점이다. 어떤 문제에 대한 답은 늘 상대방에게 있는 것처럼 사업의 답은 항상 고객에게 있다. 고객에게 진정 필요한 것이 무엇인지, 어떤 것을 제공하여 만족시킬 것인지를 고민해간다면 실패는 없을 것이다.

성공한 사업장을 많이 둘러보고 여러 성공인들을 만나서 조언을 듣는다면 시행착오도 크게 줄일 수 있다. 네이버 〈사업의 신〉 카페에는 창업에 관한 정보뿐 아니라 사업에 처음 진입하여 성공을 만들어가는 사람들의 여러 경험담이 올라와 있다. 사업 역시 경험담을 읽으며 간접 경험을 하는 것이 큰 도움이 된다.

무엇이든 긍정의 모드로 임해야 하고, 하나씩 준비해간다면 분명 좋은 결과를 만들 수 있을 것이다. 다만, 돈을 좇지 말고 인간미 넘치는 사람이 되어 따뜻하게 부를 쌓아갔으면 한다.

어떻게 마음먹느냐가 성패를 좌우한다

나는 성공을 위해 무엇보다 멘탈을 강조하는 사람이다. 사람은 어떤 마음가짐을 가졌느냐에 따라 사소한 일도 하지 못할 수도 있고, 정말 위대한 일을 해낼 수도 있기 때문이다. 멘탈이 얼마나 큰 영향을 미치는지 엿볼 수 있는 사례가 있다.

1979년 미국의 어느 외딴 시골 마을에서 진행된 실험이다. 평균 나이 75세 남성 8명을 선발하여 타임머신을 타고 20년 전인 50대의 나이로 돌아간 것처럼 행동해달라고 요구했다. 그들이 지내는 공간은 20년 전 입었던 옷과 신분증, 그리고 그 당시 유행했던 실

내장식까지 동일하게 세팅되었다. 그 결과는 어땠을까?

실험을 시작하고 불과 1주일밖에 지나지 않았지만 놀라운 변화가 일어났다. 실험 전에는 거동마저 불편했던 참가자들의 자세가 좋아지고 악력이 세졌으며 기억력과 시력까지 향상된 것이다. 어떠한 치료행위 없이 단지 마음이 20년 젊어졌다고 생각하게 하고, 그런 환경을 제공한 것뿐인데 몸까지 젊어지는 놀라운 결과가 나왔다.

이처럼 우리의 마음은 몸을 완벽하게 지배한다. 어떻게 생각하고 마음먹느냐에 따라 남보다 훨씬 더 젊게 사는 것도 가능한 것이다.

부자가 되는 것도 마찬가지다. 따라서 부자가 될 수 있다고 확신하는 것이 가장 중요하다. 이 길에 대한 확신을 갖고 한 걸음씩 나아가며 포기만 하지 않는다면 이전보다 훨씬 나은 삶을 살아갈 수 있다.

본인의 마음이 약해질 때면 이 책의 멘탈을 강하게 만드는 법과 슬럼프를 극복하는 법 부분을 되새기면서 자신을 강하게 만드는 과정을 거쳤으면 한다. 살아가면서 가장 중요한 것은 어떠한 생각을 하느냐이다. 노력하면 무조건 '된다'는 확신을 가지고 정진하여 당신의 꿈을 현실로 만들어내길 바란다.

이 책에 대한 진정한 평가 기준은 출간 후 베스트셀러가 되는지가 아니라, 이 책으로 얼마나 많은 사람들의 인생이 바뀌었는지가 될 것이라 생각한다. EXIT(엑시트)가 자본주의 사용설명서로 오래도록 사랑받는 책이 되었으면 한다.

앞으로도 코로나처럼 큰 위기는 반복될 것이다

앞으로도 우리는 평온한 삶이 아닌, 심각한 환경 변화를 계속해서 경험하게 될 것이다. 지금은 전쟁이 난무하던 과거와는 달리, 올림픽이나 월드컵 등 많은 국가들이 함께 참가하는 여러 행사가 진행되고 있어 세계가 하나가 된 듯 평화로운 것 같지만 사실 속내를 들여다보면 그렇지 않다. 강대국들은 매년 무기를 사들이고 있고, 신무기를 개발하며 힘을 키워가고 있다. 또한, 우리나라의 독도처럼 각 나라 영토의 경계가 맞물리는 지점에서는 분쟁이 수그러들지 않고 있다. 지금 당장은 큰일이 벌어지지 않더라도 이러한 것들은 앞으로도 상당히 불안한 요소로 작용할 것이다. 또한, 이번 코로나로 인해 전 세계가 경험했겠지만 앞으로 이와 같은 변종 바이러스는 계속해서 등장할 것이라고 전문가들은 입을 모아 말하고 있다.

지금까지 부동산 분야 역시도 지속적인 상승장과 하락장뿐 아니라 금융위기, 그리고 코로나까지 겪었다. 특히 2008년 금융위기와 2020년 코로나처럼 그 누구도 예상하지 못했던 상황이 발생하면서 부동산을 소유하고 있더라도 돈을 잃은 사람들, 그리고 항공, 관광, 자영업 분야 등에서도 그간 안정적으로 일을 해왔지만 불과 몇 개월 만에 직업을 잃은 사람들이 많다.

코로나로 인하여 우리의 삶은 앞으로 더욱 빠른 속도로 급변할 것이다. 이런 변화의 시기에 실업자가 대량으로 늘어나며, 부익부 빈익빈은 더욱 가속화된다.

앞으로 이런 시기가 다시는 오지 않으면 좋겠지만, 분명 또 올 것이다. 기후 변화로 인해 자연재해도 부쩍 늘어난 상황이다. 그래서 이제는 스스로 자신을 지켜내야만 한다.

부자처럼 생각하고 대기업처럼 생각하라. 나는 늘 더 큰 것을 목표로 삼았고, 이런 생각으로 한 계단 한 계단 올라왔다. 어딘지 모를 곳을 향해 오르는 것이 아니라 내가 오를 곳을 그려놓고 그곳에 도착하는 것이다. 앞길이 보이지 않는 길을 걸어가는 건 심리적으로 무척 힘든 일이지만, 윤곽이 뚜렷하게 보이는 길에서는 그 발걸음이 가벼워진다.

돈만 있으면 생명 연장도 가능한 시대가 점점 빠르게 다가오고 있다. 기술의 발달로 자신이 미래에 겪게 될 질병을 미리 알 수 있고, 장기 생성도 가능해진다. 즉, 앞으로는 돈만 있으면 얼마든지 오래도록 사는 것도 가능해진다는 말이다. 이런 시대일수록 돈에 자신의 삶을 맞춘다는 것은 더더욱 아쉬운 일이다.

이 원고를 정말 오랫동안 품고 있었다. 그랬던 원고를 책으로 만들어 세상에 내놓는다고 하니 만감이 교차한다. 이 책은 내가 그동안 써왔던 4권의 투자법에 관한 책과는 다르다. 대학생부터 직장인, 노년층까지 독자층에 제한을 두지 않은 책이기에 많은 사람들이 폭넓게 읽고 깨우칠 수 있도록 쓰고 지우기를 몇 번이나 반복했는지 모른다. 흥행을 위한 책이 아닌, 내가 평생에 한 번은 꼭 쓰고 싶었던 책이므로 집필 시간도 참으로 오래 걸렸다.

앞서 이야기했듯, 간절히 부자가 되어 원하는 삶을 살고 싶은 이들에게 이 책이 인생의 등불이 되어 그가 가는 길을 밝혀주는 역할을 했으면 하는 바람이다. 이 책을 통해 평범했던 사고가 부자가 되는 사고로 바뀐다면 분명 훨씬 더 나은 인생을 살아가게 될 것이다.

3년 동안 이뤄갈 목표를 진지하게 적어 보세요

EXIT 엑시트

초판 1쇄 발행	2020년 11월 23일
102쇄 발행	2024년 06월 20일

지은이	송희창(송사무장)
책임편집	배희원
편집진행	최상진
펴낸곳	도서출판 지혜로
디자인	**본문** 봉찬우
도움주신 분들	오다연, 장세영, 최지영, 정광열

출판등록	2012년 3월 21일 제 387-2012-000023호
주소	경기도 부천시 원미구 길주로 137, 6층 602호(상동, 상록그린힐빌딩)
전화	032)327-5032 ㅣ **팩스** 032)327-5035
이메일	book@jihyerobook.com
	(독자 여러분의 소중한 의견과 원고를 기다립니다.)

ISBN	979-11-87799-14-6 (13320)
값	17,000원

• 잘못된 책은 구입처에서 교환해드립니다.
• 이 책은 저작권법에 의하여 보호를 받는 저작물이므로 무단 전재 및 복제를 금합니다.

도서출판 지혜로는 경제 · 경영 전문 출판사이며, '독자들을 위한 책'을 만들기 위해 객관적으로 실력이 검증된 저자들의 책만 엄선하여 제작합니다.